W0054729

Eva Gruberová   Helmut Zeller

Diagnose: Judenhass

Die Wiederkehr einer
deutschen Krankheit

C.H.Beck

Mit vier Abbildungen

Originalausgabe
© Verlag C.H.Beck oHG, München 2021
www.chbeck.de
Umschlaggestaltung: Kunst oder Reklame, München
Satz: C.H.Beck.Media.Solutions, Nördlingen
Druck und Bindung: Druckerei C.H.Beck, Nördlingen
Gedruckt auf säurefreiem und alterungsbeständigem Papier
(hergestellt aus chlorfrei gebleichtem Zellstoff)
Printed in Germany
ISBN 978 3406 75589 7

myclimate

klimaneutral produziert
www.chbeck.de/nachhaltig

Inhalt

Allein gegen rechts. Unterwegs in Kröpelin und Rostock 11 · In der Neonazihochburg des Westens 27 · Gedenken im Nazi-Kiez 38 · Man wird ja wohl noch leugnen dürfen! 40 · Die Ruhestörer von Laatzen 44 · Halle war nicht der Anfang. Die Marginalisierung der rechten Gefahr 48 · Ein Jude, der mit Rechtsextremisten redet 54 · «Halle hätte auch bei uns passieren können» 58 · «Ich war ein Nazi und Antisemit» 60 · Ein Gebet für Deutschland 66

Angst vor einer Zunahme des Judenhasses 71 . «Prinzipiell ist es den Leuten schwer zu vermitteln» 85 . Drohen «französische Verhältnisse»? 88 . Jüdische Einwanderer: «Wir hatten keine Willkommenskultur» 94 . Ein skandalöses Urteil: der Fall Wuppertal 98 . Ein altes Feindbild wirkt fort 107 . Burak Yilmaz: «Im Land der Shoa gibt es keinen importierten Antisemitismus» 114 . Wer Rassismus bekämpft, darf bei Antisemitismus nicht schweigen 120

«Ich höre immer dieses, ja, aber was ihr da macht ...» 127 . «Spekulanten», «Imperialisten», «Zionisten»: Antisemitismus von links 133 . Petra Pau: «Ich habe Antisemitismus lange unter der Überschrift Rechtsextremismus gesehen.» 145 . BDS: Mit Hass für noch mehr Hass 153 .

Vorwort

«Wir fühlen uns im Stich gelassen», sagte uns Baruch Babaev, als wir ihn zum ersten Mal in Dortmund besuchten. So empfinden die meisten Juden und Jüdinnen, mit denen wir auf unseren Reisen durch Deutschland sprachen. Justiz und Polizei gehen meist nicht entschieden genug gegen antisemitische Übergriffe vor, im Bundestag sitzt eine Partei, in der antisemitische und die Shoah relativierende Ansichten offen ausgesprochen werden, und die Mehrheitsgesellschaft schaut weg. Rabbiner Babaev warnte: «Wenn sich nicht etwas ändert, und zwar schnell, kann es für die Juden ganz schlimm enden.» Das war im Herbst 2018. Einige Wochen zuvor hatten wir mit der Recherche für dieses Buch begonnen. Im Zentrum der medialen und politischen Debatte stand der «importierte» Antisemitismus von Geflüchteten aus Ländern, in denen die Juden- und Israelfeindlichkeit stark ausgeprägt ist. «Im Land der Shoah gibt es keinen importierten Antisemitismus», widersprach der Duisburger Sozialpädagoge Burak Yilmaz, ohne den Antisemitismus unter arabischstämmigen und muslimischen Einwanderern kleinzureden, die selbst unter Diskriminierung leiden. Ein Jahr später verübte ein deutscher Rechtsextremist einen Anschlag auf die Synagoge in Halle (Saale). Der Fokus der Wahrnehmung verschob sich auf das rechtsextreme Spektrum. Politiker bezeichneten den Terrorakt als «unvorstellbar» und als ein «Alarmzeichen». Unsere Gesprächspartner waren nicht überrascht. Der rechte Terror gegen Juden hat hierzulande schließlich eine jahrzehntelange Kontinuität, nur wurde er von Politik und Sicherheitskräften lange ignoriert. Auch davon handelt dieses Buch.

Die Externalisierung des Problems ist symptomatisch für die deutsche Debatte: So bleibt es immer der Antisemitismus der anderen. Der Antisemitismus war nach 1945 nicht verschwunden. Er blieb nicht nur an den Rändern der Gesellschaft, sondern in ihrer

Mitte, aus der er immer gekommen war, und tritt in Wellen hervor. Judenhass ist ein jahrhundertealtes Phänomen, das tief in die Kultur der abendländisch-christlichen Gesellschaften eingewoben ist und sich an verschiedene Situationen anpasst. Antisemitismus ist ein globales Problem, es gibt aber eine spezifisch deutsche Tradition, die man immer mitdenken muss: den Vernichtungsantisemitismus, der in die Shoah geführt hat. Nach 1945 entwickelten sich neue Formen der Judenfeindschaft: der Schuldabwehr-Antisemitismus, der mit dem Wunsch nach einer positiven nationalen Identität einhergeht, sowie der israelbezogene Antisemitismus, der die alte Judenfeindschaft auf den 1948 gegründeten Staat Israel projiziert. In keinem anderen EU-Land werden Juden so oft für die Politik israelischer Regierungen angefeindet – in der Bundesrepublik 41 Prozent der Befragten, im europäischen Durchschnitt sind es 28 Prozent. Massive Sicherheitszäune vor jüdischen Einrichtungen, antisemitische Klassenchats, «Jude» als Schimpfwort an Schulen, verbale und körperliche Übergriffe auf der Straße gehören für Jüdinnen und Juden zum Alltag. Jüdische Schülerinnen und Schüler sprachen mit uns darüber, was das mit ihnen macht, wenn in ihrem Beisein Shoah-Witze erzählt werden und Lehrkräfte sie für israelische Politik haftbar machen. «Ihre Identität befindet sich in einer Art Belagerungszustand», sagte uns der Sozialwissenschaftler Konstatin Seidler in Hannover. Gleichzeitig fordern immer mehr nichtjüdische Deutsche einen Schlussstrich unter die NS-Vergangenheit.

Auf Demonstrationen gegen die Corona-Maßnahmen der Bundesregierung verhöhnen Menschen, die sich in der «bürgerlichen Mitte» verorten, die Shoah-Opfer mit einem gelben Stern mit der Aufschrift «ungeimpft» auf ihrer Kleidung. Corona-Leugner tragen gestreifte, an KZ-Häftlinge erinnernde Uniformen, berufen sich auf die Weiße Rose, ziehen Parallelen zum Leiden von Anne Frank. Auch das erweckt Zweifel an der «Erinnerungskultur» in diesem Land, das auf die «Aufarbeitung» seiner Geschichte so stolz ist. Die Pandemie bietet den perfekten Nährboden für das «Gerücht über die Juden», wie Adorno den Antisemitismus nannte: In den Verschwörungsmythen, deren antisemitischer Kern meist hinter Codes wie «Rothschild», «George Soros», «QAnon» oder «globale Eliten» versteckt wird, finden Rechtsextreme, Neonazis und sogenannte Mitte zusammen; die Zahl der Anhänger im Internet und in den sozialen Medien geht in die Millionen. Antisemitisches Gedankengut ist salonfähig geworden.

Die Stimmen derer, gegen die sich der Hass richtet, gehen in den öffentlichen Debatten meistens unter. Wie erleben Jüdinnen und Juden die deutsche Realität? Um das zu erfahren, reisten wir durch das Land und hörten ihnen zu. Unsere Gesprächspartner waren jüdische Schüler*innen und Student*innen, Künstler*innen, Blogger*innen, Gemeindevorsitzende wie einfache Mitglieder, Wissenschaftler*innen, Aktivist*innen sowie Rabbiner. Sie erzählten uns von ihren Ängsten, ihrer Resignation aber auch ihrer Wut und ihrem Widerstand. Andere sprachen über das neue jüdische Selbstbewusstsein und die Empowerment-Arbeit in ihren Gemeinden. Entstanden ist daraus ein vielstimmiger Chor mit auch widersprüchlichen Meinungen, getragen von der gemeinsamen Sorge um die Zukunft des Judentums in Deutschland. Für das Vertrauen, das unsere Gesprächspartner uns schenkten, danken wir ihnen herzlich. Mehrere von ihnen gehen in Schulen, klären über jüdisches Leben auf, engagieren sich in interreligiösen Dialogen. Das alles ist enorm wichtig. Antisemitismus ist aber nicht das Problem der etwa 150 000 bis 200 000 Juden in Deutschland, der Kampf dagegen ist eine gesamtgesellschaftliche Aufgabe. Wir finden, dass wir über den Antisemitismus mitten unter uns reden müssen, statt darüber, ob Juden nicht besser einige Gegenden meiden und in der Öffentlichkeit auf Davidsterne und Kippot verzichten sollten. Jüdinnen und Juden werden nicht deswegen verbal oder körperlich angegriffen, weil sie sich als solche zeigen, sondern weil die Angreifer*innen antisemitisch denken und fühlen. Doch die Mehrheitsgesellschaft hat ein Wahrnehmungsproblem: Sie sieht nicht, will auch nicht sehen. Viel wird darüber verhandelt, ob eine Äußerung, eine Karikatur oder ein Artikel antisemitisch oder doch nicht so gemeint sind, und Wissenschaftler streiten darüber, wem die Deutungshoheit über den Antisemitismus zusteht. Währenddessen geht der Fokus in den Gemeinden nach innen. Man sei am liebsten unter sich, auch aus Schutz vor der Welt da draußen, sagte uns eine 19-jährige Münchner Jüdin. Das sagt viel über den Zustand der Gesellschaft aus.

Vielleicht ist uns der moralische Kompass abhandengekommen, im Land der Stolpersteine, Mahnmäler und Gedenkrituale. Die Auseinandersetzung mit dem Antisemitismus in der Mitte der Gesellschaft hat noch nicht einmal richtig begonnen. Der Hohe Kommissar John J. McCloy erklärte 1949, dass das Wohlergehen der Juden in Deutschland ein Prüfstein seiner demokratischen Entwicklung sein wird. Daran gemessen, fällt das Zeugnis schlecht aus. «Eine Gesellschaft, in der sich Antisemitismus und andere Vorurteile einnisten, ist keine gesunde Gesellschaft. Es beginnt häufig mit dem Juden, aber es endet nicht mit den Juden», warnt die Shoah-Forscherin Deborah Lipstadt. Antisemitismus und Zerstörung der Demokratie gingen in der Geschichte immer miteinander einher. Das muss endlich erkannt und zur Richtschnur des politischen Handelns gemacht werden – bevor es zu spät ist.

Wir danken der Volksbank Raiffeisenbank Dachau eG und ihrem Vorstand Thomas Höbel für die großzügige Förderung unserer Arbeit, ebenso Bezirksheimatpfleger Dr. Norbert Göttler vom Bezirk Oberbayern, der Stiftung «Die Schwelle» sowie der Ursula Lachnit-Stiftung. Unser Dank geht auch an Barbara Schenk vom Euro-Trainings-Centre ETC e. V. in München sowie Käthe Springer-Dissmann und Bruno Dissmann in Wien. Unserer Lektorin Dr. Christine Zeile, die uns über alle Hindernisse hinweg begleitet und fachlich wie menschlich in bester Weise betreut hat, gilt ein großes Dankeschön, auch dem Verlag C.H.Beck und seinem Lektor für Neuere Geschichte, Zeitgeschichte und Politik, Dr. Sebastian Ullrich, der die Idee zu diesem Buch hatte.

1. Das Kröpelin-Syndrom:
Über das Schweigen und die Gewalt von rechts

Zeichen grassierender Judenfeindlichkeit – Schmierereien auf dem jüdischen Friedhof in Kröpelin, Mecklenburg-Vorpommern

Allein gegen rechts. Unterwegs in Kröpelin und Rostock

Kein Mensch kennt Kröpelin. Anna schaut uns fragend an. Ein Abend im September 2019, tropische Hitze, die Straßencafés am Weinbergsweg quellen über. Im «Gorki-Park» zwängt sich auf der Terrasse ein gepierctes Paar mit grünen Strähnen im Haar zu einer freien Tischecke. In dreißig Jahren soll Berlin so heiß wie Melbourne sein. Das haben Schweizer Klimaforscher berechnet. Die Strahlen der untergehenden Sonne tauchen den Platz in ein warmes Licht. Anna wartet.

Eine Kleinstadt, zwei, drei Stunden Zugfahrt entfernt.

Nie gehört.

Wir bisher auch nicht.

Was wollt ihr dann dort?

Anna, unsere Zufallsbekanntschaft, hört interessiert zu. Die meisten jedoch, denen wir von unserem Buch erzählen, setzen einen Tunnelblick auf, sobald wir das «A-Wort» aussprechen. Gar noch wachsender Antisemitismus. Wenn ich das schon höre, sagte eine Kollegin und verdrehte die Augen. Davon, erklären uns viele ungläubig, hätten sie persönlich nichts bemerkt. Das liegt vielleicht daran, dass sie nicht jüdisch sind, oder eher noch an der Gleichgültigkeit in diesem Land, die Papst Franziskus anprangert. Die Gleichgültigkeit durchdringe, sagt das geistige Oberhaupt von 1,3 Milliarden Menschen weltweit, die Gegenwart wie ein Virus. Da beunruhigt sie schon eher der Klimawandel. Der macht vielen Sorge, aus gutem Grund, steht doch die Zukunft des Planeten auf dem Spiel. Die Klimakatastrophe hat längst schon begonnen. Die Vereinten Nationen rechnen mit 200 Millionen Klimaflüchtlingen bis 2050. Vielleicht gelingt es noch, die verheerenden Auswirkungen der fortschreitenden Erderwärmung abzumildern. Auch die Demokratie würde vermutlich nicht überleben, wenn sie weiter durch völkisches und nationalistisches Denken geschwächt wird. Antisemitismus und Rassismus waren nach 1945 nie verschwunden. Sie führten auch nie nur eine Randexistenz, wie die Politik das lange Zeit glauben machen wollte, nicht nur Rechtsextreme sind es, es wabert und gärt auch in der sogenannten Mitte der Gesellschaft. Einer Studie zufolge ist jeder vierte Deutsche gegen Juden eingestellt, von diesen mehr als 20 Millionen Frauen und Männern kann man schwerlich behaupten, dass sie eine unbedeutende Minderheit sind. Das Nachleben des Nationalsozialismus offenbart sich auch in der zunehmenden Zahl von Hasskommentaren ganz gewöhnlicher Alltagsuser im Internet, die damit die demokratische Maske fallen lassen.

Auf jeden und jede der etwa 150 000 Juden und Jüdinnen in der Bundesrepublik kommen also 133 Antisemiten, wie uns ein Freund, ein pensionierter Ingenieur aus München, vorrechnet. Er weiß nicht, was ihn mehr belastet, die Antisemiten, die ihn auf der Straße scheel anschauen, beleidigen oder gar Schlimmeres antun würden, wenn er etwa eine Kippa tragen würde, als Jude sichtbar wäre. Oder die anderen. Die 62 Millionen, die im Umkehrschluss des Umfrageergebnisses nichts gegen Juden haben, von denen aber die meisten ihren Blick von der Gewalt abwenden. Von großen Protesten gegen die alltäglichen Übergriffe auf jüdische Kinder, Frauen und Männer sehen und hören wir nichts auf unserer Deutschlandreise. Eine Million Menschen demonstriert in dieser Zeit gegen das Artensterben, und das findet die Münchner Psychotherapeutin Eva Umlauf, die als zweijähriges Kind Auschwitz überlebt hat, auch gut so. Nur wünschte sie, dass einmal wenigstens halb so viele gegen den Judenhass auf die Straße gingen. Wir leben in einer Gesellschaft, die ungerecht ist, weil sie Diskriminierungen akzeptiert. Der Hass ist allgegenwärtig. Er trifft Juden, Geflüchtete, Muslime, Schwarze, Sinti und Roma, Frauen, Schwule …. Vor ein paar Tagen hat uns ein Spießertyp, weiß und dumpf, in der Berliner U-Bahn wüst beschimpft, weil wir einem bettelnden Obdachlosen einen Euro gaben. Was ist los in diesem Land?

Dass wir ausgerechnet in Kröpelin, 4800 Einwohner zählt die Stadt zwischen Rostock und Wismar, darauf Antworten finden, daran zweifeln wir selbst, als wir vor dem verlassenen Bahnhofsgebäude stehen. Die Fenster des roten Backsteinbaus von 1883 sind zugemauert, weit und breit kein Mensch, in der Stille hören wir die Blätter der Bäume rascheln. Doch dann kommt es anders. Wir lernen Hubertus Wunschik, 1957 in Meppen geboren, kennen. Er ist einer der wenigen, die sich einmischen, die Deutschland nicht den Rechten überlassen wollen. Seine Geschichte gibt Antworten darauf, was in dieser Republik los ist. Der frühere parteilose Bürgermeister wurde nach sechs Jahren Amtszeit weggemobbt. Das lag auch daran, dass er den alten jüdischen Friedhof am Stadtrand erhalten wollte und nach jeder Schändung wieder restaurieren ließ. Deshalb gilt er in Kröpelin auch als «Jude». Aber das sind nach allgemeinem Sprachgebrauch in der Stadt alle, die geschäftlich erfolgreich sind oder einem intellektuellen oder künstlerischen Beruf nachgehen. Einem Kommunalpolitiker gegenüber nannte Hubertus Wunschik einmal die, die das behaupten, Nazis. Dieser erwiderte:

Nein, das sind keine Nazis.

Dann halt Antisemiten.

Das kann sein.

Im mecklenburgischen Kröpelin gehen rechtsextremer Rand und bürgerliche Mitte fast nahtlos ineinander über. Und das ist beileibe nicht allein in Ostdeutschland so, diese weit verbreitete Annahme entpuppt sich auf unserer Reise als Vorurteil. Schon 2002 konstatierten Forscher, dass rechtsextremes Denken in allen Teilen der Republik in erheblichem Maße verbreitet sei. Auch in der gesellschaftlichen Mitte.[1] Hubertus, schlaksige Figur und leicht ergrautes Haar, steht im Türrahmen. Wenn er lacht, geht ein warmes Leuchten über sein Gesicht. Jetzt lacht er nicht. Er ruft uns nach, was er am Abend zuvor am Lagerfeuer im Garten seines Hauses schon gesagt hat.

Wir müssen uns bewaffnen.

Was sagst Du da?

Bewaffnen!

Aber warum?

Falls die uns mal angreifen.

Ein ungewöhnlicher Satz aus dem Mund eines ehemaligen Polizeibeamten des Bundeslandes Nordrhein-Westfalen. Hubertus Wunschik will nicht wirklich eine Waffe tragen, er ist alles andere als gewalttätig, ein nachdenklicher, künstlerischer Kopf, ein Galerist, der in Kröpelin ein Kulturzentrum gegründet hat. Doch die Gefahr, die heute Kommunalpolitikern und Bürgern droht, die sich gegen Rechte engagieren, schätzt er richtig ein. Einige Wochen vor unserem Besuch wurde der Kasseler Regierungspräsident Walter Lübcke auf der Terrasse seines Wohnhauses in Wolfhagen-Istha von einem Rechtsextremisten erschossen. Er wollte noch eine Zigarette rauchen, bevor er sich schlafenlegt, an dem Tag passte er auf seinen einjährigen Enkel auf. Der Schuss kam aus nächster Nähe. Gegen den CDU-Politiker war im Internet gehetzt worden, weil er die demokratische Kultur in unserem Land verteidigt hatte. Der Bürgermeister der rheinländischen Kommune Kamp-Lintfort, ein Sozial-demokrat, beantragte im Januar 2020 einen Waffenschein, weil ihn Rechtsextreme bedrohen, seitdem er im Wahlkampf Plakate der Partei «Die Rechte» abhängen ließ. Darauf stand «Israel ist unser Unglück» und «Wir hängen nicht nur Plakate». Auch andere Kommunalpolitiker kündigten an, sich aus Angst vor Neonazis bewaffnen zu wollen, einige traten von ihrem Amt zurück. Mehr als 40 Prozent der kommunalen Verwaltungen waren bereits Hass-E-Mails und Einschüchterungsversuchen ausgesetzt, in acht Prozent kam es auch zu körperlichen Übergriffen. Das ergab 2019 eine Umfrage für *Report München* unter mehr als 1000 Bürgermeistern.[2]

Am 9. Oktober 2019 folgt der Anschlag auf die Synagoge in Halle, am 19. Februar 2020 die Attacke auf zwei Shisha-Bars in Hanau, der zehn Menschen zum Opfer fallen, neun von ihnen hatten einen Migrationshintergrund. Am 5. Oktober 2020 greift ein Antisemit einen jüdischen Studenten vor einer Synagoge in Hamburg an und verletzt ihn schwer. Hubertus Wunschik und seine Frau Christine haben die Ohnmacht von Menschen erfahren, die sich in Deutschland dem Rechtsruck entgegenstemmen. Sie stehen allein da. Der frühere Bundespräsident Joachim Gauck – und so ähnlich reden viele Politiker – hat einmal gesagt, die Demokratie benötige beides: mutige Bürger, die nicht wegschauten, aber vor allem einen Staat, der fähig sei, Würde und Leben zu schützen. Die Realität sieht anders aus. Tote Ratten vor der Haustür, aufgeschlitzte Autoreifen, daran haben sich Hubertus und Christine schon fast gewöhnt. Aber er besitzt ein Foto, das er im Mai 2014 gemacht hat – zwei Glatzköpfe erheben nach einem Streit mit ihm in seinem Kulturzentrum die rechte Hand zum Hitlergruß. Die Staatsanwältin in Rostock hat offenbar ihrem Bundespräsidenten nicht zugehört. Sie schrieb an Hubertus Wunschik: «Die von Ihnen getätigten Angaben, der Beschuldigte habe Sie am Jackenkragen ergriffen und geäußert: ‹Wir kennen dich, Wunschik, auch wenn du als Bürgermeister abgewählt bist, und beobachten dich›, sind zum einen nicht unter den Tatbestand der Bedrohung, der Beleidigung oder der vorsätzlichen Körperverletzung zu sehen. Zum anderen ist dem Beschuldigten das Zeigen des sog. Hitlergrußes nicht nachweisbar. Der Beschuldigte selbst hat den Tatvorwurf bestritten.» Das ist nicht alles. «Auch das von Ihnen am Tattag gefertigte Lichtbild spricht gegen das Zeigen des Hitlergrußes. Im Rahmen eines solchen Grußes ist der Daumen jedenfalls nicht von der zeigenden Hand weggespreizt. Auf dem Lichtbild ist aber genau dieses ersichtlich, so dass davon auszugehen ist, dass der Beschuldigte seine Hand lediglich zum Winken erhoben hat.» Auf das Wohl dieser Staatsanwältin werden die Neonazis mit einigen Gläsern Bier angestoßen haben.

Am 26. September 1937 waren die Daumen der hochgereckten rechten Hände nicht abgespreizt. Damals gab es auch absolut keinen Anlass für ein solches Versteckspiel. Überhaupt waren das noch Zeiten in Kröpelin, Hitler und Mussolini versetzten die etwa 2700 Einwohner in Hochstimmung. Die Menschen drängten sich am Bahnhof und schrien sich die Seele aus dem Leib, als die beiden auf ihrem Weg zu einem Wehrmachtsmanöver in der Stadt Halt machten. «Auch die Hitlerjugend überschlug sich in Jubelrufen», liest man auf der Homepage der Stadtgemeinde. Der ehemalige SPD-Fraktionssprecher Thomas Wendt rief 2012 ältere Bürger dazu auf, von ihren Erinnerungen an den großen Tag der kleinen Stadt Zeugnis abzulegen. Er fand, dass der Besuch Hitlers und Mussolinis, eines der «bedeutendsten Ereignisse der Stadtgeschichte», nicht ausreichend gewürdigt worden sei. Der Sozialdemokrat wollte Wunschik auch verbieten lassen, Spenden für die Restaurierung des jüdischen Friedhofs über ein städtisches Bankkonto einzuwerben. Nach Kröpelin hat uns aber etwas anderes gebracht. Es war ein Foto, das wohl bekannteste der Stadt: ein großes, blaues Hakenkreuz auf einem jüdischen Grabstein. Diese Aufnahme illustriert regelmäßig Zeitungsberichte über Friedhofsschändungen in Deutschland. Mindestens fünfmal wurde die jüdische Begräbnisstätte in Kröpelin schon geschändet. 2011, dann im Juni 2012, nachdem Hubertus Wunschik sie hatte sanieren lassen, im September 2012 wieder, diesmal besonders brutal. Grabplatten wurden zerbrochen, Grabsteine aus der Verankerung gerissen und umgeworfen. Für die Rostocker Polizei stand schnell fest: Ein rechtsextremer Hintergrund der Tat könne ausgeschlossen werden. 2013 und am 27. Januar 2016, dem Holocaust-Gedenktag, schlugen Unbekannte erneut zu. Antisemiten, Rechtsextreme? «Wir wissen es doch nicht. Da kann man überhaupt keine Meinung dazu sagen», sagte die stellvertretende Bürgermeistern Sylvia-Marina Kühl der *Ostsee-Zeitung*. Leserbriefschreiber Ulrich Cramer hatte schon zuvor konstatiert, «(...) dass man weit davon entfernt ist, gemeinsam gegen den vorhandenen Rechtsextremismus anzugehen.»

Juden gibt es schon lange nicht mehr in der Stadt. Der Judenhass ist geblieben. Ungefähr 2000 jüdische Friedhöfe gibt es in Deutschland, in vielen Regionen sind sie die letzten Zeugnisse jüdischen Lebens vor dem Nationalsozialismus. «Da in der Bundesrepublik kaum noch Juden leben, gegen die man handgreiflich werden könnte, tobt man sich an den Steinen aus – quasi als Judenersatz», schreibt der Historiker Julius H. Schoeps in einem Aufsatz von 1986 zu den Übergriffen auf die «beth olam», die Stätten zur Ewigkeit. Einer Studie des Frankfurter Historikers Adolf Diamant zufolge sind es zwischen 1945 und 1982 fast 600 Schändungsfälle gewesen. Die Dunkelziffer dürfte um vieles höher liegen, da nicht alle erfasst und viele «jugendlichem oder kindlichem Vandalismus» zugeschrieben werden. Warum sich der aber nur auf jüdischen Friedhöfen austobt, erklären die Sicherheitsbehörden nicht. 13 verwitterte Grabsteine im Schatten großer Bäume stehen am Stadtrand von Kröpelin, gleich hinter der Bundesstraße 105, auf der Autos vorbeirasen. Auf der Rückseite des 1825 angelegten Friedhofs erstrecken sich Wiesen und Felder bis zum Horizont. Für einen Fremden ist er nicht leicht zu finden. Die Stadtbibliothekarin freut sich über unser Interesse, weiß aber nicht viel über die jüdische Geschichte Kröpelins zu sagen. Aber nett und hilfsbereit, wie sie ist, will sie die Touristen nicht einfach wegschicken. Sie blättert lange in der zweibändigen, ungefähr tausend Seiten umfassenden Stadtchronik und wird fündig. Zehn, vielleicht zwölf Zeilen. 15 Familien gab es hier, die vor dem Naziregime abgewandert sein sollen.

Wohin?

Das weiß ich nicht.

Können Sie uns etwas über die Friedhofsschändungen sagen?
Das gab es mal, aber seit zwei Jahren nicht mehr.
Glauben Sie, die Täter stammen aus der Stadt oder der Umgebung?
Hm, dazu kann ich Ihnen wirklich nichts sagen.

Deutschland hat sich verpflichtet, verwaiste jüdische Friedhöfe dauerhaft zu sichern und zu bewahren – schleppende Ermittlungen, Desinteresse der Kommunalpolitik, das kennzeichnet jedoch die Realität. Und es hört nicht auf. 2018 ist in Deutschland im Schnitt mindestens jede zweite Woche ein jüdischer Friedhof geschändet worden. Seit 2000 stieg die Gesamtzahl auf 750. Das ergab eine parlamentarische Anfrage der Bundestagsvizepräsidentin und Linke-Politikerin Petra Pau, die seit 2007 regelmäßig Anfragen zu Schändungen von jüdischen Friedhöfen stellt. Wie viele es sind, weiß sie selbst nicht mehr. Sie gehören zum Alltag der Juden in Deutschland.

Hubertus Wunschik veranstaltet in Kröpelin deutsch-israelische Kulturtage. Das gefällt nicht jedem. Im Jahr 2012 fand er die israelische Fahne vor dem Friedhof – «Judenfriedhof», sagen Kröpeliner – zerfetzt und angebrannt. Vier Jahre danach die zweiten Kulturtage. Der israelische Botschafter ist gerade abgereist, da klettert ein Mann den Fahnenmast hoch und reißt die Fahne Israels herunter. Die «Scheißjuden», schreit er, haben hier nichts zu suchen. Was ist nur los in dieser Stadt? Das Rathaus wurde schmuck renoviert, Kirche und Fachwerkhäuser, alles proper hergerichtet. Jahre nach dem Raubzug der Treuhand in Ostdeutschland sind die wirtschaftlichen Verhältnisse nicht mehr so schlecht. Im Landkreis Rostock, zu dem Kröpelin gehört, lag die Arbeitslosenquote vor der Covid-Pandemie bei 5,1 Prozent, dem niedrigsten Wert in Mecklenburg-Vorpommern. In der Bundestagswahl 2017 hat die AfD in Kröpelin mit fast 21 Prozent die Grünen, Linke und SPD weit zurückgeschlagen und sich hinter der CDU als zweitstärkste Kraft etabliert. Eine Neonaziszene kann man der Stadt nicht zuschreiben, aber eine rechte Szene, sagt Hubertus, gibt es hier quer durch alle Parteien und Schichten. Auch etliche Reichsbürger gehörten dazu. «Hier hat man etwas gegen alles, was angeblich fremd ist. Geflüchtete, Ausländer, das sind für die alles ‹Fidschis›. Das ist ganz schlimm», sagt Christine. Er würde sich, sagt ihr Mann, nicht als Jude zu erkennen geben, wenn er einer wäre.

Hubertus Wunschik wurde von den Stadtvertretern gemobbt, Vorwürfe wegen seiner Amtsführung, Anzeigen wegen Unterschlagung – alles unbegründet und vor Gericht nicht haltbar gewesen. Auch ein Quorum, das die Stadtvertreter gegen ihn anstrengten, scheiterte. Dann wurde er aber schwer krank und 2016 in den Ruhestand versetzt. Christine und er haben sich entschieden. Sie bleiben in Kröpelin. Wo sollen sie auch hin? Als Fraktionssprecherin der Grünen im Kreistag von Rostock ist die 36-Jährige zum Lieblingsfeindbild der AfD geworden, die mit elf Sitzen vertreten ist. Einige Freunde hat das Ehepaar noch, aber sie fühlen sich in der Stadt nicht mehr wirklich wohl. «Du kriegst es doch alles mit», sagt Christine, «wenn dich jemand komisch anguckt. So was ist sehr belastend.» Einkäufe machen sie außerhalb von Kröpelin. Ihre heute neunjährige Tochter Johannah konnte nicht mehr in den Kindergarten am Ort gehen, denn die Eltern wollten ihr Kind vor dem Mobbing bewahren. Ein Arzt bescheinigte, dass Johannah keine Schule in Kröpelin besuchen kann, sie geht heute auf eine in Bad Doberan.

Wie geht Ihr damit um, Christine?

Manchmal frage ich mich, was mache ich eigentlich hier?

Und was ist die Antwort?

Wir haben uns gesagt, jetzt gehen wir mal ins Biedermeier, Rückzug ins Private. Es fiel uns aber auf, dass der Biedermeier sehr schnell in den Vormärz übergegangen ist. Man muss dann doch…irgendwie… weitermachen.

Sie lachen.

Viele Juden und Jüdinnen werden uns auf unseren Reisen noch von ihrem schwindenden Vertrauen in die Polizei erzählen. In Berlin gab es beim rechten Aufmarsch in Gedenken an Rudolf Hess, Hitlers früheren Stellvertreter in der Parteileitung, sogar ein «Polizistentaxi» für Neonazis. Levi Salomon vom Jüdischen Forum für Demokratie und gegen Antisemitismus zeigt uns ein paar Tage später einen Filmmitschnitt, wir waren zwar dort, haben es aber nicht mitbekommen. Einige Rechtsextreme wussten nicht Bescheid, dass die Demo von Spandau nach Friedrichshain verlegt worden war, und wurden von der Polizei dorthin gebracht. «Das ist Berliner Polizei», sagt Levi Salomon. Wir staunen ungläubig über das Video, das einen Neonazi zeigt, der aus dem Polizeiwagen steigt. «Ja, was soll denn das? Was soll denn das?», ruft Levi Salomon empört aus. «Die hätten sagen sollen, okay, Eure Kundgebung ist abgesagt, sie müssten sie aber nicht gleich zur nächsten kutschieren!» Die Polizei sei unverhältnismäßig hart gegen die Gegendemonstranten vorgegangen. «Ich habe gesehen, wie die Menschen festgenommen wurden. Sie wurden zu Boden gedrückt.» Andererseits konnten die Neonazis ungestraft Hitlergrüße zeigen und brüllen: «Wo man Juden deportiert, da ist das Rheinland.» Und zu Gegendemonstranten: «Wo ist eure Anne Frank?»

Ein rechter Kröpeliner hat einmal vor Hubertus Wunschik mit einem Messer herumgefuchtelt. Der herbeigerufene Polizist sah darin keine Drohung. «Dann könnten Sie sich auch von mir bedroht fühlen, ich trage eine Pistole», sagte er zu Hubertus. Hat er es ernst gemeint, oder sollte es nur ein Witz sein? Eine Hilfe war er jedenfalls nicht. In schöner Regelmäßigkeit schreckt die Öffentlichkeit auf, wenn bekannt wird, dass Beamte, die auf die Verfassung geschworen haben, Daten an Neonazis weitergaben, selbst ein rechtsextremes Netzwerk gegründet und Hasssprüche im Netz gepostet haben oder auch Gewalt anwenden gegen Menschen, deren Leben und Würde zu schützen sie verpflichtet sind. Es gibt keine aktuellen Studien, wie viele der insgesamt 240 000 Vollzugsbeamten rechtsextrem und rassistisch eingestellt sind. Professor Yitzhak Melamed ist 2018 Gast der Bonner Universität. Im Hofgarten des kurfürstlichen Residenzschlosses wird der 50-Jährige von einem 20-jährigen Deutschen angegriffen. Der Mann schlägt ihm die Kippa vom Kopf und auf die Schulter. «Kein Jude in Deutschland», brüllt er. Eine Kollegin ruft über Handy die Polizei. Als der Angreifer die Sirene hört, flüchtet er, Yitzhak Melamed verfolgt ihn und wird von den Beamten zu Boden geworfen und mehrmals ins Gesicht geschlagen, obwohl er beteuert, der Falsche zu sein. Die *Deutsche Stimme*, eine rechtsradikale Monatszeitung, meint freudig: Es sei gut zu wissen, «dass auch hierzulande die Mehrheit der staatlichen Waffenträger Sympathien für die politische Rechte hat», so in einem Artikel der Ausgabe vom September 2019. Das Eintreten für Volk und Land, Ordnung und Autorität gehöre nämlich zur DNA rechten Denkens.

Eine Studie der Polizeifachschule Aschersleben in Sachsen-Anhalt von 2014 zeigte, dass für Migranten und Geflüchtete nach einem rassistischen Angriff im Kontakt mit der Polizei die Gefahr einer Täter-Opfer-Umkehr besteht. Das mussten auch die Angehörigen der Todesopfer des NSU erfahren. Bis er 2011 aufflog, lebte die Terrorgruppe fast 14 Jahre lang im Untergrund und ermordete acht türkisch- und einen griechischstämmigen Deutschen sowie eine Polizistin. Die Behörden unterstellten zunächst den Opfern kriminelle Machenschaften und ermittelten gegen ihre Angehörigen. «Die Bundesregierung muss dringend den Verfassungspatriotismus in den Sicherheitsbehörden stärken», sagte Jörg Radek, Vizevorsitzender der Polizeigewerkschaft, der *Rheinischen Post*. «Da ist bei vielen Beamten etwas in Schieflage geraten, was sich in Sympathien für das rechtsnationale Parteienspektrum ausdrückt.» Ende 2018 wird ein Netzwerk rechtsextremer Polizisten in Frankfurt am Main aufgedeckt, das seine Drohbriefe mit «NSU 2.0» unterzeichnete. Einige erhielt die Rechtsanwältin Seda Basay-Yildiz, die im Münchner NSU-Prozess eine Opferfamilie vertreten hatte. Insgesamt waren es fast einhundert Drohschreiben, das Netzwerk hat Verbindungen nach Hamburg, Berlin und Bayern. Bei der Berliner Polizei sollen 25 Beamte jahrelang rassistische und rechtsextreme Hetze in einem Chat ausgetauscht haben. In Mecklenburg-Vorpommern wurden zwei Polizisten wegen antisemitischer Nachrichten über ihre Privathandys vom Dienst suspendiert. In Lahr, Baden-Württemberg, wurden 2020 sieben Polizeischüler entlassen; ein 26-jähriger Polizeianwärter der Polizeihochschule Potsdam, der sich vor Zeugen rechtsextremistisch geäußert haben soll, klagte vor Gericht gegen seine fristlose Kündigung und gewann den Prozess. Die rechtsextreme «Gruppe S.» soll mit einem Polizeimitarbeiter im nordrhein-westfälischen Hamm kooperiert haben. Zur 2017 aufgeflogenen rechtsextremen Gruppe «Nordkreuz» gehören Verdächtige aus Polizei und Bundeswehr. Ein ehemaliges SEK-Mitglied wurde in Schwerin zu einer Bewährungsstrafe verurteilt, der Beamte soll 50 000 Schuss Munition aus Beständen der Polizei und Bundeswehr entwendet und gehortet haben. Das ist nur ein Ausschnitt, Nordrhein-Westfalen ist auch dabei. Mitte September 2020 wurden in Mülheim an der Ruhr 30 Polizisten des Polizeipräsidiums Essen wegen rechtsextremistischer Hetze suspendiert, seit Anfang 2017 gab es in dem Bundesland einhundert Verdachtsfälle. In Mecklenburg-Vorpommern gehören Beamte und Bundeswehrsoldaten den sogenannten Preppern an. Sie horteten in großer Menge Munition für den Staatszusammenbruch am Tag X und bereiteten Listen mit Todeskandidaten vor. Ausnahmen, Einzelfälle – Politiker wiegeln noch immer ab. Für Rafael Behr, Wissenschaftler an der Polizeiakademie Hamburg, sind die statistisch erfassten Fälle nur «die Spitze des Eisbergs».[3] Bundesinnenminister Horst Seehofer sieht jedoch, wie er mehrmals betonte, kein strukturelles Problem und lehnt eine Rassismus-Studie bei der Polizei ab, weil sie alle Beamten unter einen Generalverdacht stellen würde. Wie viele es auch immer sein mögen, erschreckend ist, dass die Sicherheitsbehörden das Gewaltmonopol ausüben und deshalb großen Schaden anrichten können.

Hubertus, was sagst Du dazu, als ehemaliger Polizist?

Man muss fair sein.

Wie meinst Du das?

Rassistisch waren Beamte schon vor 40 Jahren, vor allem jüngere. Die verabschiedeten sich auf dem Revier in den Streifendienst mit den Worten: Wir gehen jetzt Türken klatschen.

Wir wundern uns, als wir im Sommer 2019 den Klingelknopf an der Haustür der Jüdischen Gemeinde in der Augustenstraße in Rostock drücken und ohne Kontrolle oder Nachfrage in das Haus gelassen werden. Das ist heute nicht mehr so. Im Flur hängt von der Decke ein Plakat. In russischer Sprache steht darauf geschrieben, dass in der Synagoge gerade ein Gottesdienst stattfindet. Frauen, Männer und Kinder eilen hin und her. Unsere vollgepackte Reisetasche dürfen wir in der Pforte abstellen, dem Mitarbeiter ist die Tasche keinen Blick wert. Juri Rosov, Vorsitzender der Jüdischen Gemeinde Rostock mit 560 Mitgliedern, lacht, als wir ihn darauf ansprechen. Er erzählt uns eine Geschichte. Vor einigen Jahren war er mit Gemeindemitgliedern in Straßburg. Es war Shabbat und sie wollten in die Synagoge, doch die Wachleute verweigerten ihnen den Zutritt. «Wir haben dem Sicherheitspersonal unsere Dokumente gezeigt, darin stand auch, dass ich Vorsitzender der Jüdischen Gemeinde in Rostock bin. Trotzdem durften wir nicht hinein.» Diese Erfahrung hat ihn geprägt. «Manchmal habe ich bei uns Juden das Gefühl, dass wir zwar bauen und bauen, am Ende haben wir aber doch nur ein Ghetto. Das will ich nicht.» Er will ein offenes Haus. Bei dem Gespräch ahnen weder er noch wir, was fünf Wochen später in Halle in Sachsen-Anhalt, dreieinhalb Autostunden von Rostock entfernt, geschehen wird. Ein bewaffneter Rechtsextremist versucht, in die Synagoge einzudringen, die nicht von der Polizei beschützt wird. Etwa 50 Menschen, die gerade Jom Kippur, den höchsten jüdischen Feiertag, feiern, zittern in dem Haus um ihr Leben. Die Tür hält den Schüssen stand. Nur knapp entgehen Frauen, Männer und Kinder einem Massaker. Nach dem Terrorangriff wird Juri Rosov in der *Jüdischen Allgemeinen* zitiert: «Wir sind ein offenes Haus», aber das bedeute nicht, auf Sicherheit zu verzichten. «Ich sehe da keinen Widerspruch.»[4] Alles andere wäre unverantwortlich und dumm. Wir kommen auf Kröpelin und die Zerstörungen zu sprechen. Ein, zwei Mal im Jahr werden die Grabstätten im Landesverband der Jüdischen Gemeinden in Mecklenburg-Vorpommern geschändet, erzählt uns Juri Rosov.

Das ist wirklich feige und widerlich, weil sich das gegen jene richtet, die sich überhaupt nicht wehren können. Kröpelin ist für mich ein krasses Beispiel. Herr Wunschik hat wirklich versucht, den jüdischen Friedhof aufzubauen, dann wieder und wieder …
Und dann noch die Zerstörung der Israelflagge …
Das wundert mich nicht in dieser Stadt.

Juri Rosov leidet darunter, die Attacken offenbaren einen Hass, der klarmachen will: Ihr habt weder im Leben noch im Tod einen Platz in diesem Land. Genau deshalb wollte Ignatz Bubis, Vorsitzender des Zentralrats der Juden von 1992 bis 1999, nicht in Deutschland beerdigt werden, sein Leichnam wurde in Tel Aviv beigesetzt. Juri Rosov will, wie er uns sagt, das jüdische Leben in Rostock aufbauen und sich nicht ständig mit den Gräbern der Toten beschäftigen. Die Gleichgültigkeit setzt ihm zu. «Ich kenne keinen Fall, wo jemand bestraft wurde. Viele Friedhöfe liegen doch mitten in der Stadt. Wie kann das sein, dass es keiner gesehen hat?» In Mecklenburg-Vorpommern mit seinen ungefähr 1,61 Millionen Einwohnern wird Antisemitismus von der nichtjüdischen Mehrheit kaum wahrgenommen. Dabei hat sich seit der Wiedervereinigung eine rechtsextreme Szene entwickelt, von der sich die bürgerliche Mitte – Politik, Vereine, Feuerwehr oder Sportverbände – nicht ausreichend abgrenzt. Besonders schlimm war es vor sechs, sieben Jahren, auf dem Höhepunkt der sogenannten Beschneidungsdebatte.

Ich erhielt jeden Tag bis zu zehn E-Mails mit antisemitischen Beleidigungen, besonders krasse leitete ich an die Polizei weiter.

Was geschah dann?

Ich war sehr überrascht, als ich hörte, das sei strafrechtlich irrelevant.

Also, wenn jemand schreibt, dass die Juden wieder ins Gas gehörten, ist das strafrechtlich unbedeutend.

Sie können dagegen also nichts machen?

Vor fünf Jahren habe ich Firewall eingestellt. Ich lese die E-Mails nicht mehr, denn das macht einen kaputt.

Finden die Übergriffe nur im Netz statt?

Unsere Mitglieder werden auf der Straße, Gott sei Dank, oft für Russen gehalten. Da kann es zu rassistischen Bemerkungen kommen, aber nicht zu antisemitischen.

Einmal traf es die einzige nichtjüdische Gemeindemitarbeiterin, Ilona. Ein betrunkener Rostocker brüllte sie in der Nähe der Synagoge an und beleidigte sie, weil er sie in seinem blinden Hass für eine Jüdin hielt. Die Stadtpolitik bemüht sich, den Ruf der Stadt als Nazihochburg in der öffentlichen Wahrnehmung wegzubekommen.

Im August 1992 verübten Rechtsextreme in Rostock-Lichtenhagen einen Anschlag. Sie attackierten ein Asylbewerberheim in einem Plattenbau mit Molotowcocktails und versuchten das Gebäude zu stürmen. Als die Polizei klein beigab und die Menschen mit Bussen wegbrachte, gingen die Neonazis auf ein Haus los, in dem vietnamesische Vertragsarbeiter mit ihren Familien wohnten. Hunderte Rostocker Bürgerinnen und Bürger klatschten begeistert Applaus und ließen die Feuerwehr nicht zum Brandort vor. Diese Ereignisse haben die jüdische Gemeinde, die erst zwei Jahre danach gegründet wurde, nicht wirklich geprägt. Die meisten Mitglieder stammen aus der ehemaligen Sowjetunion und fürchten islamistischen Terror mehr als den rechtsextremen. Juri Rosov unterschätzt die Gefahr von rechts nicht. Das Hasspotential, das Lichtenhagen auch in der bürgerlichen Mitte offenbart hat, stimmt ihn nachdenklich, er mag sich gar nicht ausmalen, wie es wäre, wenn sich einmal der Hass gegen seine Gemeinde richten würde. «Ein bisschen Hoffnung haben wir noch, dass das jüdische Leben in Rostock eine Zukunft hat», sagt er. Junge Gemeindemitglieder verlassen jedoch die Stadt, seine eigene Tochter arbeitet als Lehrerin in Saarbrücken, der Sohn ist noch hier, aber Juri Rosov weiß nicht, wie lange noch. Alleingelassen fühlt er sich, der Mann, dem 2014, als Deutschland Weltmeister im Fußball wurde, Freudentränen über die Wangen liefen. «Ich bin absolut davon überzeugt, dass die Mehrheitsgesellschaft das Problem des Antisemitismus überhaupt nicht wichtig findet. Und die Politik soll nicht mit hohlen Worten immer zu beruhigen versuchen.» Am Ende, sagt Juri Rosov, wird keiner bestraft. Keiner richtig bestraft. Das gilt sogar für Fälle, die über die Medien großes Aufsehen erregt haben. Zum Schluss erzählt uns der Gemeindevorsitzende eine kleine Geschichte. Ein Postbote aus einem Dorf in der Nähe Rostocks schrieb ihm neulich einen Brief. Er trage beim Austragen der Briefe, für alle im Dorf sichtbar, eine Kippa, teilte er ihm mit, als Zeichen der Verbundenheit mit Juden. Auch das gibt es. Juri Rosov lächelt über die schöne Geste. Doch noch viel mehr brauchen Juden und Jüdinnen in diesem Land konkrete Taten. Auf unseren Reisen werden wir noch von so vielen Beispielen hören, dass man fast schon von einem kompletten Versagen von Polizei, Justiz und Politik sprechen könnte. Die Warnungen und Ängste jüdischer Gemeinden werden vernachlässigt, Sicherheitsvorkehrungen dauern ewig, das Gerangel über Zuständigkeiten in den Behörden verzögert das Eingreifen – kurzum, der Staat sorgt bei weitem nicht für einen ausreichenden Schutz jüdischen Lebens. Das hat nicht nur das Beispiel Halle gezeigt.

Gewalttaten mit antisemitischem Hintergrund nehmen in Deutschland deutlich zu. Nach Angaben des Bundesinnenministeriums erreichte die Anzahl antisemitischer Straftaten in Deutschland im Jahr 2019 mit mehr als 2000 Delikten den höchsten Wert seit Beginn der statistischen Aufzeichnung vor zwanzig Jahren. Gegenüber 2018 betrug der Anstieg 13 Prozent. Neun von zehn Straftaten hatten einen rechtsextremistischen Hintergrund.[5] Viel ist heute die Rede davon, dass die Gesellschaft verroht. War sie das nicht schon früher, in den Nachkriegsjahren? Am 24. Dezember 1959, 14 Jahre nach dem Untergang Nazideutschlands, erlebte die jüdische Gemeinde in Köln einen Schock. In der Weihnachtsnacht beschmierten der Bäckergeselle Arnold Strunk und der kaufmännische Angestellte Paul Schönen die gerade erst eingeweihte Synagoge mit schwarzen Hakenkreuzen und einem weißen Schriftzug: «Deutsche fordern: Juden raus». Während seiner Vernehmung erklärte der 25-jährige Schönen: «Ich wollte dagegen protestieren, dass artfremde Einflüsse in der Bundesrepublik Oberhand gewinnen. Die Juden sollen nicht alle führenden Stellen in der Politik und Wirtschaft besetzen.» Außerdem gab er zu Protokoll, dass NS-Mahnmale die «im Dritten Reich vorhandenen positiven Seiten» ignorieren würden. Sein gleichaltriger Kumpel Strunk meinte, er habe «unmissverständlich auf die Judenfrage hinweisen wollen.» Beide Männer gehörten der rechtsextremen Deutschen Reichspartei an, die zwischen 1950 und 1965 existierte und später in der NPD aufgegangen ist. Es folgte eine bundesweite antisemitische Schmierwelle, in deren Verlauf Synagogen, Schulen, Friedhöfe, Litfaßsäulen und Kirchen mit Hakenkreuzen und judenfeindlichen Parolen geschändet wurden. Bis

Mitte Februar 1960 wurden bundesweit 833 Fälle registriert. Bundeskanzler Adenauer riet den Polizisten: «Wenn Ihr irgendwo einen Lümmel erwischt, vollzieht die Strafe auf der Stelle und gebt ihm eine Tracht Prügel.» Auch Bundespräsident Heinrich Lübke bagatellisierte die Taten. Er könne sich nicht vorstellen, sagte er in seiner Rede am 3. Februar 1960, «dass solche Menschen, die in aller Heimlichkeit im Dunkel der Nacht ihre Schmutzereien an Gebäuden und Denkmalen anbringen, die anderen heilig sind, normal sein können.»[6]

Ein Jahr nach dem Attentat von Halle schlägt ein Rechtsextremer vor der Hamburger Synagoge Hohe Weide mit einem Spaten auf einen jüdischen Studenten ein und verletzt ihn schwer. Und wieder die Frage: Wie konnte das geschehen?

In der Neonazihochburg des Westens

Im ersten Stock eines unscheinbaren Gebäudes in Dortmund Mitte trainieren zehn junge Männer und eine Frau. Sie laufen im Kreis, ihre Fäuste schützend vor das Gesicht haltend. Wenn der Trainer ein Signal gibt, wechseln sie abrupt die Richtung. Das wiederholen sie mehrere Male, danach machen sie Liegestützen. Die Gesichter glänzen von Schweiß, die junge Frau hat einen feuerroten Kopf. «Trinkt, sonst kostet es weitere zehn Liegestützen!», ruft Trainer Maxim Kolbasner. Nur ein paar treiben offenbar regelmäßig Sport. Die anderen würde man an einem herbstlich kühlen Montagabend wie diesem eher in einem Multiplex-Kino vermuten, mit einer XXL-Popcorntüte in der Hand. Das ist das Besondere an Krav Maga, wie auf Hebräisch der Kontaktkampf heißt: Die körperliche Fitness ist nicht entscheidend, mitmachen darf jeder, der gesund, mindestens 18 Jahre alt ist und keinen Eintrag in seinem polizeilichen Führungszeugnis hat. Wer einen Kurs bucht, will nicht etwa sein Gewicht reduzieren. Er will Attacken abwehren können, selbst dann, wenn der Angreifer mit einem Messer oder gezogener Pistole auf ihn losgehen sollte. Die Selbstverteidigungsmethode entwickelte in den 1930er

Jahren der slowakische Jude Imrich Lichtenfeld, ein erfolgreicher Boxer. Die antisemitische Gewalt verbreitete sich damals wie ein Lauffeuer, auch in seinem mit Hitlerdeutschland verbündeten Land. Um sich zu wehren, gründete Imi, wie seine Freunde ihn nannten, die erste jüdische Selbstverteidigungsgruppe. 1940 gelang ihm die Flucht aus der Slowakei, zwei Jahre später erreichte er Palästina. Seine Kampferfahrung aus den Straßenschlachten in Bratislava wurde gebraucht. Er bildete Mitglieder der Untergrundorganisationen Haganah und Palmach im Nahkampf aus, später, nach der Gründung des Staates Israel, Angehörige der Armee. In Deutschland bieten immer mehr jüdische Gemeinden ihren Mitgliedern Selbstverteidigungskurse an, ein untrügliches Zeichen dafür, wie unsicher sich Juden und Jüdinnen hierzulande fühlen. «Imi sah Krav Maga als sein Vermächtnis für das jüdische Volk an, als ein Instrument, mit dem es sich schützen kann, damit sich vergangene Ereignisse niemals wiederholen», sagte sein einstiger Schüler Yaron Lichtenstein, als er 2008 in Bratislava eine Gedenktafel für den Meister enthüllte. Als hätte Lichtenfeld es vorausgesehen: Die Gewalt gegen Juden nimmt auf fast der ganzen Welt zu. Die tödlichen Mordanschläge in Paris, Brüssel, Kopenhagen, Pittsburgh oder Halle verunsichern, viele Juden trauen sich in deutschen Städten nicht mehr mit einer Kippa auf die Straße. Nach der Shoah war Antisemitismus für viele Jahre offiziell geächtet. Das ist vorbei. In sozialen Netzwerken und Internetforen lebt, wem danach ist, ungestraft seinen Hass aus. Die großen Plattformen Facebook, Twitter und YouTube löschen zwar inzwischen immer wieder Accounts, die Hetze verbreiten, aber Rechtsextremisten finden andere Kommunikationswege, um neue Anhänger zu rekrutieren. Vor allem Telegram ist bei extremen Rechten sehr beliebt. Der Messenger-Dienst reguliert die Inhalte nur wenig, es lassen sich dort Gruppen gründen, bei denen Meldungen an hunderttausende Anhänger verschickt werden können. Die deutschsprachige rechtsextreme Verschwörungsgruppe QAnon hat dort zum Beispiel mehr als 120 000 Anhänger. Auch der Berliner Vegan-Koch Attila Hildmann, der sich während der Corona-Pandemie radikalisiert hat, ist auf dem Nachrichtendienst

Telegram aktiv und verbreitet dort Verschwörungsmythen. Viele Rechtsextreme, die von YouTube verbannt worden sind, laden ihre Videos auf der Videoplattform BitChute – unter ihnen der österreichische Sprecher der Identitären, Martin Sellner.[7] Die online ausgelebte Wut führt in der analogen Welt zu realen Taten, über das Internet entfalten Gewalt und Terror ihre weltweite Wirkung. Auch der 27-jährige Radiotechniker Stephan B. aus Sachsen, der Angreifer auf die Synagoge in Halle, wollte möglichst viele Gleichgesinnte erreichen, kündigte seinen Anschlag online an und streamte ihn live. In den 30 Minuten, bis sein englischsprachiges Video gelöscht wurde, erreichte er über Telegram 15 600 Nutzer.

Das Aufwärmtraining ist beendet, Maxim Kolbasner demonstriert jetzt, wie eine Vorwärtsrolle gelingt. Auf den ersten Blick erscheint es einfach, aber auf dem harten Boden ist das ein echtes Kunststück. Um die Wirbelsäule zu schützen, rollt man nur über die rechte Schulter ab, mit eingezogenem Kopf, ohne die Hände dazu zu nehmen. Die braucht man, um einen Angreifer auf der Straße abzuwehren. Nicht nur die junge Frau mit dem feuerroten Gesicht tut sich schwer. Auch Andrei,[8] von dem wir später erfahren, dass er erst vor kurzem der Liebe wegen aus Israel nach Dortmund zog und an der Technischen Universität studiert, will der komplizierte Purzelbaum nicht richtig gelingen. Geduldig erklärt ihm Maxim: «Du musst dir vorstellen, dass du auf der Straße geschubst wirst und aus dem Stand rollen musst.» Schließlich schaffen es die beiden, elegant sieht anders aus. Wen kümmert es aber, wenn es darum geht, das Überleben zu trainieren. Der 26-jährige Maxim trägt ein schwarzes T-Shirt mit einem weißen Krav Maga-Logo, sein Gesicht umrahmt ein dunkler, kurzer Vollbart. Seine Vorliebe für den Kampfsport verrät schon seine Oberarmmuskulatur. Während seine Schützlinge jetzt paarweise die Schlagtechnik üben, setzt er sich kurz zu uns ins Foyer. Als er zwei Jahre alt war, zog seine Familie aus dem ukrainischen Odessa nach Dortmund. Die Angst begleitete seine Eltern und Großeltern «Zeig dein Jüdischsein bloß nicht zu offen», versuchten sie ihm einzuschärfen. Doch der eigenwillige Maxim ging einen anderen Weg, suchte schon bald den Kontakt zu anderen jüdischen Kindern. «Ich bin in der Gemeinde großgeworden», sagt er. Er leitete das Jugendzentrum und gründete mit anderen den jüdischen Studentenverband. Maxim ist ein Vertreter der selbstbewussten neuen Generation deutscher Juden.

Fühlst du Dich als Deutscher?

Hm, weiß nicht... die Optik gibt es nicht her.

Du meinst deinen Vollbart und die schwarzen Haare?

Genau. Meistens werde ich für einen Türken oder Araber gehalten. Gestern zum Beispiel habe ich mir in einem Imbiss einen Döner bestellt und wurde auf Türkisch angeredet. Ich sagte dann: Nö, sorry. Andere Ecke.

Wie würdest du deine Identität also beschreiben?

Ich bin ein deutscher Jude. Meine Heimat ist Dortmund.

Seit einem Jahr ist Maxim Mitglied der Gemeinde-Repräsentanz, koordiniert unter anderem das Security-Team. Vor vier Jahren schickte ihn der Sicherheitschef der Gemeinde auf Krav-Maga-Kurse nach Israel, so ist aus ihm ein Trainer geworden. Er möchte möglichst viele Gemeindemitglieder in den Kurs bringen, denn Angriffe auf Juden in Dortmund häufen sich, und sie kommen von verschiedenen Seiten. Auch Maxim erlebt das, neulich wieder, in dem Fitnessstudio, das er und sein Freund Leonid, auch ein Krav-Maga-Trainer, nach dem Training oft aufsuchen. Maxim trug noch sein Vereinsshirt mit Davidstern und der hebräischen Schrift «Kamikadze Krav Maga». Ein junger Mann arabischer Herkunft schrie ihn an: Dein T-Shirt regt mich mega auf. Es reicht schon, dass du so arrogant bist und meine Hanteln willst, jetzt bist du auch noch einer von denen. Dann überschüttete er ihn mit weiteren Beleidigungen und Drohungen. Das Studio war voll, aber bis auf seinen Freund sagte keiner ein Wort. «Das hat mir Angst gemacht», gesteht Maxim. Vor wenigen Monaten wurde ein 26 Jahre altes Gemeindemitglied innerhalb weniger Tage gleich drei Mal von Rechtsextremen geschlagen. Er hatte vorher auf einer Demo lautstark Neonazis kritisiert, wie Maxim erzählt.

Auf dem Weg von der Turnhalle fällt uns ein Gebäude auf, das hinter einem vier, fünf Meter hohen Gitterzaun liegt, der auf eine

Steinmauer aufgesetzt ist. «NRW-Familienzentrum Dortmund» steht auf dem Schild an der Eingangstür. Erst die Kinderzeichnungen mit hebräischen Buchstaben, die wir an der Wand im Flur sehen, verraten uns, dass wir vor einem jüdischen Kindergarten standen. Wie fühlen sich wohl die Eltern, die jeden Tag ihre Kinder in diese Festung bringen, ging uns durch den Kopf. Wie die Kinder? Werden sie ihrer nichtjüdischen Umwelt vertrauen können, wenn sie von klein auf lernen, nur hinter einer Absperrung sicher zu sein, und das in ihrem eigenen Land? Werden sie später, vielleicht als Eltern, Deutschland lieber verlassen, als ihren Kindern dasselbe zuzumuten? Gleich neben dem jüdischen steht das Haus des evangelischen Kindergartens – sinnfälliger könnte die bedrückende Realität jüdischen Lebens in Deutschland nicht ausgedrückt werden, als durch diesen Gegensatz. Die nichtjüdischen Kinder spielen hinter einem niedrigen, eher schmückenden Zaun, der vielleicht einen halben Meter hoch ist. Der Anblick entlarvt das Gerede vom blühenden jüdischen Leben in Deutschland als Phrase. Juden führen hierzulande kein normales Leben, es sei denn, man hält Polizei und Sicherheitszäune vor jüdischen Einrichtungen, Brandanschläge auf Synagogen, Hakenkreuze auf Schulbänken, zerstörte Grabsteine und perfide Witze über Juden für etwas, was zu Deutschland gehört. Als Jude in Deutschland zu leben, fühle sich ähnlich an wie in den Tagen nach Tschernobyl, sagte 2019 Matitjahu Kellig, Vorsitzender der Jüdischen Gemeinde Herford-Detmold, einer Reporterin der *Neuen Westfälischen*: «Die Sonne scheint, der Himmel ist blau, aber Eltern sind angehalten, ihre Kinder nicht auf die Straße zu lassen, weil dort unsichtbare Gefahren lauern.»[9]

Die ersten Drohungen kamen irgendwann im Jahr 2007. Viele ältere Gemeindemitglieder hatten große Angst, in das Gemeindezentrum zu gehen. Die Dortmunder investierten viel Geld in den Umbau und stellten mehr und besser ausgebildetes Wachpersonal ein. Heute sei man für die Gefahren sensibilisiert, sagt Maxim, und das merkt jeder, der vor dem Gemeindezentrum in der Prinz-Friedrich-Karl-Straße steht. Das Gebäude, in dem sich auch die Synagoge befindet, liegt mitten im Kaiserviertel mit seinen Villen aus der Gründerzeit. 1956 wurde es der Gemeinde als Ersatz für die Alte Synagoge gegeben, die schon vor dem Novemberpogrom 1938 enteignet und dann zerstört worden war. Für die Sicherheit der etwa 3000 Gemeindemitglieder sorgen Überwachungskameras, eine Schleuse, schusssichere Fenster und Polizeibeamte auf der Straße vor dem Haus – und einiges mehr, was Maxim verständlicherweise nicht an die große Glocke hängen möchte. Neben dem islamistisch motivierten fürchten Dortmunder Juden vor allem den rechtsextremen Terror. Die Neonazi-Szene in der Stadt ist zwar klein, aber gewalttätig und deutschlandweit bestens vernetzt. Was die Zahl rechtsextremer Straftaten betrifft, führt Dortmund schon seit Jahren die bundesweiten Statistiken an. Für besonders gefährlich halten die nordrheinwestfälischen Verfassungsschützer die Kleinstpartei «Die Rechte», die hier ihre Bundesgeschäftsstelle hat. Sie ist ein Beispiel dafür, dass der Staat dem Rechtsextremismus nicht allein durch eine Verbotsstrategie begegnen kann, wie viele Politiker das in Wahlkämpfen fordern. Die Anträge auf die Gründung neuer Organisationen sind rasch ausgefüllt. Die «Rechte» entstand als Reaktion auf das Verbot mehrerer Neonazi-Kameradschaften im Jahre 2012 und ist nach Einschätzung von Verfassungsschützern «ein Sammelbecken für Neonazis, ideologisch wesensverwandt mit dem Nationalsozialismus». Sie hat etwa 650 Mitglieder und Unterstützer, der Landesverband Nordrhein-Westfallen gilt als der aggressivste. Er wird von militanten Neonazis dominiert, die meisten sind schon mehrfach vorbestraft. Neben dem Hass auf linke Aktivisten, Muslime, Politiker und Menschen, die als Fremde wahrgenommen werden, ist der offene Antisemitismus das Markenzeichen der Partei. Im Herbst 2014 forderte ein Stadtrat der «Rechten» die Verwaltung auf, die Zahl der in Dortmund lebenden Juden nach Stadtbezirken aufgegliedert zu ermitteln. Das sei relevant für die politische Arbeit seiner Partei, so die dreiste Begründung. Was den Rechtsextremismus so gefährlich macht, ist jedoch nicht die kleine organisierte Szene, sondern die zunehmende Akzeptanz bei breiten Bevölkerungsteilen. Unter der Internet-Adresse «antisem-versand.org» betreibt der stellvertretende Landesvorsitzende, der ehemalige Jura-Student und Stadtrat Michael Brück, einen Versandhandel. Wenn man die Webseite aufruft, staunt man nicht schlecht, was alles als Meinungsfreiheit durchgehen kann: «Patrioten» können dort allerlei Produkte «für den politischen Umsturz» erwerben, zu einem Preis von zwei Euro zum Beispiel 100 «HKN-KRZ»-Aufkleber. Etwas teurer ist die schwarz-weiß-rote Sturmhaube für zehn Euro, sie schütze dafür die Anonymität ihres Trägers und setze Akzente. Im April 2018 demonstrierten in Dortmund rund 600 Neonazis, davon einige auch aus Russland, Bulgarien, Frankreich und Norwegen. «Seit 1945 haben noch nie so viele Reichsfahnen in einer deutschen Stadt geweht», begrüßte sie Stadtrat Brück, während hinter ihm ein Plakat mit dem Konterfei des früheren iranischen Präsidenten Mahmud Ahmadinedschad und dem Spruch *The world without Zionism*» hing. In den Reden wurden die «Herrschenden», «Globalisten» und «dunkle Mächte» angegriffen – allesamt Codeworte für Juden. Im September marschierten in zwei Stadtteilen hundert beziehungsweise siebzig Neonazis auf, zündeten Feuerkörper und brüllten ihren Judenhass heraus, ohne dass die Polizei einschritt: «Wer Deutschland liebt, ist Antisemit!» NRW-Innenminister Herbert Reul und die Staatsanwaltschaft beurteilten die Parole zunächst als strafrechtlich irrelevant. Da sollte man innehalten – Politik und Strafverfolgung wollten sich mit dem offen zur Schau getragenen Judenhass also nicht weiter beschäftigen. Erst nach bundesweiter Kritik machte der CDU-Politiker Reul einen Rückzieher. 2019 erhob die Staatsanwaltschaft gegen acht Personen Anklage wegen Volksverhetzung.[10]

Wie fühlen sich Juden in einer Stadt, die sich in den vergangenen zwei Jahrzehnten zu einem Brennpunkt der westdeutschen Neonaziszene entwickelt hat? Darüber wollen wir mit dem Gemeinderabbiner Baruch Babaev sprechen. Es ist ein milder Novembervormittag, wir haben noch etwas Zeit und gehen spazieren. Im Gegensatz zur Dortmunder Nordstadt etwa, die als sozialer Brennpunkt mit hoher Arbeitslosigkeit gilt, ist das Kaiserviertel ruhig und bürgerlich. Vor allem unter Studenten und jungen Familien genießt der Stadtteil mit seinen schicken Cafés und angesagten Boutiquen, Galerien und gepflegten Häuserfassaden einen guten Ruf. Wir durchqueren einen kleinen Park, begegnen einer jungen Frau, die, versunken in ihre Welt, auf der Wiese tanzt, Frühaufstehern mit Hunden und Kindern mit Schulranzen. Einige hundert Meter weiter in Richtung Innenstadt betreten wir den alten Friedhof. Auf seinen stillen Wegen liegen Kastanien und buntes Laub, die Bäume sind fast kahl, auf ihren Zweigen sitzen Krähen, deren Geschrei über unseren Köpfen schwebt. Die meisten Gräber des jüdischen Friedhofteils am südlichen Ende sind gut erhalten, sie stammen vom Ende des 19. und Anfang des 20. Jahrhunderts. Auf der Rückseite eines Grabmals steht mit weißer Farbe in großen Buchstaben gesprüht: «Viel Geld».

Baruch Babaev hält für einen Moment inne, als wir ihm das Bild von dem Grabstein zeigen. Dann seufzt er und schüttelt den Kopf: «Können Sie mir das Foto per Mail schicken? Ich werde es morgen dem Polizeipräsidenten zeigen.» «Sie haben hier keine Sicherheitsmaßnahmen», stellen wir überrascht fest. Das Rabbinat liegt gegenüber dem Gemeindezentrum. Baruch Babaev, ein freundlicher, in sich ruhender Mann mit wachen Augen und kurzem, hellem Vollbart, antwortet lächelnd: «Wir haben schon welche, sie sind bloß nicht sichtbar.» Für jemanden, der morgen zum 80. Jahrestag der Pogromnacht in Dorstfeld eine Rede halten wird, wirkt der 42-Jährige erstaunlich gelassen. Seit Jahren schon werden die Gedenkveranstaltungen zum 9. November von Neonazis gestört. Sie unterbrechen durch Schreie und Sprechchöre, schwenken Reichs- und Palästinafahnen, treten nahe an die Besucher heran, um ihnen Angst einzujagen, filmen ihre Gesichter. Die Geschichte des berüchtigten Dortmunder Stadtviertels zeigt, was passiert, wenn Stadtpolitik, Polizei und Staatsanwaltschaft, aber auch die Zivilgesellschaft jahrelang wegschauen und es zulassen, dass Dortmunder, die dagegen aufstehen, systematisch eingeschüchtert und schikaniert werden. Nach und nach zogen Neonazis aus anderen Stadtteilen und später aus der ganzen Republik nach Dorstfeld, unter ihnen Michael Brück, Sascha Krolzig oder Siegfried Borchardt, besser bekannt unter seinem Spitznamen SS-Siggi. Heute sind es 35 bis 40, manche sprechen auch von 60 bis 70 Rechtsextremen. Sie bewohnen zwei Häuser und mehrere Wohnungen und herrschen fast uneingeschränkt über ihren «Nazi-Kiez». Und an diesem Ort soll Rabbi Babaev in wenigen Stunden sprechen.

Wie können Sie es überhaupt ertragen, dort aufzutreten?

Es ist mir schon sehr unangenehm. Leider findet die Polizei keine wirksamen Mittel, um dagegen vorzugehen.

Haben Sie sich überlegt, nicht hinzugehen?

Nein. Wir werden uns nicht einschüchtern lassen.

Wie 96 Prozent seiner Gemeindemitglieder kam Baruch Babaev als sogenannter Kontingentflüchtling nach Deutschland, geboren wurde er in der früheren Sowjetrepublik Tadschikistan. Als dort nach dem Zerfall der Sowjetunion der Bürgerkrieg begann, setzte seine Familie alles daran, das Land möglichst schnell zu verlassen. Sie wollten nach Israel, da aber damals in der Region der Golfkrieg wütete, entschieden sie sich für Deutschland. Leipzig sollte nur eine Zwischenstation sein, bis sich die Lage im Nahen Osten beruhigt, dann aber kam die Schule, die Kinder lernten die Sprache, schlossen Freundschaften. «Wir wurden mit viel Liebe in Leipzig empfangen.» Ein wehmütiges Lächeln breitet sich auf dem Gesicht des Rabbiners aus. «Ich war der einzige Ausländer in der Schule, alle waren neugierig und wollten mir helfen. Das hat mir das ganze Bürgerkriegstrauma weggenommen.» Dann Studium in Berlin und später an einer Jeschiwa in Jerusalem, die Gründung der Familie in Israel, zwei Kinder, 2013 schließlich die Rückkehr nach Deutschland. Baruch Babaev wollte etwas zurückgeben, erkannte das Land seiner Jugend aber kaum wieder. «Es war für mich ein Schock. Die Menschen tickten anders als früher, waren egoistischer geworden. Es gab viel mehr Armut, das habe ich sofort gesehen.» Bevor er 2016 das Rabbinat der Jüdischen Kultusgemeinde Groß-Dortmund übernahm, war er drei Jahre lang als Wanderrabbiner tätig. Menschen auf dem Land haben ganz andere Probleme als die in den Großstädten, die kleinen Gemeinden schrumpfen, junge Leute ziehen weg, die Alten sorgen sich nur noch darum, wer sie beerdigen wird, wenn es so weit ist. Zu seinen religiösen Aufgaben kamen in Dortmund noch gesellschaftliche

Verpflichtungen hinzu, Teilnahme an Veranstaltungen und interreligiösen Foren oder Gespräche mit Schulklassen, denen er die Synagoge zeigt. Einmal, sagt er, wollte ein Schüler von ihm wissen, wie es denn für die religiösen Juden sei, wenn sie über die Straße gehen und eine Ampel drücken müssten, aber Shabbat ist. Oder wie sie den ganzen Tag ohne Telefon aushalten würden. Solche Fragen freuen ihn, weil sie ihm zeigen, dass die Kinder ernsthaft nachzuvollziehen versuchen, wie Juden leben. Ein Schüler fragte ihn, wie er sich den Antisemitismus in Deutschland erkläre. Seine immer gleiche Antwort: Das Land sei 1945 zwar von Hitler und der NSDAP befreit worden, nicht aber vom antisemitischen Denken. Heute finde man in Deutschland kaum mehr einen Juden, der noch offen mit seiner Kippa herumlaufe, klagt der Rabbiner. Er selbst trägt die Kopfbedeckung nur in der Innenstadt, wo die Polizei präsent ist.

Was hat sich noch geändert?

Früher waren Menschen, die sich offen auf die Seite von Juden stellten, gefährdet. Mittlerweile hört man sie laut und deutlich.

Und was ist schlimmer geworden?

Dass es keine Tabus mehr gibt. Jeder kann reden, wie er will. Das hat man sich früher nicht erlaubt.

Wie gehen Mitglieder Ihrer Gemeinde damit um?

Sie machen sich Sorgen. Die meisten rechnen damit, dass der Antisemitismus weiter zunimmt. Viele junge Familien denken zum ersten Mal über die Auswanderung nach. Sie haben Angst.

Baruch Babaev glaubt nicht, dass der Hass verschwindet, wenn Nichtjuden mehr vom Judentum verstehen würden, wie ihm ein Mann einzureden versuchte. Er solle mal eine Veranstaltung machen, wo alle gemeinsam ein koscheres Essen zubereiten und der Rabbiner dessen Bedeutung erkläre. Über solche wohlmeinenden Vorschläge kann er nur lächeln: «Ich mache es zwar, denke aber nicht, dass jemand zu einem besseren Menschen wird, wenn er einmal koscher isst.» Was schon so lange da ist, kann auch er nicht ändern, dafür müsste die Mehrheitsgesellschaft selbst etwas tun wollen. Das betrifft auch Justiz und Polizei. Die Beamten wüssten oft nicht, wie sie sich auf Demonstrationen verhalten sollen. Sie fürchteten aber auch Kritik danach, nimmt der Rabbiner sie in Schutz. Man spreche zwar gerne von Härte im Umgang mit Neonazis, wenn es aber darauf ankomme, fehle sie, und die Opfer bekommen oft zu wenig Unterstützung. «Wir spüren, dass wir in diese Lücke gefallen sind, dass unsere Interessen auch von der Stadtpolitik nicht immer vertreten werden. Plötzlich gibt es nicht mehr Schwarz und Weiß, sondern viele Grautöne. Das ist neu.»

Wir denken über seine Worte nach. Die Grautöne – darum geht es ja Rechtspopulisten wie denen von der AfD. Das ist brandgefährlich, denn das Bild, das sich Deutschland von seiner Vergangenheit macht, beeinflusst die Politik und das geistige Klima im Land. Wenn der thüringische AfD-Chef und frühere Geschichtslehrer Björn Höcke in einem Interview für das *Wall Street Journal* zum Beispiel erklärt: Das große Problem sei, dass man Hitler als das absolut Böse darstelle, wo man doch wisse, dass es in der Geschichte kein Schwarz und kein Weiß gebe, sondern viele Grautöne. Damit sendet er ein klares Signal: Ihr könnt eure Überzeugung jetzt auch offen kundtun. Der Sprecher des völkisch-rassistischen Parteiflügels ist die Stimme der gesamten AfD – «Herr Höcke ist die Mitte der Partei», sagte Fraktionschef Alexander Gauland siegestrunken nach der Thüringen-Wahl. Der Kabarettist Christoph Sieber meint: «Auch wenn ein Rassist oder Faschist gewählt ist, macht das aus ihm keinen Demokraten.» [11]

Im Oktober 2018 initiierten mehrere Organisationen und Verbände das «Netzwerk zur Bekämpfung von Antisemitismus in Dortmund». 25 Teilnehmer saßen bei dem ersten Treffen am Tisch, unter ihnen Baruch Babaev. Nur die Justiz schickte keinen Vertreter, der Polizeivertreter wurde nach der Intervention des Rabbiners erst nachträglich eingeladen. Dabei verstünden gerade die Richter oft nicht, was Antisemitismus bedeute, sagt Baruch Babaev. «Wir saßen da und fragten uns, ob man uns überhaupt noch ernst nimmt.» So oder ähnlich empfinden fast alle Juden in Deutschland, mit denen wir gesprochen haben. «Wir fühlen uns im Stich gelassen. Wenn eine Straftat passiert, wie der Brandanschlag auf die Wuppertaler Synagoge, und der Richter danach sagt, das habe mit Antisemitismus nichts zu tun, dann verziehen wir nur den Mund und fragen uns: Für wie dumm haltet ihr uns eigentlich?» Sieht er überhaupt noch eine jüdische Zukunft in Deutschland? «Ich habe sie noch nicht aufgegeben. Aber wenn sich hier nicht etwas ändert, und zwar schnell, wenn die Gerichte nicht entschiedener durchgreifen und die Polizei weiter Angst hat, kann es für die Juden in Deutschland ganz, ganz schlimm enden.» Baruch Babaev steht auf und holt ein gerahmtes Foto von der Kommode. Ein Ehepaar mit Kindern, Freunde von ihm, die Deutschland bereits verlassen haben. Er sagt leise: «Wir werden uns nicht bewaffnen. Wir werden gehen.»

Gedenken im Nazi-Kiez

«Biste braun, kriegste Fraun», schallt es aus einem Fenster des zweistöckigen Hauses mit erbsengrüner Fassade in der Arminiusstraße in Dortmund-Dorstfeld. Eine junge Frau schaut auf die Straße herunter und lacht hämisch. Der Refrain des Ballermann-Schlagers gefällt ihr, vor allem deshalb, weil etwa 50 Meter weiter, vor dem Mahnmal am Wilhelmplatz, eine Schülerin der Martin-Luther-King-Gesamtschule gerade davon spricht, wie wichtig es sei, die jüdischen Opfer der Nazis nicht zu vergessen. Die Frau am Fenster kann das Mädchen nur hören, zwei riesige Banner mit einem Davidstern und dem Slogan «Gemeinsam gegen Antisemitismus» verstellen ihr die Sicht auf den Platz. Der städtische Bauhof hat sie mit Kränen vor dem Haus der Neonazis, direkt vor ihrer Nase, hochgezogen. Der kleinstädtisch wirkende Wilhelmplatz mit seinen Bäumen und Parkbänken, einer Pizzeria, einer Apotheke und einem Dönerladen erinnert heute Nachmittag an eine belagerte Festung: In den umliegenden Straßen stehen Polizeiautos, mehrere Gruppen von Polizisten warten mit Schutzhelmen. Schon am Mittag waren eine Einsatzhundertschaft und Staatsschützer unterwegs, sprachen 13 Platzverweise aus. Zwei Gefangenentransporter sind bereitgestellt. Es soll alles dafür getan werden, dass sich die dreisten Zwischenfälle der vergangenen Jahre nicht mehr wiederholen. Ein verstörender Anblick:

80 Jahre nach den Novemberpogromen mit 30 000 verhafteten Juden, 400 Todesopfern und 1400 zerstörten Synagogen sowie Geschäften kann eine Gedenkveranstaltung in Deutschland nur hinter einer Wand aus Polizisten stattfinden. «Was ist hier los?», fragt uns ein Junge mit Schulranzen, der sich als Mehmed vorstellt. Wir erklären ihm, dass auf diesem Platz eine Synagoge stand, die vor 80 Jahren geschändet und 1940 niedergerissen wurde, die jüdische Gemeinde musste dafür auch noch bezahlen. Der Junge mustert uns neugierig. «Seid ihr Juden?», fragt er. Als wir verneinen, wirkt er enttäuscht und geht weiter. Eine ältere Frau mit einem zitternden Schoßhündchen kommt mit uns ins Gespräch. Sie stammt aus dem bayerischen Allgäu und wohnt seit 30 Jahren in Dorstfeld. Sie schaut zu der Gruppe Neonazis, die von der Polizei vom Platz weg in eine Seitenstraße abgedrängt worden ist. Michael Brück, «SS-Sigi», Sascha Krolzig sind ihre Nachbarn, erzählt sie. Sie würden sie immer höflich grüßen. «Was soll ich da machen, dann grüße ich halt zurück», zuckt sie mit den Schultern. Anständig benähmen die sich, in Dorstfeld gebe es überhaupt keine Probleme mit ihnen. Eines stört sie aber schon. «Wegen der Sache mit Hitler. Die behaupten, er habe keine Juden umgebracht. Dafür verachte ich sie. Mit einem habe ich mich deshalb sogar angelegt, ihm ein Geschichtsbuch empfohlen.» Der Gedenkkranz am Mahnmal komme nach der Feier gleich wieder weg, weil die Neonazis ihn früher in der Nacht zertrampelten.

Etwa 400 Dortmunder lauschen Baruch Babaev. In seiner Rede schlägt der Rabbiner einen Bogen von der Vergangenheit zur Gegenwart: «Es gibt auch heute viele Menschen, die Schutz bedürfen. Das Problem ist nur, wir erlauben uns, genauso zu schweigen wie vor 80 Jahren.» Es reiche nicht, an die Opfer zu erinnern, man müsse auch die Namen der Täter nennen, auch der heutigen wie den der Holocaust-Leugnerin Ursula Haverbeck, Mitglied der «Rechten». «In unserer Gemeinde gibt es Menschen, die das als Kinder erlebten. Frau Haverbeck war damals zehn Jahre alt. Wenn sie sagt, sie wisse nichts davon, dann ist sie eine kranke Frau.» Um 15.25 Uhr, der holländische Zeitzeuge Bert Woudrsta erzählt gerade von der Pogromnacht 1938, zerreißt ein dröhnender Knall seine Worte. In

Sekundenabständen folgen zwei weitere Detonationen. Der alte Mann stockt und hört auf zu reden, jeder schaut erschrocken um sich herum. Dann durchschneiden grelle Polizeisirenen die Stille. Jedem wird klar: Wieder einmal haben es die Dorstfelder Neonazis geschafft. Wie wir später erfahren, wurden in einem Hinterhof Böller gezündet. Der Dortmunder Polizeipräsident Gregor Lange ist wohl Schlimmeres gewöhnt, denn am Tag danach erklärt er zufrieden: «Das war ein würdiges Gedenken.» Die Neonazis hätten ihre «menschenverachtende Propaganda nicht in den Raum tragen» können.[12] Die sahen es ganz anders. Nach der Gedenkfeier setzten sie sich glitzernde Papphütchen auf, tranken auf dem Wilhelmplatz Bier und feierten den 90. Geburtstag von Ursula Haverbeck.

Man wird ja wohl noch leugnen dürfen!

In der Bahnhofshalle von Bielefeld warten zwei Dutzend Polizisten schon über eine Stunde auf die Ankunft der etwa 400 Neonazis, die heute in der Stadt für die Freilassung Ursula Haverbecks demonstrieren wollen. Es ist der 10. November 2018. Die alte Frau sitzt zu diesem Zeitpunkt noch in der Justizvollzugsanstalt außerhalb der Stadt eine zweijährige Haftstrafe ab, weil sie fortgesetzt den Massenmord an den Juden geleugnet hat. Ein durchdringender Knall erschüttert plötzlich das Bahnhofsgebäude. Nicht schon wieder, ist unser erster Gedanke. Menschen fahren zusammen, Kinder weinen. Ein junger Polizist erschrickt so stark, dass er einen Meter weit wegspringt. Die Beamten setzen wie auf ein Kommando ihre Schutzhelme auf – und dann sind sie da: Die Rechtsextremen genießen den Auftritt, gehen durch das Polizeispalier und grinsen den pfeifenden und brüllenden Gegendemonstranten zu, die in der Halle auf sie warten. Die Polizei leitet die Neonazis zur linken, die Gegendemonstranten zur rechten Flügeltür, die beide auf den Bahnhofsvorplatz führen. Sechs Wasserwerfer zielen mit ihren Kanonen auf die Gegendemonstranten. Ein paar ältere Teilnehmer finden nicht gleich die richtige Tür und kehren erschrocken in die Halle zurück, nachdem sie in die Menge der Nazigegner gerannt sind. Freundliche Beamte helfen zum richtigen Ausgang weiter. Dem für die Rechten. Auch bieder wirkende Frauen und Männer gehen dorthin. Sie finden, dass man eine so alte Frau doch nicht in eine Zelle stecken dürfe. Eine junge Frau trägt Blumen im Haar und auf dem Rücken ein Schild: «Freiheit für die Forschung». Was für eine Forschung sie im Sinn hat, lässt sich erahnen. «Das sind die gleichen Leute», sagte uns am Vortag Grünen-Stadtrat Klaus Rees, einer der Sprecher des Bielefelder Bündnisses gegen rechts, «die es nicht richtig finden, wenn ehemalige KZ-Aufseher noch in hohem Alter vor Gericht gestellt werden.» Vermutlich zählen auch sie zu den 37 Prozent der Deutschen, die in einer Umfrage dem Satz zustimmten: «Viele Juden versuchen, aus der Vergangenheit des Dritten Reiches heute ihren Vorteil zu ziehen und die Deutschen dafür zahlen zu lassen.» Auch ein altes Ehepaar, das sich ineinander eingehakt hat, marschiert mit, etwas wackelig auf den Beinen, dafür aber in der festen Absicht, endlich Schluss zu machen mit dem «deutschen Schuldkult». Auf dem Bahnhofsvorplatz schreit ein Rentner mit hassverzerrtem Gesicht die laut protestierenden Bielefelder an: «Euch sollte man erschießen!»

Ein Hubschrauber kreist über der Innenstadt von Bielefeld. Wir sind vor dem Lärm Tausender Demonstranten am Hauptbahnhof geflüchtet und gehen durch Straßen, die wie leergefegt wirken. Als hätten alle Bewohner die Häuser fluchtartig verlassen. In der Hofeinfahrt zum kurdischen Kulturzentrum, in der Herbert-Hinnendahl-Straße, schenken Frauen dampfendheißen Tee in Plastikbechern aus. Den gibt es gratis für die Nazigegner und ein Lächeln obendrein. Über dem Willy-Brandt-Platz liegt eine fast gespenstische Stille. Ecke Herforder Straße stehen vier, fünf Polizisten vor einem Mannschaftswagen auf dem Gehsteig. Der kalte Wind bläst in ihre Gesichter. Sie warten. Die Neonazis müssen jeden Moment hier sein. Weit hinten, am Ende des Willy-Brandt-Platzes, zieht ein rotweißschwarzes Fahnenmeer auf. 1800 Beamte sind im Einsatz, berittene Staffeln, Hubschrauber, Wasserwerfer – die Polizeiführung entschied, die gesamte Innenstadt der 333 000 Einwohner großen

Stadt an diesem Samstag lahm zu legen. Irgendwie stimmt da etwas nicht. Freie Fahrt für Neonazis? Die Gegendemonstranten, ungefähr 10 000 Menschen, werden in den Seitenstraßen hinter Absperrungen zurückgehalten, nötigenfalls auch mit Pfefferspray. Die Rechtsextremen und ihr bürgerliches Fußvolk, einige tragen weiße Luftballons für Ursula in den Händen, ziehen ungehindert durch die Innenstadt und skandieren Parolen wie «Wer Deutschland liebt, ist Antisemit» und «Nie wieder Israel» – am Tag nach der Gedenkfeier für die Opfer der Novemberpogrome. Einer trägt einen eng geschnittenen, langen Ledermantel, gescheitelte Frisur und Hitlerbärtchen. Sein dünnes rechtes Ärmchen in glänzendem Leder reckt er schon seit einer Stunde hoch, die lederbehandschuhte Hand hält eine Fahne, die der Reichskriegsflagge ähnelt. Neben einem Mann trottet ein alter Schäferhund mit eingezogenem Schwanz einher. Zum Lachen ist uns eigentlich nicht zumute, der kuriose Aufzug aber scheint einer Satire entsprungen zu sein. Bei der Abschlusskundgebung vor dem Landgericht sucht das durchnässte Tier neben uns Schutz vor dem Regen unter einem Baum. Der Hund wirkt noch sympathisch. Der 44-jährige Christian Bärthel nicht. Er redet sich in Rage. Haverbeck sei ein Opfer des «Mythos», den sich die «Christusmörder» geschaffen hätten. Seinen Judenhass begründet der Rechtsextremist, der 2007 wegen Volksverhetzung zu einer Bewährungsstrafe verurteilt worden ist, inzwischen religiös. Aus einem geöffneten Fenster hinter uns dringt ohrenbetäubend laute Musik – auch eine Art, seinen Unmut über diese Naziveranstaltung auszudrücken. Einige Rechtsextreme rennen durch das Gartentor, dringen in das Haus ein, die Musik erstirbt schlagartig. Polizisten eilen hinzu, kurzes Gespräch, dann gehen sie wieder weg – war das nun kein Hausfriedensbruch? Wir schauen uns überrascht an. Welche Rolle spielt hier die Polizei? Da klingen anderntags die Worte der Polizeipräsidentin fast wie Hohn: «Das war ein tolles Gemeinschaftsgefühl», lobt sie die Gegendemonstranten. Stadtrat Rees rätselt auch über das Verhalten der Polizei.

Ich weiß nicht, warum die Polizei es so macht.

Gab es vorab keine Gespräche mit dem Oberbürgermeister?

Meines Wissens, und ich sehe den OB fast täglich, nicht.
Warum überlässt die Polizei Bielefeld den Neonazis?
Na ja, hätte man, wie man bei uns sagt, einen Arsch in der Hose,
hätte man schon was dagegen gefunden: die Premiere des Weihnachts-
märchens für Kinder, den Wirtschaftsball, die Messe an diesem Sams-
tag…Natürlich hätten die Neonazis gegen ein Verbot geklagt. Aber es
wäre ein politisches Statement gewesen.

Ein Statement liefert die Polizeipräsidentin dann nach. Sie verteidigt in der *Neuen Westfälischen* vom 24. November 2018 ihre Strategie einer ungestörten Demo für die Rechtsradikalen mit dem Recht auf Versammlungsfreiheit. «Aber es war auch eine deutliche Trennung nötig, damit die beiden Seiten nicht aufeinanderprallen.» Sie habe Grund zur Annahme gehabt, «dass von beiden Seiten – insbesondere von links – eine Klientel dabei sein wird, deren Ziel es nicht ist, friedfertig teilzunehmen». Da wird klar, wo die Polizeipräsidentin die eigentliche Gefahr sieht. Sie ist zufrieden. «Tausende Bielefelder konnten hier ihren Unmut deutlich machen. Mehr als das, was hier gelebt wurde, geht eigentlich nicht in einer Demokratie.» Tatsächlich? Mehr geht nicht? Antisemitische Hetze, Schmähungen der Naziopfer, Bedrohungen sind vom Recht auf Meinungs- und Versammlungsfreiheit gedeckt? Ein Jahr später, 2019, verbietet die Polizei einen erneuten rechten Aufmarsch, der diesmal direkt am 9. November stattfinden sollte. Doch das Verwaltungsgericht Minden kippt das Verbot – mit einer fast schon lächerlichen Begründung: Die Demonstration richte sich nicht gegen das Gedenken, auch sei die Holocaustleugnung Ursula Haverbecks nicht das Thema. NRW-Innenminister Herbert Reul, der natürlich empört ist, spricht im Landtag von einer «puren Provokation rechter Spinner». Die Bezeichnung «Spinner» für gewaltbereite und gefährliche Rechtsextremisten lässt darauf schließen, dass Reul auch fünf Wochen nach Halle die rechte Gefahr kleinreden will. Die Bielefelder Juden sind entsetzt über die Entscheidung des Gerichts, ermuntert sie die Neonazis doch geradezu, ihren Judenhass öffentlich und straffrei zu äußern. Pöbeleien, abwertende Blicke und Beschimpfungen gehören auch zu ihrem Alltag. Die Jüdische Gemeinde erhielt einen anonymen Drohbrief, sie solle verschwinden, stand drin. Ein Unbekannter versuchte, in die Synagoge einzudringen. Als ihm das misslang, gestikulierte er vor der Überwachungskamera und bespuckte das Klingelschild. In der Pogromnacht vor 81 Jahren machten Feuerwehr und Polizei in Bielefeld mit den Nationalsozialisten gemeinsame Sache. Die Feuerwehr hat dafür 2013 um Entschuldigung gebeten. Die Polizei nicht. Viel erkennt man am Umgang mit der Nazivergangenheit.

Die Ruhestörer von Laatzen

Ihre Begegnung mit Ursula Haverbeck wird Bernadette Gottschalk nicht mehr vergessen. Es war im Jahr 2016, im Prozess gegen den ehemaligen SS-Mann Reinhold Hanning in Detmold. Das Landgericht sprach den 94-jährigen früheren Wachmann in Auschwitz der Beihilfe zum Mord in mindestens 170 000 Fällen schuldig. Ein Jahr später, bevor das Urteil rechtskräftig wurde, starb Hanning. 2015 hatte es schon einen ähnlichen Prozess gegeben. Das Landgericht Lüneburg verurteilte Oskar Gröning, ebenfalls SS-Mann in Auschwitz, wegen Beihilfe zum Mord in 300 000 Fällen zu vier Jahren Haft. In beiden Verhandlungen war Bernadette Gottschalks Onkel Imre Lebovits als Nebenkläger und Zeuge aufgetreten. Ihre Großeltern, eine Tante und andere Verwandte sind in Auschwitz ermordet worden. Ihr Alter sieht man Bernadette Gottschalk nicht an, mit ihren kupferroten langen Haaren, dem luftigen Sommerkleid und ihren schnellen Bewegungen wirkt sie viel jünger. Sie wurde 1948 in einem Dorf in Ostungarn in der Nähe von Hatvan geboren. Ihr Vater war Jude, der nach dem Krieg nach England auswanderte. «Mein Stiefvater hat getrunken, meine Mutter auch geschlagen und mich immer spüren lassen, dass ich…ich war für ihn der Judenbastard.» Sie weint, als sie uns im Wohnzimmer ihres Reihenhauses in Laatzen bei Hannover ihre Geschichte erzählt. Ihr Mann Joachim sitzt schweigsam neben ihr, er weiß, was seine Frau durchleiden musste.

Das Kröpelin-Syndrom

Durch das Fenster sehen wir in dem idyllisch anmutenden Garten einen Pflaumenbaum, den er vor 30 Jahren gepflanzt hat. Die Gottschalks erleben eine Welt, die auf den Kopf gestellt scheint, in der die Lüge über die Wahrheit triumphiert, die Heuchelei die Aufrichtigkeit erstickt. Der pensionierte Regierungsoberrat, ein streitbarer Charakter, führt seit Jahren einen einsamen Kampf, bei dem ihm seine juristische Ausbildung mehr als dienlich ist. Zuweilen schlägt er sich in gleichzeitig acht Gerichtsverfahren, das Quantum Starrsinn, das ihm eigen ist, festigt sein Standvermögen. Verwunderlich ist jedoch, dass dieser Mann, ein durch und durch korrekter Beamter, seinen Glauben in die Justiz und in die Politik nicht verloren hat, obwohl sie ihm doch allen Grund dafür gegeben haben.

Es war die sanfte Bernadette, die im Mai 2016 vor dem Gerichtssaal auf Ursula Haverbeck, die Ikone der Rechtsextremen, zuging und sie zur Rede stellte. «Ich möchte gerne von Ihnen wissen, welches Ziel führt Sie hierher, warum sind Sie gekommen?» Bernadette Gottschalk war aufgefallen, dass die damals 87-Jährige versuchte, die 60 Plätze im Saal mit ihrer Gefolgschaft zu besetzen – damit für die andere Seite, die Angehörigen der Überlebenden des Massenmordes an den Juden, kein Platz mehr übrig war. «Sie hat sich vor mir gleich aufgetürmt, reagierte ganz aufgeregt.» Bernadette schrieb die wütenden Sätze der Shoah-Leugnerin noch am selben Tag nieder, damit sie sie korrekt wiedergeben kann:

Für Juden wird immer große Publizität gemacht, aber von der anderen Seite weiß niemand. Zwei KZ-Kommandanten wurden aufgehängt, einfach so, ohne Gerichtsprozess.

Schämen Sie sich nicht, diese zwei KZ-Kommandanten gegen sechs Millionen Juden aufzurechnen?, fragte sie Bernadette.

Nein. Ich schäme mich nicht.

Andere Rechtsextreme umringten die Streitenden, Polizei kam gelaufen und trennte sie. Von da an ist Bernadette Gottschalk im Visier der Partei «Die Rechte». Sie bezichtigt das Ehepaar Gottschalk einer Hetzkampagne gegen die «Große Dame des deutschen Nationalismus». Bernadette erhält Briefe mit Drohungen und pornographischen Texten und Fotos. Sie bekommt es mit einer Frau aus

Hanau zu tun, die Juden als «Köterrasse» bezeichnet, an deren Händen noch heute Blut klebe. Die Gottschalks stellen Anzeige – in der Gerichtsverhandlung wird Bernadette der Hintergrund erst klar. Die etwa 50-jährige Hanauerin Elfriede E. war als Zuschauerin im Detmolder Auschwitzprozess. «Sie sagte mir, ich hätte mich dort sehr frech benommen, und sie wollte mich dafür bestrafen.» Der Anwalt der Angeklagten lässt aufhorchen. Er bittet um eine Strafe unter 90 Tagessätzen, weil seine Mandantin sonst als Vorbestrafte keinen Waffenschein mehr beantragen könne. E. will eine Waffe erwerben. «Das empfand ich als eine Drohung gegen mich.» Das Gericht hat ein Einsehen mit dem Wunsch der Antisemitin und verhängt 60 Tagessätze.

Begonnen hatte es Jahre früher, im Dezember 2012. Von den Wänden des Reihenhauses in Laatzen tropft schwarze, zähflüssige Farbe, die Außenwände wurden mit Farbbeuteln beworfen, die Treppe zur Haustür ist von Glassplittern übersät. Joachim Gottschalk zeigt uns Fotos. Das Ehepaar hat viel Wut und Hass auf sich gezogen, weil es über Jahre hinweg für ein Gedenken kämpft, dass sich kritisch mit den NS-Verbrechen auseinandersetzt und die Täter nicht ehrt, während es die Opfer vergisst. In der Stadt Lüneburg zum Beispiel steht ein Denkmal für die 110. Infanteriedivision, die im Zweiten Weltkrieg in Belarus Kriegsverbrechen begangen hat. Die Gottschalks schrieben Protestbriefe, mobilisierten die Öffentlichkeit – jetzt hat die Stadtverwaltung dem Denkmal eine erklärende Tafel beigestellt. Auch das Gedenkritual zum Volkstrauertag vor dem nationalsozialistischen Denkmal aus dem Jahr 1934 in Laatzen kritisierten die Gottschalks energisch. Ein bizarres Bild: Feuerwehr, Blaskapelle, Schützenverein und Reservisten marschieren vor dem Mahnmal auf und gedenken unter einer großen, 120 Jahre alten Eiche der gefallenen Soldaten beider Weltkriege. Auf dem steinernen Schwert am Denkmal steht geschrieben: «Treue um Treue» in Anlehnung an das SS-Bekenntnis «Unsere Ehre heißt Treue». Für die Gottschalks ist das alles Ausdruck der «fortgesetzten Herabwürdigung jüdischen Lebens und Erbes in Deutschland». In einer Ratssitzung bitten die Gottschalks, die Stadt solle doch aller Opfer des

Nationalsozialismus gedenken, nicht nur der Wehrmachtssoldaten, von denen nicht wenige auch Täter gewesen seien. Ein Jahr darauf protestiert das Ehepaar mit einem Transparent: «Den Toten: Gefallen, ermordet, vergast, verhungert, vermisst.» Schließlich wird 2016 mit 19 Steinen auf der Rückseite des Mahnmals der Opfer namentlich gedacht, darunter sind drei Steine mit den Namen der Tante und des Onkels von Bernadette, die in Auschwitz vergast wurden, sowie eines Viehhändlers aus dem Ort. Die Gedenksteine sind anderntags verschwunden. Sie werden später in einem Gebüsch gefunden. Die Polizei gibt die Suche nach den Tätern auf, mehr noch aber entrüstet die Gottschalks, dass die Stadt mit keinem Wort die Tat öffentlich verurteilt. Aber wer war es? Jemand aus Laatzen? Ein Brief vom 31. Dezember 2017 klärt das Rätsel auf. Es ist der dritte Brief von E. aus Hanau. Sie schreibt, dass sie die Steine umgelegt habe. Vor Gericht bestätigt die Hanauerin alles und erklärt, die Gottschalks hätten sie in ihrem Gedenken an ihre toten SS-Angehörigen gestört. Als sie sagt, sie habe die Steine mit dem Namenszug nach unten gelegt, bricht der Hass aus ihr heraus. Juden verdienten nur ein «Eselsbegräbnis». Diagnose: Judenhass. Für den Richter ist das alles jedoch keine Volksverhetzung, er warnt sie aber, so weiter zu machen und verhängt eine Strafe von 1100 Euro.

Von den Kommunalpolitikern der 40 000 Einwohner zählenden Stadt Laatzen in der Region Hannover fühlte sich das Ehepaar nie unterstützt. Auch Abgeordnete in Berlin ließen sie alleine. Als das Paar in Berlin vor dem Willy-Brandt-Haus, der SPD-Parteizentrale, mit einem Transparent auf die Laatzener Missstände aufmerksam machen wollte, wurde es von Sozialdemokraten vertrieben und erhielt Hausverbot, wie uns Joachim Gottschalk kopfschüttelnd erzählt.

Halle war nicht der Anfang.
Die Marginalisierung der rechten Gefahr

Mag sein, dass Bundespräsident Frank-Walter Steinmeier einen Aussetzer hatte, als er in seiner ersten Reaktion auf die Nachricht über den Angriff eines Rechtsextremen auf die vollbesetzte Synagoge in Halle an der Saale am 9. Oktober 2019 sagte, dass in Halle etwas passiert sei, was in Deutschland unvorstellbar schien. Wahrscheinlicher ist indes, dass ihm der peinliche Lapsus gar nicht bewusst war. Die rechtsextreme Gewalt gegen Juden hat in Deutschland eine jahrzehntelange Geschichte, ihre Verharmlosung durch Politik, Medien und Gesellschaft ebenso. «Das Thema ist nie systematisch erforscht worden und spielt im öffentlichen Bewusstsein keine große Rolle», kritisiert die stellvertretende Parteivorsitzende der Linkspartei, Martina Renner, die im Innenausschuss des Bundestags sitzt. Wir treffen die Rechtsextremismus-Expertin und ihren wissenschaftlichen Mitarbeiter Sebastian Wehrhahn sechs Wochen vor dem Anschlag in Halle in ihrem Berliner Abgeordnetenbüro. «Die Opfer des rechten Terrors galten nicht als wichtige Repräsentanten dieses Staates. Das ist eine schlimme Feststellung, weil das bedeutet, dass gesellschaftliche Minderheiten, Linke, Juden und Jüdinnen nicht im selben Maße ‹wir› sind», sagt Sebastian Wehrhahn, der früher in der Mobilen Beratung gegen Rechtsextremismus in Berlin tätig war. Was den Antisemitismus betreffe, komme noch der tradierte Aspekt von Schuld- und Erinnerungsabwehr dazu. «Der rechte Terror gegen Juden und Jüdinnen erinnert daran, dass es eine spezifisch deutsche Tradition des Antisemitismus gibt. Und ein Teil dieser Tradition ist der Vernichtungsantisemitismus.»

In diese Tradition reiht sich der brutale Doppelmord an Shlomo Lewin und Frieda Poeschke im bayerischen Erlangen ein. Der Mordfall wurde niemals aufgeklärt, das Bundesamt für Verfassungsschutz weigert sich noch heute, die Akten offenzulegen.[13] Am 9. Dezember 1980, einem Freitagabend, klingelte es an der Wohnungstür des 69-jährigen Rabbiners und seiner evangelischen Lebensgefährtin.

Beide engagierten sich im jüdisch-christlichen Dialog. Als der Verleger und Vorsitzende der Nürnberger Jüdischen Gemeinde öffnete, schoss ihm der Täter in die Brust und in den Arm, und als er schon blutüberströmt auf dem Boden lag, zweimal in den Kopf. Auch im Körper der 57-jährigen Poeschke fanden Gerichtsmediziner vier Kugeln, die Polizei sprach von einer Hinrichtung. Als mutmaßlicher Täter wurde später Uwe Behrendt von der «Wehrsportgruppe Hoffmann» ausgemacht. In den 1970er Jahren war sie die größte paramilitärische rechtsextreme Gruppierung in der Bundesrepublik. Drei Monate vor dem Doppelmord in Erlangen hatte ein anderes Mitglied der «Wehrsportgruppe» das Attentat auf das Münchner Oktoberfest mit 13 Todesopfern und 211 Verletzten verübt. Obwohl die Polizeibeamten in der Wohnung von Lewin und Poeschke die Sonnenbrille der Freundin von Karl-Heinz Hoffmann gefunden hatten und das rechtsextreme Motiv ziemlich nahelag, folgte die klassische Täter-Opfer-Umkehr. Die Ermittlungen konzentrierten sich wochenlang auf Angehörige der jüdischen Gemeinde, Lewins moralische Integrität wurde in Frage gestellt. An der öffentlichen Diffamierung des Mordopfers beteiligte sich auch die örtliche Presse: «Nach dem Tod des jüdischen Verlegers wird über Ungereimtheiten seiner schillernden Vergangenheit gerätselt», lautete etwa die Überschrift eines Artikels in den *Nürnberger/Erlangener Nachrichten*. Lewin sei womöglich ein Mitarbeiter des israelischen Geheimdienstes, hieß es im Bericht.[14] Als dann die Staatsanwaltschaft in Nürnberg endlich eine Anklage gegen Karl-Heinz Hoffmann und seine Lebensgefährtin erhob, waren wichtige Spuren bereits verwischt, zu einer Verurteilung reichte die Beweislage nicht aus. Uwe Behrendt konnte sich inzwischen absetzen. Die offizielle Erklärung: Er war ein Einzeltäter und nahm sich 1981 im Libanon das Leben. Shlomo Lewins Plan, in Erlangen eine jüdische Gemeinde zu gründen, wollte nach dem Verbrechen keiner mehr weiterverfolgen. Erst 17 Jahre später, infolge des Zuzugs der Juden aus dem postsowjetischen Raum, entstand in der Universitätsstadt eine Gemeinde. Mit 120 Mitgliedern ist sie die kleinste in Bayern. Etwa 60 Prozent der Gemeindemitglieder seien russischsprachig, schätzt die Vorsitzende Ester Limburg-Klaus, hinzukommen jüdische Studenten aus allen möglichen Ländern und andere jüdische Einwanderer. Die Gemeinde hat eine alte Villa am Rande eines Parks gemietet, ein eigenes Gebäude besitzt sie nicht. Vor sechs Jahren schmierten Unbekannte in der Nähe des Wohnhauses von Ester Limburg-Klaus den Spruch «Und ewig hetzt der Jud, bis dass Ihr seine Knechte seid» auf einen Weg. Nach einer gefühlten Ewigkeit informierte sie die Polizei. Die Feuerwehr übermalte es schließlich. Solche Vorfälle wecken Erinnerungen, die Morde von 1980 sind in Erlangen nicht vergessen. «Die Wehrsportgruppe-Leute könnten manchmal bei unseren Veranstaltungen sitzen. Karl-Heinz Hoffmann lebt in der Nähe der Stadt, es gibt hier rechte Burschenschaften. Das ist schon etwas, was mir Angst macht», sagt uns Hanna Bander, eine aus Polen stammende Jüdin. Ihr 29-jähriger Sohn Victor ist Mitglied einer Arbeitsgruppe, die in den Mordfall Lewin und Poeschke mehr Licht bringen will: «Er liegt zwar lange zurück und mutet deshalb fast schon surreal an. Ein Unbehagen ist aber nach wie vor da.»

Die Liste der rechtsextremen Anschläge und Attentate, bei denen die Behörden ein antisemitisches Motiv entweder gleich verneinten oder nicht wirklich in Betracht zogen, ist lang. Im Februar 1992 tötete zum Beispiel der schwedische Rechtsextremist John Ausonius in Frankfurt am Main die 68-jährige jüdische Garderobenfrau Blanka Zmigrod. Er verbüßt heute in Schweden wegen einer Anschlagsserie auf elf Migranten, bei der einer starb, eine lebenslange Haftstrafe. 2018, im Zuge der Ermittlungen zu den NSU-Morden, wurde der Fall Zmigrod aufgerollt. Martina Renner war bei dem Prozess in Frankfurt dabei. Sie kritisiert, dass Polizei und später auch Staatsanwaltschaft die Möglichkeit eines antisemitischen Motivs komplett ausgeblendet hätten: «Ich behaupte nicht, dass es so war. Aber wenn sich die damalige Staatsanwältin, die als eine der ersten am Tatort war, noch an die Auschwitz-Tätowierung am Unterarm von Blanka Zmigrod erinnern konnte, dann kann es genauso gut sein, dass auch der Mörder sie gesehen und daraus Rückschlüsse gezogen hatte.» Oder der Sprengstoffanschlag in Düsseldorf-Wehrhahn im Juli 2000, bei dem zehn Menschen aus der ehemaligen Sowjetunion schwer verletzt wurden, eine Schwangere verlor ihr Kind. Auch in diesem Fall sah die Staatsanwaltschaft kein antisemitisches Motiv, obwohl sechs der Opfer Juden waren. Die Gruppe war gerade auf dem Rückweg von einem Sprachkurs. Martina Renner schüttelt den Kopf: «Es gibt so viele Einzelbeispiele, dass man sich schon fragt, was ist das für eine Abwehrhaltung? Warum hat all das so wenig gesellschaftliche Resonanz gehabt?» Fast vergessen ist der Brandanschlag auf das jüdische Altenheim in München am 13. Februar 1970, bei dem sieben Shoah-Überlebende getötet wurden. Diese Tat wurde zwar als antisemitisch bewertet – aber nie aufgeklärt.

Das neue Millenium begann mit antisemitischer Gewalt. Am 20. April 2000, dem Jahrestag von Hitlers Geburtstag, wollten drei Jugendliche die Neue Synagoge in Erfurt in Brand setzen. Die Brandsätze verfehlten ihr Ziel, und Nachbarn konnten das Feuer löschen. Das weckte düstere Erinnerungen an das Jahr 1994 und den schweren Brandanschlag auf das jüdische Gotteshaus in Lübeck, bei dem beinahe fünf Menschen starben. Erfurter Ermittler fanden am Tatort ein Bekennerschreiben: «Dieser Anschlag basiert auf rein antisemitischer Ebene! Wir grüßen den Verfassungsschutz Gotha. Heil Hitler. Die Scheitelträger.» Aber Landeskriminalamt und Staatsanwaltschaft tippten zunächst auf einen linkspolitisch motivierten Anschlag. «Die Sprache des Bekennerschreibens sei untypisch für die rechte Szene», erklärten sie auf der Pressekonferenz am Tag danach.[15] Am 3. Oktober versuchten Unbekannte, die Glastür der Düsseldorfer Synagoge einzuwerfen, und als das nicht gelang, schleuderten sie gegen das Gebäude zwei Molotowcocktails. Auch bei der rechtsextremen Anschlagsserie in Brandenburg, unter anderem auf die Totenhalle des Jüdischen Friedhofs in Potsdam, konnten die Täter nicht ermittelt werden. Paul Spiegel, der damalige Präsident des Zentralrats der Juden, reagierte auf die Gewaltwelle so schockiert, dass er öffentlich die Frage stellte, ob es richtig war, jüdische Gemeinden in Deutschland wiederaufzubauen. Im Verfassungsschutzbericht für das Jahr 2000 stand hingegen: «Wir überbewerten die rechte Szene, wenn wir sie mit der ungleich gefährlicheren und besser organisierten RAF vergleichen, gleichzeitig wollen wir das

Gewaltpotenzial auch nicht verharmlosen.»[16] 20 Jahre später spricht der Verfassungsschutz in seinem Lagebericht im August 2020 von einer «erschreckenden» Verbreitung antisemitischer Straftaten im rechtsextremen Spektrum. Antisemitismus sei im linksextremen Lager von «nachrangiger Bedeutung» und keine «ernsthafte Bedrohung für die Demokratie».[17] Diese späte Einsicht hat nicht wenige Menschen das Leben gekostet. Die Zahl rechtsextremer Anschläge, bei denen es außerdem zu keiner Verurteilung kam, liegt sehr hoch, beklagt Martina Renner. Die rechte Gefahr wurde in Deutschland lange bagatellisiert, das sagen heute alle Rechtsextremismus-Experten. Nicht nur in der Politik. Nach der Ermordung des CDU-Politikers Walter Lübcke im Juni 2019 sprachen viele Medien von einer neuen Qualität des rechtsextremen Terrors. Was war dann Erlangen, Frankfurt oder München? Die Statistik des Bundesinnenministeriums zählt seit der Vereinigung 83 Todesopfer rechter Gewalt. Eine Langzeitrecherche des *Tagesspiegels*, von *Zeit-Online* und anderen Zeitungen kommt auf eine wesentlich höhere Zahl von 169 Toten und 61 Verdachtsfällen. Die Dunkelziffer dürfte viel höher sein.

Mit rechtsextremer Gewalt hatten beide Teile Deutschlands ihre Schwierigkeiten. In der DDR mit ihrem vom Staat verordneten Antifaschismus gab es sie schlicht nicht, weder Altnazis noch Neonazis. Übergriffe, Anschläge oder Friedhofsschändungen wurden Punks zugeordnet, die natürlich vom Westen beeinflusst waren, wie es hieß. Die Täter wanderten rasch in die Gefängnisse, wo sie sich und andere noch mehr radikalisierten. In der BRD hingegen wurde die extreme Rechte in ihrer Kontinuität seit 1945 kaum wahrgenommen, über Antisemitismus wollte man schon gar nicht reden. Dass Rechtsextremismus und Judenhass nicht zu trennen sind, ist vielen bis heute nicht klar. «Antisemitismus ist der Kernbestandteil des Rechtsextremismus», sagt Sebastian Wehrhahn. «Das geht einher mit der Vorstellung der Volksgemeinschaft, die ist essentiell, völkisch und rassistisch begründet, über Blut und Boden.» Die Judenheit spielt dabei eine besondere Rolle in den Köpfen der Nazis. Sie ist gleichzeitig als vorgestellte weltbeherrschende Macht der äußere und innere Feind der Volksgemeinschaft – in den Worten von Max

Horkheimer und Theodor W. Adorno: nicht eine Minorität, sondern die Gegenrasse, die für alle Übel der Welt verantwortlich gemacht wird. Das reicht bis in die gesellschaftliche Mitte hinein. Ein Alexander Gauland redet natürlich nicht von Juden als «Brunnenvergifter», sondern von der Wall Street, der Ostküste oder globalen Eliten. Im Englischen nennt man das «dog whistling», erklärt Sebastian Wehrhahn. Ähnlich wie das Hundepfeifen, das in einem dem Menschen kaum wahrnehmbaren Frequenzbereich liegt, wird der Judenhass durch Codes maskiert, die von Insidern sofort verstanden werden. So nennen viele inhaftierte Neonazis den Fernsehraum «die Synagoge», der Fernseher ist «der Elektrojude», weil ja die Medien angeblich in jüdischen Händen sind. Die aktuell vielleicht wirkmächtigste antisemitische Denkkonstruktion ist die der «gesteuerten Migration», des großen Austausches, der die deutsche Volksgemeinschaft «von innen aushöhlt». Die rechtsextreme Szene wächst. 2019 stufte der deutsche Verfassungsschutz rund 32 000 Menschen in Deutschland als rechtsextrem ein, 13 000 davon als gewaltorientiert. 2020 wurden von der Polizei 481 rechtsextremistische Straftäter, die abgetaucht sind, per Haftbefehl gesucht.[18] Erstmals zählte der Inlandsgeheimdienst zu den Rechtsextremen auch etwa 7000 Anhänger des völkischen AFD-«Flügels», der trotz seiner angeblichen Selbstauflösung laut Verfassungsschutz innerparteilich immer mehr an Einfluss gewinnt.[19] Die jährlich erscheinende Studie «Gespaltene Mitte-Feindselige Zustände» der Friedrich-Ebert-Stiftung und der Uni Bielefeld zeigt, dass eine große Mehrheit der AfD-Anhänger eindeutig zu menschenfeindlichen Einstellungen tendiert, extremistische Einstellungen sind weit verbreitet.

«Wir haben im Moment ein Wechselspiel: einerseits die Anschläge auf Migranten, andererseits auf die Einrichtungen jüdischen Glaubens», sagt Martina Renner. Beide Ziele spielten eine große Rolle auch für den Nationalsozialistischen Untergrund. Es ist bekannt, dass sich die NSU-Mitglieder intensiv mit den Turner-Tagebüchern beschäftigten, einer Art Gebrauchsanweisung zum Rassenkrieg, die in rechtsextremen Kreisen seit Jahren kursieren. Dort kann man nachlesen, dass man zwar gerne Migranten angreifen könne, wichtig sei aber, eine Stufe höher zu gehen und die Eliten zu treffen, die dafür verantwortlich sind, dass die arische Rasse bedroht sei. Zur Praxis des NSU gehörte eben nicht nur der öffentlich wahrgenommene Rassismus, sondern immer auch der Antisemitismus. So haben Beate Zschäpe und Uwe Mundlos laut BKA auch eine Synagoge in Berlin als mögliches Anschlagsziel ausgespäht und insgesamt 233 Adressen jüdischer Einrichtungen gespeichert, darunter Kindergärten. Die Terroristen spielten «Pogromly», das sie nach dem Spiel «Monopoly» abgewandelt in rechten Kreisen vertrieben hatten. Die Spieler erwerben Konzentrationslager und Gaswerke, das Ziel ist es, die Städte «judenfrei» zu machen. Ende 1938 gab es ein Brettspiel «Juden raus!», bei dem die Spieler versuchten, Spielfiguren, die «Juden» darstellten, in ein «Sammellager nach Palästina» außerhalb des Spielfeldes zu bringen. Der Hersteller, die Dresdener Firma Günther & Co, warb mit dem Slogan: «zeitgemäß und überaus lustig». «Klar, wir hatten bei dem NSU mit zehn Morden und drei Sprengstoffanschlägen zu tun, das war das Augenmerk. Aber komischerweise wurde ihr Antisemitismus nie richtig thematisiert», sagt Martina Renner, die auch Obfrau des 1.Untersuchungsausschusses zum NSU in Thüringen von 2012 bis 2014 war. In der Nacht des 13. April 1996 hing von einer Autobahnbrücke nahe Jena eine lebensgroße Puppe, deren Kopf in einer Schlinge steckte. Auf Brust und Rücken prangten ein Davidstern und die Aufschrift «Jude». Mehrere Elektrokabel und ein Schild «Vorsicht Bombe» gehörten zur Inszenierung. Sie galt dem damaligen Vorsitzenden des Zentralrats der Juden, Ignatz Bubis, der am Tag zuvor Weimar besucht hatte. Diese Aktion trug die Handschrift von Uwe Böhnhardt, Uwe Mundlos und Beate Zschäpe.

Ein Jude, der mit Rechtsextremisten redet

Die Neue Synagoge in Erfurt ist ein schlichter, zweistöckiger Bau am Rande der Altstadt, ringsherum stehen Plattenbauten aus der DDR-Zeit. In einem angrenzenden Bau ist die Jüdische Landesgemeinde Thüringen untergebracht. Wir klingeln mehrmals an der Gartentür, keiner scheint uns zu hören. Nach einer Weile kommt eine freundliche Mitarbeiterin heraus und stellt sich als Frau Ulbricht vor. Sie verstehe auch nicht, warum der Türöffner stets kaputt ist, klagt sie resigniert, während sie uns ins Büro des Chefs führt. Ja, ja, diese Technik, pflichten wir ihr bei und fragen, ob ihre Familie etwa mit dem Ulbricht verwandt sei? «Es gab viele Ulbrichts in der DDR», antwortet sie etwas beleidigt, wir bereuen sofort unsere Frage. Reinhard Schramm, der Vorsitzende der thüringischen Jüdischen Landesgemeinde, begrüßt uns auf seine Art: «Sie sind von der Süddeutschen? Ach, die Zeitung mit den antisemitischen Karikaturen! Na, dann mache ich mal eine Ausnahme. Sie dürfen rein», sagt er und lacht herzlich. Der 76-Jährige ist bekannt für seinen Humor, seine offene Art und Toleranz. Seit Jahren schon besucht der frühere Professor der Technischen Universität in Ilmenau regelmäßig das Jugendgefängnis im thüringischen Arnstadt, redet dort mit verurteilten rechtsextremen Jugendlichen und erzählt ihnen seine Lebensgeschichte. Sie begann 1944 in Weißenfels, einem kleinen Ort im heutigen Sachsen-Anhalt. Bis zur Befreiung lebte er mit seiner jüdischen Mutter in einem Versteck, außer ihnen beiden überlebte kein Verwandter die Shoah. Sein außergewöhnliches Engagement für rechtsextreme Jugendliche, das nicht alle in der Gemeinde gutheißen, fing 2000 an, kurz nach dem Anschlag auf die Erfurter Synagoge. Er wollte mit dem 18-jährigen Hauptverdächtigen reden, um dessen Motive zu verstehen, und besuchte ihn in der Untersuchungshaft: «Da sah ich diesen inhaftierten, unwissenden Klein-Nazi und dachte: Das sind doch bloß arme Schweine. Sie können doch nicht so böse sein, sie wissen ja gar nicht, was sie tun.» Solche jungen Menschen sind nach seiner Meinung oft nur verführt und verdienten eine neue Chance. Auch deren Eltern bedauert er. Reinhard Schramm weiß, wie es sich anfühlt, das eigene Kind hinter Gittern zu sehen. In der Endphase der DDR verbüßte sein Sohn eine Gefängnisstrafe, weil er die Republikflucht geplant hatte. Den kurzen, lauten Knall der zufallenden Gefängnistür, den Moment, wenn Metall auf Metall schlägt und dahinter ein Mensch zurückbleibt, den man über alles liebt, hat er nie vergessen. Sein Sohn verlor jeden Lebensmut, sprach zuletzt von Selbstmord. «In unserer Familie ist schon genug passiert, lassen Sie unseren Sohn gehen», schrieben Reinhard Schramm und seine Frau in ihrer Verzweiflung an Honecker. Kein Mensch konnte damals wissen, dass zwei Jahre später alles vorbei sein würde. Nach sechs Monaten Haft kam ihr Sohn frei. All das ging Reinhard Schramm durch den Kopf, als er den 18-jährigen Lehrling Andreas zum ersten Mal traf und ihn auf seinen Judenhass ansprach:

Uns Juden abzusprechen, dass wir in die Gesellschaft gehören, das ist doch traurig, Andreas.

Aber sie haben mir gesagt, die Juden sind unser Unglück.

Reinhard Schramm schmunzelt, wenn er an die Szene denkt. «Es war so grotesk. Da sitzt vor dir ein Häufchen Unglück und sagt so was. Er hatte Angst vor Juden und wollte die Synagoge anzünden, dabei hat er noch nie davor einen Juden gesehen.» Der ehemalige Leiter des Landespatentzentrums ist überzeugt, dass man mit jungen Menschen mit rechter Gesinnung reden muss und sie durch Gespräche und Wissen wieder auf einen guten Weg bringen kann. Reinhard Schramm unterschätzt die Gefahr keineswegs. Er warnt, dass Rechtsextremisten nicht nur gegen die wenigen Juden sind, die hier leben. «Wenn sie Juden ermorden, heißt es nicht, dass sie automatisch nett zu allen anderen sind. Es geht um unsere Demokratie und um unsere Zukunft.» Würde er auch mit dem Attentäter von Halle sprechen, fragen wir ihn. Reinhard Schramm schüttelt verneinend den Kopf, sein Gesicht verfinstert sich: «Der Mann ist erwachsen und wusste genau, was er tat.» Außerdem sei es eine Zeitfrage, ergänzt er scherzhaft. «Ich gehe nur dorthin, wo es erfolgversprechend ist, besuche also kein Altenheim mit Altnazis, die davon erzählen, wie schön es früher war.»

Der Brandanschlag auf die Erfurter Synagoge von 2000 war der Grund, warum in Thüringen jährlich die Studie «Thüringen Monitor» erscheint. Ein Forscherteam der Friedrich-Schiller-Universität in Jena untersucht darin im Auftrag der Staatsregierung die politische Kultur im Land. Die Ergebnisse aus dem Jahr 2019 zeigen deutlich: Der Antisemitismus in Thüringen nimmt zu. Der Aussage «Die Juden haben einfach etwas Besonderes und Eigentümliches an sich und passen nicht so recht zu uns» schloss sich 2019 jeder sechste Thüringer an, ein Jahr davor war es jeder Zehnte. 24 Prozent der Thüringer sind laut Studie rechtsextrem eingestellt. Das passt fast haargenau zum Ergebnis der Thüringer Landtagswahl 2019, bei der die AfD mit Björn Höcke als Spitzenkandidat mit 23,4 Prozent die zweitstärkste politische Kraft geworden ist. Reinhard Schramm war von den Ergebnissen der Landtagswahl nicht überrascht. «Warum sollten sich die Wähler in Thüringen anders verhalten als in Brandenburg oder Sachsen?» Bei einem seiner regelmäßigen Besuche im Landtag kam einmal Björn Höcke auf ihn zu. Trotz verächtlicher Blicke mancher Abgeordneter stimmte Reinhard Schramm einem Gespräch zu. «Ich gehe ja monatlich ins Gefängnis und rede mit Rechtsradikalen, und wenn Zeugen Jehovas an meine Tür klopfen, lasse ich sie auch rein. Warum sollte ich mich also nicht auch mit Höcke unterhalten?» Der Thüringer AfD-Landes- und Fraktionsvorsitzende, die führende Figur des aufgelösten «Flügels», beklagte sich bei Schramm darüber, wie ungerecht seine Partei im Landtag behandelt werde. «Wissen Sie, Herr Höcke, und ich wiederum habe Angst vor Ihnen», erwiderte Reinhard Schramm. Der gab sich überrascht, betonte, dass er doch weder etwas gegen die Juden noch etwas gegen Israel habe. Reinhard Schramm schaute in Höckes blaue Augen, die während seiner Dresdner Rede im Januar 2017 so gestrahlt hatten, als er von der «dämlichen Bewältigungspolitik» sprach und eine «erinnerungspolitische Wende um 180 Grad» forderte. Der Shoah-Überlebende dachte an Höckes Anhänger und deren begeisterten Jubel. Wenn jemand die Verbrechen der Nazis relativiert und die Opfer verhöhnt, dann ist für ihn die Grenze erreicht. «Ich meinte damit nicht Sie persönlich, Herr Höcke. Ich habe Angst vor Ihrer Wirkung», sagte er zu ihm.

30 Jahre nach dem Mauerfall schauen viele misstrauisch auf den Osten Deutschlands, dort, das kann man doch immer wieder lesen, konzentriert sich die rechtsextreme Szene. Das meint auch Jonas F. vom Jüdischen Forum für Demokratie und gegen Antisemitismus in

Berlin. Levi Salomon ist sich da nicht so sicher. «Na ja, würde ich nicht sagen. Wir werden sehen, wie sie in Niedersachsen aufgestellt sind, in Schleswig-Holstein, Nordrhein-Westfalen… also, die sind gut verteilt.» Von 2010 bis 2018 lag die Zahl antisemitischer Straftaten in den ostdeutschen Bundesländern deutlich über dem Bundesdurchschnitt, wie aus einer Antwort des Bundesinnenministeriums auf eine Anfrage der FDP-Bundestagsabgeordneten Linda Teuteberg hervorging. Allein in Thüringen waren es 29,8 Fälle pro 100 000 Einwohner, in Nordrhein-Westfalen lag die Zahl der Strafdelikte bei 12,7 je 100 000 Einwohner, in Bayern waren es 9,4.[20] Für Sebastian Wehrhahn ist der Ost-West-Vergleich aber nicht die zentrale Frage, die Verbreitung rechtsextremen und antisemitischen Denkens hängt von vielen Faktoren ab. «Da, würde ich sagen, spielt eine Rolle, wie stark alternative, antifaschistische Ansätze in den vergangenen 20 Jahren gefördert oder auch kriminalisiert wurden. Wo es breite Jugendkulturen gibt, die Angebote machen, dort sind Neonazis kein großes Problem. Wo aber die Antifa kriminalisiert wird, da können Neonazis Jugendclubs beeinflussen, auch steuern, welcher Jugendkultur sich die Leute zuwenden.» In der Praxis der organisierten Rechten sieht die Linken-Politikerin Martina Renner keinen Unterschied. «Die schänden einen Friedhof in Gotha genauso wie in Bayern. Da haben wir bestimmte Ausdrucksformen, die seit den 1980er Jahren gepflegt werden, also den Schweinekopf über dem Zaun, die Verwüstung von jüdischen Friedhöfen, Anschläge auf Synagogen. Das gibt es im Osten wie im Westen.»

«Halle hätte auch bei uns passieren können»

Am nächsten Tag treffen wir den 36-jährigen Landesrabbiner Alexander Nachama. Der schlanke, großgewachsene Mann mit Brille und leicht ergrautem Haar war sechs Jahre lang Gemeinderabbiner in Dresden, bevor er 2018 die Landesgemeinde Thüringen übernahm. 1989 zählte sie gerade mal 26 Mitglieder, heute sind es etwa

700, die allermeisten stammen aus der ehemaligen Sowjetunion. Der Rabbiner ist in Frankfurt am Main geboren und in Westberlin aufgewachsen. Im Regal seines Büros steht eine halbleere Wodka-Flasche mit russischsprachigem Aufkleber. «Die ist nicht für mich», lacht er, «es wurde mir aber gesagt, dass sie bei mir am besten versteckt sei.» Im Vergleich zu Berlin, wo es Synagogen unterschiedlicher Ausrichtungen gibt, liegt die Herausforderung in einer kleinen Gemeinde wie dieser vor allem darin, Kompromisse zu machen, sagt der Rabbiner. Das betrifft auch die Sprache. Jedes zweite Gemeindemitglied ist älter als 60, die erste Generation der Zuwanderer hat oft Schwierigkeiten mit Deutsch. Das Hebräische ist paradoxerweise das Verbindende, denn weder deutschsprachige noch russischsprachige Mitglieder können es richtig verstehen. Da aber bei dem Gebet viel gesungen wird und die Texte eine kyrillische und eine lateinische Umschrift haben, trifft man sich am Ende, erklärt Alexander Nachama. Er beschreibt sich deshalb als ein «Rabbiner für die Gemeinde». Neben den wöchentlichen Gottesdiensten unterrichtet der Absolvent des Berliner Abraham Geiger Kollegs an einem Erfurter Gymnasium jüdische Religion, erfahren wir zu unserer Überraschung, würde es ja bedeuten, dass es dort viele jüdische Schüler gibt. Das Gegenteil ist der Fall: «Wir haben kaum Gemeindemitglieder im Schulalter, die Teilnehmer sind nichtjüdisch. Ich empfinde es aber als positiv, denn das zeigt ja, dass man sich in den Familien damit auseinandersetzt und ein Interesse am Judentum da ist. Das ist, finde ich, ein Instrument zur Bekämpfung von Antisemitismus.» Deshalb freut sich Alexander Nachama auch über die Schülerbesuche in der Synagoge. Die wiederkehrenden Fragen: Sind alle Juden reich? Was halten Sie von dem Ministerpräsidenten der Juden? «Ich finde es gut, wenn solche Fragen kommen, so kann ich darauf reagieren.»

Bevor wir uns verabschieden, will der Rabbiner uns noch rasch die Synagoge im Raum nebenan zeigen. Die Neue Synagoge ist eine Besonderheit: Sie war die einzige, die in der DDR errichtet wurde. Drei Entwürfe waren nötig, bis die Stadt 1952 den Bau genehmigte, das Gotteshaus durfte weder «zu groß» noch «zu sakral» wirken. Ursprünglich stand an dieser Stelle die Große Synagoge, sie ging 1938 in Flammen auf. 62 Jahre später wollten drei rechtsextreme Jugendliche aus dem Raum Gotha diese Schandtat wiederholen, um «ein Zeichen gegen die Juden zu setzen», wie sie später aussagten. Zum Glück konnten sie keinen großen Schaden anrichten. An Jom Kippur 2019 erfuhr hier Alexander Nachama von dem Anschlag in Halle. Nach dem Gottesdienst am Vormittag, der sich bis in die Nachmittagsstunden hinzog, wollte er sich eine Pause gönnen, bevor es um 17 Uhr weitergehen sollte. Durch das lange Stehen schmerzten ihm die Füße, der leere Magen machte ihn müde. Um halb fünf kehrten die ersten Gottesdienstbesucher zurück und berichteten ihm, was passiert war. «Wir liefen zum Abendessen ins Gemeindezentrum auf der gegenüberliegenden Straßenseite, begleitet von Polizisten mit Maschinenpistolen. Das gab es bei uns noch nie. Der Schock war umso größer, als Halle nur eineinhalb Autostunden von uns entfernt liegt, die Gemeinden vergleichbar groß sind und beide nicht im Zentrum der Aufmerksamkeit stehen», erzählt er. Beim anschließenden Essen sprach niemand ein Wort. In den nächsten Tagen hörte der Rabbiner immer wieder den Satz: «Das hätte auch hier passieren können.»

«Ich war ein Nazi und Antisemit»

Er war, schreibt er in seinem Buch «Mein Vaterland!», davon überzeugt: «Ein Jude kann kein richtiger Deutscher sein.» Reden mit Neonazis? Da hat Christian Weißgerber erhebliche Zweifel. Der Kulturanthropologe steht neben seinem Fahrrad vor einem chinesischen Restaurant in Berlin-Mitte und wartet auf uns. Arme, Schulter und Beine des 30-Jährigen, der einmal Kampfsport machte, sind stark tätowiert. Die Hakenkreuze und andere Nazi-Symbole hat er übertätowieren lassen, die Schwarze Sonne auf einem Knie ist noch zu erahnen. Christian Weißgerber war einst einer der führenden Köpfe der gewaltbereiten Autonomen Nationalisten in Thüringen, kannte Dortmunder Neonazis wie auch Ralf Wohlleben, einen Unterstützer der Mörder des NSU. Vor zehn Jahren ist er aus der Szene ausgestiegen. Wir haben Zweifel. Was wird er uns bei Ente süß-sauer erzählen, dass er, beginnend schon mit 15, 16, zum Antisemiten und Nazi wurde, aber heute…klar doch. Wir sind gespannt.

Er sagt aber etwas anderes: «Der Ausstiegsprozess ist auch bei mir noch nicht ganz abgeschlossen.» Man kann nicht seine Persönlichkeit über Nacht verändern. Radikalisierungsprozesse finden nicht nur im Kopf statt, sie beziehen auch den Körper mit ein, Haltung, Gestik, Mimik, die Art zu gehen. Das zu verändern ist nicht einfach, viel hängt vom Umfeld ab, davon, wie man aufgenommen wird. Solche Sätze wird er an diesem Nachmittag noch öfter sagen. Auch diesen: «Niemand muss Nazi sein, egal, was er oder sie erlebt hat. Es ist stets eine eigene Entscheidung.» Vielleicht greift die sozialpädagogische Erzählung von Jugendlichen, die durch falsche Freunde und schwere Kindheit wie in eine Suchterkrankung abrutschen, tatsächlich zu kurz. Darüber lacht Christian nur. Sein Vater war zwar lieblos und prügelte ihn, die Mutter schon lange verschwunden – doch erklären solche Umstände nicht, warum der Sohn oder die Tochter zu Neonazis geworden sind. Nicht wenige stammten doch aus behüteten, gutbürgerlichen Familien, auch driftet nicht jeder, der als Kind psychischer oder körperlicher Gewalt ausgesetzt war, in die rechte Szene ab, verübt Banküberfälle oder greift zu Drogen. «Es war in meinem Fall eine freiwillige politische Entscheidung», betont Christian. Das Bild, das sich die Gesellschaft von Rechtsextremisten macht, nervt ihn. Aber wie dann damit umgehen? Die «idealistische Herangehensweise», meint er, kann nicht funktionieren, weil sie nicht ausreicht, um Rechte zum Nachdenken zu bringen. Auch Religionen vereinnahmen Menschen mit Haut und Haar. Man müsse vielmehr verstehen, dass auch der Körper radikalisiert wird und mit anderen zusammen im imaginierten Volkskörper der Nazis aufgeht. Wer aussteigen will, sagt Christian, müsse sich von der Gruppe lossagen, die ihm große Anerkennung gibt, in der er «grandiose Erfahrungen» machen kann, die der Rest der Gesellschaft nicht kennt – nämlich Willkür, Freiheit, Gewalt, wann immer man wolle. Christian Weißgerber bleibt skeptisch:

Es gibt nur wenige, die ernsthaft aus der Szene aussteigen wollen. Viele ziehen sich nur wegen eines guten Jobs oder eines Gerichtsverfahrens zurück. Ernsthafter Rückzug, Distanzierung und Verantwortungsübernahme, das traue ich von zwanzig Aussteigern und Aussteigerinnen drei, vier Leuten zu. Der Rest steht halt in den Akten der Aussteigerorganisationen und wählt vielleicht sogar die AfD.

Also geben sie eine Läuterung nur vor?

Die meisten Nazis sind ja nicht komplett bescheuert. Sie können ohne Probleme auch die Sprache der liberalen Demokratie sprechen.

Und die Aussteigerorganisationen?

Na ja, oft enden die Gespräche mit einer Art Multiple Choice-Test wie in der Schule. Toleranz ist toll. Antisemitismus ist eher doof.

Wo siehst Du das zentrale Problem?

Ich sehe die größte Schwierigkeit darin, dass Leute aufhören, sich offen antisemitisch zu äußern, aber ihre strukturellen Denkmuster, ihre Art und Weise zu leben haben sie nicht aufgearbeitet.

Klingt anstrengend.

Auch bei mir hat es extrem lang gedauert, bis ich das mit den Verschwörungserzählungen ganz gerafft habe. Man wird nicht einfach zum Demokraten, nur weil man einen Stempel erhalten hat. Vielleicht bin ich es auch noch nicht. Das müssen andere entscheiden.

Christian Weißgerber ist belesen und redet eloquent. Er zitiert in einem fort Adorno, Foucault, Slavoj Žižek und Sartre, vielleicht eine Spur zu rational… aber doch sympathisch und hoch spannend. Nach seinem Ausstieg hat er in Jena, Paris und Berlin studiert, jetzt bereitet er sich auf seine Promotion vor und schreibt nebenbei ein Kinderbuch. Seine sanfte Stimme steht in völligem Kontrast zu seinem muskulösen Körper, er wirkt fast scheu, manchmal auch traurig. Am Abend dann, vor Schülern, die ihm gebannt zuhören, offenbart er eine noch andere Seite. Christian Weißgerber reflektiert selbstkritisch seine Verantwortung, weil er seinerzeit Jugendliche ausgebildet hat, die heute als «Identitäre» den völkisch-rassistischen Albtraum weitertragen. Er ist zu Gast bei der Berliner Schwarzkopf-Stiftung Junges Europa. Mehr als einhundert Gymnasialschüler der 11. und 12. Klasse, viele aus Migrantenfamilien, drängen sich in dem überhitzten Dachgeschossraum in Berlin-Mitte, auch Lehrkräfte und einige Streetworker sind gekommen. Der ehemalige Leistungsschüler Christian Weißgerber genießt seinen Auftritt. Er findet rasch einen Draht zu Jugendlichen, macht Witze – und dann riskiert er fast ihre Sympathie, als er aus seinem Buch die Passage vorliest, wie er einmal als Schüler auf dem Alten jüdischen Friedhof in Prag mit einer leuchtenden Weihnachtsmütze und dummen Sprüchen Juden verspottet hat. «Das war aus heutiger Sicht absolut unappetitlich», sagt er in die Stille hinein. «Ich habe diese Passage ausgewählt, weil heute die AfD an KZ-Gedenkstätten ähnlich auftritt.» Die Neue Rechte redet von «Ethnopluralismus» und meint die nationalsozialistische Erzählung von Blut und Boden.

«Er ist ungeheuer mutig und ehrlich», meint ein Schüler zu einem anderen in der Pause. Dem fehlt jedoch, dass Christian die neonazistische Gewalt nicht thematisiere. «Das sollte er machen, auch wenn er selbst niemanden verprügelt hat.» Unbequem ist Christian Weißgerber auf jeden Fall, weil er den schönen demokratischen Schein zerreißt. Ein ehemaliger Neonazi erdreistet sich, den alltäglichen Rassismus und Antisemitismus der Gesellschaft anzuprangern, die Lügen des Aufarbeitungsweltmeisters Deutschland, wie er spöttisch sagt, zu entlarven und darauf hinzuweisen, dass rechtsextremes Denken so randständig gar nicht ist. Soll man nun mit Rechtsextremen reden oder nicht, fragen wir ihn.

Leute wie Ursula Haverbeck oder Horst Mahler sind so far out, auf so eine Weise radikal, dass sie bereit sind, ihr Leben für ihre Überzeugung aufzugeben. Sie gehen lieber in den Knast, das ist Teil ihres Games. Wie soll man dann mit ihnen umgehen?

Entweder man bestraft sie nicht, was lange Zeit geschah, da brauchen wir uns nichts vormachen, oder man sperrt sie ein, was ihnen leider in die Hände spielt.

Christian sieht den Ausweg in einer «wirklich demokratischen Erziehung in den Schulen». Oft genug hat er in der Szene gehört, vielleicht es früher auch selbst gesagt: «Die Demokratie wird schon deshalb untergehen, weil sie nicht in der Lage ist, mit ihren politischen Gegnern effektiv umzugehen.» Und in gewisser Weise stimme das.

Das staatliche Agieren wird von den Neonazis als Schwäche ausgelegt. Die größte Gefahr sieht er aber nicht in den Neonazis, sondern in den Ultrakonservativen und völkischen Nationalisten. Die Gruppen um die AfD herum, die Neue Rechte, die Identitären bauen bundesweit eine Infrastruktur auf, Legitimationsfabriken, häufen Immobilienbesitz an, gründen Stiftungen. «Dagegen wird nicht vorgegangen. Die werden aber viele Menschen angreifen, zu ihrer Vernichtung aufrufen. Das ist ein riesengroßes Problem, über das viel zu wenig gesprochen wird.» Im Sommer 2020 wies das Bundesverfassungsgericht in Karlsruhe einen Eilantrag der AfD ab, die eine Auszahlung für die ihr nahestehende Desiderius-Erasmus-Stiftung für 2018 und 2019 erzwingen wollte. Die gesellschaftliche und demokratische Bildungsarbeit der politischen Stiftungen wird mit Millionen Euro aus dem Bundeshaushalt gefördert. Davon wollte auch die AfD profitieren, scheiterte allerdings an der Bedingung, mindestens zweimal in den Bundestag gewählt worden zu sein. Die Vorsitzende der Desiderius-Erasmus-Stiftung ist die ehemalige CDU-Bundestagsabgeordnete Erika Steinbach, die aus Protest gegen die Flüchtlingspolitik der Bundesregierung aus der CDU ausgetreten ist. Ab 2022, da die AfD aller Voraussicht nach bei der Bundestagswahl 2021 wieder in den Deutschen Bundestag gewählt wird, wird auch die DES bis zu 80 Millionen Euro im Jahr aus dem Bundeshaushalt erhalten. 2018 forderten namhafte Wissenschaftler, Vertreter von Opfergruppen und Leiter von Gedenkstätten in einer gemeinsamen Petition die Stiftung auf, ihr Programm im Bereich historisch-politische Bildung offenzulegen. Sie warnen, dass mit Steuergeld eine Stiftung finanziert wird, die ein Geschichtsbild fördert, das NS-Verbrechen verharmlost.[21]

Das angeblich so harte Vorgehen gegen die Rechtsextremisten, das immer dann groß angekündigt wird, wenn etwas geschah, entpuppt sich am Ende meistens als Strohfeuer. Man könnte, tut es aber nicht. Die Linke will durchsetzen, dass die gesamte Szene entwaffnet wird, auch diejenigen, die legal Waffen besitzen. «Wir wissen von einer Vielzahl von legalen und illegalen Waffen, inklusive Sprengstoff und entsprechende Vorrichtungen in der Szene», sagt die Bundestagsabgeordnete Martina Renner, die ihre Partei im Innenausschuss vertritt. «Die Politik und Behörden müssen alles dafür tun, dass es keine weiteren Toten mehr gibt.» Sie sieht aber noch nicht einmal ein Signal. «Wo war die große Razzia nach dem Mord an Walter Lübcke, wo hat man die Szene von Kiel bis nach Passau aufgerippt? Ich habe nichts gesehen.» Die deutschen Sicherheitsbehörden zählen deutlich mehr bewaffnete Rechtsextremisten als im Vorjahr, kritisiert die Bundestagsabgeordnete in einer Pressemitteilung im Oktober 2020, der Anstieg der Zahlen zeige, dass der bewaffnete Rechtsruck ungebrochen weitergehe. Im Mai 2020 mahnt der Deutsche Richterbund zu einem verstärkten Kampf gegen Antisemitismus und Rechtsextremismus, der DRB-Geschäftsführer sieht in dem geplanten Gesetz gegen Rechtsextremismus die richtige Antwort des Rechtsstaats. «Die Gerichte schauen schon heute in jedem Einzelfall sehr genau hin, ob bei Beschuldigten antisemitische Beweggründe vorliegen, und berücksichtigen das strafverschärfend.» Wenn es denn so wäre. Nur ein Gegenbeispiel von vielen: Die Staatsanwaltschaft Dortmund hat eine Anzeige wegen Volksverhetzung gegen die rechtsextreme Partei «Die Rechte», die vor der Europawahl mit dem Slogan «Israel ist unser Unglück» plakatierte, abgewiesen – mit einer haarsträubenden Begründung: Zwar erkannten die Staatsanwälte schon, dass sich der Wahlslogan an die Naziparole «Die Juden sind unser Unglück» anlehne. Doch dies könne auch anders interpretiert werden.[22] Solche Entscheidungen werfen einen Schatten auf die Arbeit vieler engagierter Staatsanwälte und Staatsanwältinnen, Richter und Richterinnen. Aus dieser verfahrenen Situation gäbe es einen Ausweg: Die rechtlichen Grundlagen für eine effiziente Bekämpfung des rechtsextremen Antisemitismus müssten als Staatsziel im Grundgesetz verankert werden, forderte im September 2020 in einem Gastbeitrag für den *Tagesspiegel* Susanne Krause-Hinrichs, die Geschäftsführerin der F. C. Flick-Stiftung in Potsdam.[23] Die Frage ist doch: Wo steht die Justiz? Häufig sind Staatsanwälte und Richter nicht ausreichend sensibilisiert für antisemitische Übergriffe. Es fehlt schon am notwendigen Wissen in der Ausbildung der Juristen.

Nach dem Anschlag in Halle kündigte die Polizei eine «Null-Toleranz-Strategie» im Umgang mit der rechten Szene an. Im November 2019 fahren wir wieder nach Dortmund. Aus Zeitungsberichten wissen wir, dass es in Dorstfeld inzwischen Strafanzeigen, Festnahmen und Hausdurchsuchungen gegeben hat. Vor einigen Wochen übersprühten Graffiti-Künstler im Auftrag der Stadt und der Polizei die Nazi-Schmierereien an einer großen Wand in der Emscherstraße. Direkt gegenüber wohnen Michael Brück und andere Neonazis, im Haus befindet sich auch die Geschäftsstelle der Dortmunder «Rechten». Aus Protest kündigte die Partei einen wöchentlichen Montagsdemo-Marathon «für die Meinungsfreiheit» an, eine dreiste Anlehnung an die regimekritischen Bürgerproteste in der DDR. Die Parole «Wer Deutschland liebt, ist Antisemit» wurde ihnen zwar untersagt, wenn es aber um die Umgehung von Auflagen geht, sind Neonazis erfinderisch: «Nie wieder Israel!» und «Palästina hilf uns doch, Israel gibt's immer noch!», skandierten sie am jüdischen Neujahrsabend. Das Oberste Verwaltungsgericht in Münster hob knapp zwei Wochen nach Halle unter Hinweis auf die Meinungs- und Versammlungsfreiheit ein entsprechendes Verbot der Dortmunder Polizei auf – wieder so eine Gerichtsentscheidung, die erhebliche Zweifel an der Justiz aufkommen lässt. Vielleicht sollten Richter bei Jean-Paul Sartre nachschlagen, der 1947 geschrieben hat: «Der Antisemitismus fällt nicht in die Kategorie von Gedanken, die das Recht auf freie Meinungsäußerung schützt.»[24] Antisemitismusforscher haben längst belegt, dass sich Judenhass oft als «Israelkritik» tarnt und der Begriff «Zionist» mit Vorliebe als antisemitischer Code für das Wort «Jude» verwendet wird. Viele Richter und Staatsanwälte sehen oder wollen das nicht sehen. Es gibt Ausnahmen: 2016 wertete eine Strafrichterin in Essen den Slogan «Tod und Hass den Zionisten» als eine antisemitische Straftat. Meinungsfreiheit sei zwar ein hohes Gut und der Angeklagte habe natürlich das Recht gehabt, gegen die Politik Israels zu demonstrieren: «Aber Sie haben die Grenzen der Meinungsfreiheit überschritten, als Sie zu Tod und Hass gegen die Juden aufgerufen haben.»[25] Baruch Babaev nennt die anderen Richter «Marsmenschen», weil sie in einer abgeschotteten Welt lebten und nicht wissen würden, was auf der Straße passiere. «Sie sollten mal zu einer Demo kommen und sich entscheiden, auf welcher Seite sie stehen wollen», fordert er. Ein Grund für die vielen Fehlurteile sei eine falsch verstandene Meinungsfreiheit, die anderen Menschen wehtue, sowie viel zu niedrige Freiheitsstrafen für antisemitische und rechtsextreme Taten. «Wenn Menschen kein Vertrauen mehr in den Rechtsstaat und in die Politik haben, wird es uns die Zukunft nehmen.» Die Polizei in Dortmund, sagt er, sei im Kampf gegen die Rechtsextremen engagiert, aber noch fehlten ihr wirklich wirksame Möglichkeiten. Er erzählt uns eine Geschichte aus dem Ersten Buch Mose. Sie handelt von Sodom und geht ungefähr so: Abraham versucht, seinen Sohn zu verheiraten, und schickt seinen Knecht nach Sodom, um eine Braut zu finden. Der Knecht wird dort von einem Bewohner mit Steinen beworfen. Er blutet stark, schafft es aber, den Täter vor das Sodomer Gericht zu zerren. Zu seiner Verblüffung entscheidet der Richter, dass nicht der Täter bestraft wird, sondern er, der Knecht, müsse dem Mann Geld zahlen, weil dieser ihm schließlich einen Aderlass gemacht habe. Der Knecht hebt einen Stein auf und wirft ihn auf den Richter. Während dieser blutet, sagt der Knecht zu ihm: Was Sie mir schuldig sind, bezahlen Sie diesem Mann. «Auch Sodom hatte seine Richter, aber diese haben das Recht auf eine falsche Weise ausgelegt. Das führte zum Untergang», sagt der Rabbiner. Zwi Rappoport, Vorsitzender der Jüdischen Gemeinde Dortmund, spricht in der Dortmunder Oper in seiner 2019 gehaltenen Rede zur Pogromnacht vom «ignoranten Verhalten von Teilen der Justiz», das er für beschämend und untragbar halte. «Die Meinungsfreiheit ist ein hohes Gut, ein Freibrief für Antisemiten und Hassprediger darf sie nicht sein. Letztendlich geht es um die Frage, in welcher Gesellschaft wir zukünftig eigentlich leben wollen.»

Etwa 600 Dortmunder kamen am 28. Oktober 2019, knapp drei Wochen nach dem Anschlag in Halle, um gegen einen erneuten

Neonazi-Aufmarsch in ihrer Stadt zu protestieren. Maxim Kolbasner war dabei. Er sprach über den Antisemitismus im Alltag, den er und seine Freunde erleben. Elif Kubaşık kam auch, sie ist die Witwe des vom NSU ermordeten Kioskbetreibers Mehmet Kubaşık. Was den Rabbiner am meisten überraschte, war die große Zahl der Menschen aus seiner Gemeinde, junge Leute, aber auch alte, viele könnten nicht einmal gut Deutsch und waren noch nie bei einer Demonstration. Das hatte mit der Empörung über Halle zu tun, meint Baruch Babaev, und dem Schock. Seitdem stehen bewaffnete Polizisten auch vor dem jüdischen Kindergarten, das war vor einem Jahr noch nicht so.

Überraschte Sie der Anschlag?

Ich hätte nie damit gerechnet, dass es zu so etwas in Deutschland kommen kann.

Obwohl in Dortmund Die Rechte ihren Hauptsitz hat?

Ja. Wir leben mit diesen gewalttätigen Menschen schon so lange zusammen. Wir hatten viel mehr Angst vor dem islamistischen Terror, sahen, was in Frankreich oder in Belgien los war. Und dann das. Ein junger Mann, der in der Demokratie aufgewachsen ist und hier politische Bildung genossen hat. Das hat uns sehr überrascht.

Hat sich die Stimmung in der Gemeinde verändert?

Die Menschen sind vorsichtig. Aber am Abend nach dem Anschlag kamen so viele in die Synagoge wie sonst nie.

Der Rabbiner lächelt. «Wissen Sie, im Judentum gibt es einen Begriff: Davka. Das bedeutet zum Trotz. Wir machen weiter, das ist unsere Reaktion.» Vor allem aber haben die Juden in der Diaspora Israel, ergänzt er, ein «Auschwitz zwei» wird es deshalb nicht geben, davon ist er überzeugt. «Damals, als Juden vernichtet wurden, war kein Staat da, um sie zu schützen. Das ist jetzt anders.» Von der deutschen Mehrheitsgesellschaft fühlt er sich nach wie vor nicht genügend unterstützt, daran ändern auch Mahnwachen und Trauerbekundungen nichts. Baruch Babaev schmerzt das mehr als die Rechtsextremen. 600 Dortmunder bei einer Demonstration gegen die Neonazis, und das nach dem Anschlag in Halle, ist für eine Stadt mit 600 000 Einwohnern wirklich nicht viel. Was der Rabbiner vermisst, ist echte Betroffenheit: «Ich glaube, wenn jemand wirklich betroffen wäre, dann wäre seine Reaktion viel, viel intensiver. Wir haben das Gefühl, dass Menschen an einer Demonstration teilnehmen, sich dann vielleicht denken, okay, ich war da und habe etwas für mein Gewissen getan, und dann gehen sie wieder nach Hause. Wir aber bleiben mit dem Antisemitismus, dem Hass allein.»

Wir stellen fest: Viel hat sich für deutsche Juden nach Halle nicht verändert, einmal abgesehen von den Versprechungen der Politik für mehr Sicherheit. Der Alltag ist wieder eingekehrt. Schon ein paar Wochen nach Halle wird in Freiburg ein junger Mann mit Kippa in der Garderobe seines Fitnessstudios attackiert. Der Angreifer reißt ihm von hinten die Kippa vom Kopf und wirft sie in einen Mülleimer. Nur ein älterer Mann kommt ihm später zu Hilfe. Alle anderen schauen weg. Wenn solche Antisemiten freigesprochen werden, machen es ihnen andere nach, warnt Baruch Babaev. Man müsse die Spirale stoppen, jetzt, noch hätten Gerichte die Möglichkeit dazu, damit aus Fäusten keine Messer und aus Messern keine Schusswaffen würden. Ob das gelingt, ist fraglich. 2019 saß im Dortmunder Netzwerk gegen den Antisemitismus immer noch kein Vertreter der Justiz, eine entsprechende Anfrage blieb unbeantwortet. In den Wochen vor dem Beginn des Prozesses gegen den Attentäter Stefan B. im Juli 2020 häuften sich in Halle antisemitische Vorfälle. Am 28. Mai erhielt die dortige Synagogengemeinde einen Drohbrief mit den Worten «Heil Hitler» sowie einem weißen Pulver. Drei Tage später, und dann nochmal am 2. Juni, legte jemand Hakenkreuze aus Stoff vor die Synagogentür. Am 3. Juni beschimpfte am Marktplatz ein Mann eine Person als «Judensau», einem Passanten, der dazwischenging, schlug er ins Gesicht.[26] Im Oktober 2020 folgt der Angriff auf einen jüdischen Studenten in Hamburg. Rabbiner Babaev ist von der Politik längst schon enttäuscht, von den vollmundigen Bekenntnissen zum jüdischen Leben und den Reden, denen keine Taten folgen. Da nimmt er auch die Bundeskanzlerin nicht aus: «Wir möchten Frau Merkel, die von uns so viele Ehrungen bekam, nicht als eine Politikerin verabschieden, in deren Kanzlerschaft hier ein Umschwung begann. Wenn sich das so weiterentwickelt, wenn die AfD immer stärker wird, dann weiß ich nicht, was in 20 Jahren auf uns wartet.»

Baruch Babaev wird dann nicht mehr hier sein. Er geht zurück nach Israel, diesmal für immer. Die Sorge um seine Gemeinde wird ihn begleiten. Viele Dortmunder Juden fragen sich, was mit ihnen geschehen wird. In Israel waren sie noch nie, nicht jeder kann Hebräisch wie er oder hat in Israel eine Familie. Amerika wird sie nicht aufnehmen und zurück nach Russland oder in die Ukraine will keiner. Baruch Babaev geht nicht im Zorn. Deutschland nahm ihn und viele andere jüdische Flüchtlinge auf, er konnte hier studieren, fand gute Freunde. Auch deshalb ist ihm die Zukunft des Landes nicht egal. «Ich habe mir den Tag schon oft vorgestellt, wie meine Familie und ich in das Flugzeug steigen», sagt er. Die El-Al-Maschine hebt ab und im Blick aus dem Fenster werden Städte und Autobahnen, Wälder und Wiesen schrumpfen, bis sie ganz verschwunden sind. Er wird sich an den großartigen Aufbruch in die Freiheit erinnern, damals, als die Berliner Mauer fiel. An die Menschen auf der Straße, die voller Optimismus und Freude waren. «Sie schafften das Unmögliche, rissen den Eisernen Vorhang herunter. Diese Menschen habe ich hier kennengelernt.» Baruch Babaev, der als Kind vor Bürgerkrieg und Hass flüchtete, wünscht Deutschland Menschlichkeit. «Ich gehe mit einem stillen Gebet für Deutschland.» Nicht nur für die Juden, sondern für alle Menschen in diesem Land, dass es einmal wieder so sein wird, wie er es vor 30 Jahren erlebt und lieben gelernt hat.

2. Ein politisches Minenfeld: Antisemitismus unter Muslimen

Demonstrationen gegen Israel und Versatzstücke des
uralten Antijudaismus

Angst vor einer Zunahme des Judenhasses

Als Josef Schuster mit seinem Redebeitrag fertig ist, schweigt die Runde im Kanzleramt betreten. Bundeskanzlerin Angela Merkel macht sich eine Notiz und versichert: «Darum müssen wir uns jetzt kümmern.» So erzählt es ein Teilnehmer des Treffens am 29. September 2015 ein paar Tage später einem Journalisten der *Welt*. Vertreter von Verbänden, Kirchen, Stiftungen, Wirtschaft und Kommunen informierten Angela Merkel über ihre Erfahrungen mit der Integration von Geflüchteten. Josef Schuster, Präsident des Zentralrats der Juden in Deutschland, warnte eindringlich vor einer Zunahme des Antisemitismus: Die Geflüchteten müssten so schnell wie möglich in unsere Wertegemeinschaft integriert werden. Zwei Wochen vor dem Kanzleramtstreffen veröffentlichte die *Süddeutsche Zeitung* einen Gastbeitrag des Historikers Michael Brenner. Israel gelte in den Herkunftsländern der meisten Geflüchteten als «Satan unter den Nationen», deren Eliten verteufelten oft die Juden, schrieb der Professor für jüdische Geschichte in München und Washington. Er verwies auf eine Umfrage der Anti-Defamation League, der zufolge die Mehrheit in Ländern des Nahen Osten glaubt, dass Juden zu viel Macht hätten, für die meisten Kriege in der Welt verantwortlich und am Antisemitismus selbst schuld seien. Der Anlass der Debatte: Bundeskanzlerin Merkel hatte Anfang September die Geflüchteten, die in Ungarn festsaßen, an der deutsch-österreichischen Grenze nicht zurückweisen lassen, da eine humanitäre Katastrophe drohte. Bis zum Jahresende kamen über das Nachbarland 890 000 Asylsuchende. Diese Entscheidung spaltet Deutschland bis heute. Waren laut einer Umfrage im September 2015 noch zwei Drittel der Befragten dafür, dass Deutschland weiter genauso viele Geflüchtete aufnimmt, fürchteten Ende 2016 schon 60 Prozent der Bundesbürger, dass die Ausgaben zu Einsparungen in anderen Bereichen führen würden. Jeder zweite erwartete eine Zunahme der Kriminalität. Am 19. Dezember 2016 raste der islamistische Terrorist Anis Amri mit einem Lastwagen auf dem Berliner Weihnachtsmarkt an der Gedächtniskirche in die Menge und tötete zwölf Menschen. Das war die Stunde der Rechtspopulisten. Die Asylsuchenden lernten den hässlichen Deutschen kennen. Er hielt statt einem Willkommenstransparent eine Brandflasche in der Hand und brüllte «Merkel muss weg!», «Wir sind das Volk!» und «Deutschland den Deutschen!»

Auch unter Juden und Jüdinnen in Deutschland wurde die Aufnahme vieler Geflüchteter kontrovers diskutiert – aber aus einem anderen Grund. Auf unseren Reisen quer durch das Land trafen wir viele, die Geflüchteten halfen und noch heute helfen. Wir sprachen auch mit solchen, die ihnen misstrauisch bis ablehnend gegenüberstehen. Deren Ängste sind verständlich. Selbst wenn unter den mittlerweile 1,8 Millionen Geflüchteten (bis 31. Dezember 2019 hatten davon 1,4 Millionen einen anerkannten Schutzstatus) nur ein Teil antisemitisch eingestellt ist, kann man das weder ignorieren noch mit Hinweis auf den Antisemitismus hierzulande kleinreden. Seit Halle und Hanau steht zu Recht der rechtsextreme Terror im Fokus der öffentlichen Aufmerksamkeit, von Judenhass unter Islamisten ist jedoch kaum mehr zu hören und zu lesen. Überhaupt ist das Thema Migration und Integration in der Corona-Pandemie in den Hintergrund getreten. Doch ist deshalb das Problem nicht verschwunden.

Juden in Deutschland und Europa erinnern sich noch lebhaft an die antisemitischen Ausschreitungen während der Demonstrationen gegen den Gaza-Krieg im Sommer 2014. «Jude, Jude, feiges Schwein, komm' heraus und kämpf' allein!», schrien pro-palästinensische Demonstranten am Kürfürstendamm in Berlin. Der salafistische Imam Abdallah Khalid predigte in der Neuköllner Al-Nur-Moschee: «Oh Gott, übernimm die Angelegenheiten der zionistischen Juden, denn sie werden sich dir nicht entziehen! Verringere ihre Zahl und töte sie, einen nach dem anderen!»[1] In Gelsenkirchen warfen Unbekannte eine Fensterscheibe der Synagoge mit einem Gully-Deckel ein. In Bochum, Dortmund und München waren bei den Demos Rufe wie «Hamas, Hamas, Juden ins Gas» zu hören. In Frankfurt am Main skandierte die Menge die Parole «Kindermörder Israel» sogar über Polizei-Lautsprecher. Monty Ott, den wir im Herbst 2018 in der Liberalen Jüdischen Gemeinde in Hannover treffen, erzählt uns, wie schockiert er war, als er mitten in der Stadt eine Demonstration mit etwa 10 000 Menschen sah. «Die Teilnehmenden waren ziemlich divers. Am stärksten vertreten waren jedoch Demonstranten mit Türkei-Flaggen, es gab aber auch welche von der Partei Die Linke. Viele hielten Schilder hoch, auf denen die Shoah geleugnet oder verharmlost wurde, der Davidstern durchgestrichen war und Netanyahu mit Hitler gleichgesetzt wurde. Das hat mich angewidert», sagt er. Zusammen mit vier anderen entschied sich der damals 23-Jährige zum Gegenprotest. Ein paar Meter abseits hielten sie Israel-Flaggen hoch. Es vergingen keine fünf Minuten, schon stürmten die ersten Demonstranten auf sie los, einem gelang es, sie über die Polizeikette hinweg mit einem Karatesprung anzugreifen.

«Wir erleben gerade eine Explosion an bösem und gewaltbereitem Judenhass, die uns alle schockiert und bestürzt», erklärte der damalige Präsident des Zentralrats der Juden in Deutschland, Dieter Graumann. «Dass auf deutschen Straßen antisemitische Aufrufe der übelsten und primitivsten Art skandiert werden können, hätten wir niemals im Leben mehr für möglich gehalten.» Als Reaktion auf die judenfeindliche Welle ließ der Berliner Senat im Januar 2015 die Recherche- und Informationsstelle Antisemitismus (RIAS) gründen. Aber es ist nicht nur Berlin. Menachem Mendel Gurewitz, Rabbiner in Offenbach am Main, erzählte 2017 dem *Spiegel*, dass kaum eine Woche vergehe, in der er selbst oder seine Söhne nicht beleidigt würden. Mal sei es ein leise gezischtes «Jude», mal ein laut gebrülltes «Scheißjude», manchmal spuckt einer vor ihnen auf der Straße aus.[2] In Offenbach stammen 60 Prozent der Einwohner aus eingewanderten Familien.

Im April 2018 schlug ein 19-jähriger syrischer Asylsuchender im Berliner Stadtteil Prenzlauer Berg auf einen drei Jahre älteren, Kippa tragenden Israeli mit seinem Gürtel ein und schrie dabei «Yahudi» – «Jude» auf Arabisch. Das Opfer filmte den Angriff mit seinem Handy, das Video gelangte in die Medien. Auch in diesem Fall versagte die Justiz. Der Täter wurde im Juni 2018 vom Amtsgericht Tiergarten wegen gefährlicher Körperverletzung in Tateinheit mit Beleidigung zu einem vierwöchigen Dauerarrest verurteilt, ein antisemitisches Motiv, das zur Strafverstärkung geführt hätte, wurde nicht festgestellt.[3] Dieser Vorfall vor allem rückte den Antisemitismus unter Geflüchteten aus arabischen und nordafrikanischen Ländern sowie dem Nahen und Mittleren Osten in den Mittelpunkt der öffentlichen Wahrnehmung. In der aufkommenden Debatte aber ging es weniger um Fragen der Integration in unsere Wertegemeinschaft, wie Josef Schuster das gefordert hatte, sondern um Schuldzuweisungen. Nicht nur die AfD protestierte scheinheilig gegen einen «neuen» Antisemitismus von muslimischer Seite. Auch Politiker anderer Parteien griffen das Wort vom «importierten» Antisemitismus auf und folgten dem üblichen Reflex, den Antisemitismus immer bei den anderen zu sehen. CDU-Präsidiumsmitglied Jens Spahn, der heutige Bundesgesundheitsminister, twitterte im Dezember 2017: «Wehret den Anfängen. Wir schauen importiertem Antisemitismus aus falsch verstandener Toleranz schon viel zu lange achselzuckend zu.» Oder sein Parteifreund Friedrich Merz. Am 27. Januar 2020, dem 75. Jahrestag der Befreiung von Auschwitz, verurteilte der Spitzenpolitiker auf Twitter den Antisemitismus, der nach seiner Auffassung überwiegend von rechts komme wie auch «durch die Einwanderung 2015/16.» Kein Wort von der deutschen Schuld an Auschwitz, keine Scham und keine Erwähnung, dass jeder vierte Deutsche laut Umfragen antisemitische Gedanken hegt.

Nach dem Überfall am Prenzlauer Berg gingen in mehreren Städten Menschen auf die Straße, um ihre Solidarität mit Juden und Jüdinnen zu zeigen. In der Hauptstadt versammelten sich im April 2018 unter dem Motto «Berlin trägt Kippa» ungefähr 2500 Demonstranten. Aufgerufen dazu hatte aber nicht etwa die Zivilgesellschaft, sondern die Jüdische Gemeinde selbst. Der jüdische Rapper Ben Salomo war nur mäßig begeistert, wie er uns bei einem Treffen in Berlin sagte:

Wenn sich 2000 oder 3000 Teilnehmer für diese Kippa-Demo zusammenfinden, klatschen die Juden schon in die Hände und freuen sich: Hey, krass, da gibt es noch Solidarität! Ich für mich dachte nur: okay, aber diese Stadt hat ja fast vier Millionen Einwohner, was sind da schon 3000 Menschen? Das ist zwar nett, aber auch nicht so, dass ich jetzt sagen würde: oh, krass!

Eine private Demonstration am selben Tag in Berlin-Neukölln endete dagegen so: Bereits nach einer Viertelstunde, meldeten mehrere Berliner Zeitungen, wurden die drei Teilnehmer mit Kippa von einem «arabisch aussehenden» Mann bespuckt und als Terroristen beschimpft. Ein anderer entriss ihnen die Israelfahne und rannte mit ihr weg.

Laut einer Studie des Bielefelder Instituts für interdisziplinäre Konflikt- und Gewaltforschung von 2017 äußerten 70 Prozent der in Deutschland lebenden Juden Bedenken, dass der Antisemitismus wegen der Geflüchteten zunehmen werde. Gleichzeitig meinten 84 Prozent, dass er auch ohne sie ein Problem in diesem Land sei.

Wer nach der Adresse des Jüdischen Forums für Demokratie und gegen Antisemitismus im Internet sucht, findet eine, die nach Berlin-Spandau führt. Dort angekommen, stehen wir vor einem ganz gewöhnlichen Wohnhaus. Das kann es nicht sein. Ein kurzes Telefonat klärt das Missverständnis auf. Der gemeinnützige Verein sitzt ganz woanders, muss sich aber wegen seiner Tätigkeit tarnen. Seit 2008 engagiert sich das Jüdische Forum für Demokratie, dokumentiert antisemitische, rassistische und homophobe Vorfälle, berät Opfer, betreibt Bildungs- und Öffentlichkeitsarbeit. Von dem Vorsitzenden Levi Salomon möchten wir wissen, ob er in Geflüchteten eine Gefahr für das jüdische Leben in Deutschland sieht.

Würden Sie sagen, dass durch Geflüchtete das Problem des Antisemitismus verschärft wird?

Ja, natürlich.

Das bestreiten aber viele?

Es gibt eine Gruppe, aus der Wissenschaft zum Beispiel, die für alles empirische Studien haben will. Sie sagen, woher weißt Du, dass Geflüchtete Antisemitismus mit sich bringen, wo sind die Zahlen, die Statistiken? Oder sie verweisen auf Statistiken, wonach nur zwei Prozent der antisemitischen Taten Menschen mit Migrationshintergrund zugeschrieben werden.

Was antworten Sie ihnen?

Ich habe meinen gesunden Menschenverstand. Und der sagt mir, dass Menschen, die in Ländern mit Antisemitismus als Staatsdoktrin sozialisiert wurden, judenfeindliche Einstellungen übernommen haben. Dafür brauche ich keine Statistik. Ich kann das am Beispiel der Sowjetunion sagen, einer Diktatur mit einer antisemitischen Staatsdoktrin, und die Menschen waren indoktriniert.

Wir wollen mehr darüber wissen. Wie sieht zum Beispiel der Alltag von jüdischen Kindern und Jugendlichen an deutschen Schulen aus? Fühlen sie sich durch die Einwanderung weniger sicher? Vor zwei, drei Jahren wurden mehrere Fälle von religiösem Mobbing bekannt, alle ereigneten sich in Berlin. Im April 2017 nahm ein jüdisches Ehepaar seinen 14-jährigen Sohn aus einer staatlichen Schule heraus, weil ihn seine muslimischen Mitschüler monatelang antisemitisch beleidigt und körperlich attackiert hatten.[4] Im März 2018 berichtete die *Berliner Zeitung*[5] von einer Zweitklässlerin, die von einem älteren Schüler muslimischen Glaubens als «Jüdin» beschimpft wurde. Ein anderer Jugendlicher drohte ihr sogar, sie umzubringen, weil sie nicht an Allah glaubte. In WhatsApp-Gruppen der Berliner Grundschule kursierte zudem ein IS-Enthauptungsvideo. Die beiden Vorfälle lösten eine breite mediale Debatte aus. Mit Schlagzeilen wie «Islamistischer Irrsinn macht auch vor Schulen nicht halt» goss *Bild* noch mehr Öl ins Feuer, während die *Süddeutsche Zeitung* in einem Kommentar vor Alarmismus warnte. Natürlich, wer mit dem Finger nur auf muslimische Jugendliche und Geflüchtete zeigt, spielt denjenigen in die Hände, die vom hausgemachten Antisemitismus ablenken wollen. Zur Wahrheit gehört aber auch, dass einige nicht repräsentative Studien unter jungen Geflüchteten aus dem arabisch-muslimischen Raum ein vergleichsweise hohes Maß an antisemitischen und antiisraelischen Einstellungen feststellen. «Wir werden auch von Teilen der muslimischen Community angegriffen, darüber zu schweigen wäre fatal, auch wenn die Rechten den Antisemitismus gegen die Muslime für ihre Zwecke instrumentalisieren», sagt uns der Antisemitismus-Beauftragte der Berliner Jüdischem Gemeinde, Sigmount Königsberg. Nur ein Bruchteil der Fälle gelange an die Öffentlichkeit. «Was Schulen in Berlin betrifft, gehen die meisten Angriffe von Schülerinnen und Schülern aus, die anscheinend einen muslimischen Background haben.» Ist das ein neues Phänomen, das es in der Intensität früher nicht gab? Darauf lässt sich nicht sofort eine Antwort geben. Empirische Studien über Judenhass in Schulen aus der Sicht der Betroffenen gab es lange Zeit nicht, die erste stammt aus dem Jahr 2018. Wir treffen jüdische Erwachsene, um von ihren Erfahrungen in ihrer Schulzeit zu hören.

Ruben Gerczikow wartet schon bei der Station Berlin Friedrichstraße auf uns. Die Züge donnern über die Bahnbrücke. Der 22 Jahre alte Vizepräsident der Jüdischen Studierendenunion Deutschland ist vor eineinhalb Wochen zum Vizepräsidenten auch des europäischen Dachverbandes gewählt worden. Es war gar nicht so einfach, ein Treffen mit ihm zu arrangieren, denn er ist viel unterwegs. Gerade ist er aus Brüssel gekommen und trägt noch, über die Schulter gehängt, eine schwere Reisetasche. Nach wenigen Worten flüchten wir vor dem Lärm der ein- und abfahrenden Züge in ein Restaurant im Brückengewölbe. Ruben Gerczikow studiert in Wien Publizistik und Kommunikationswissenschaften. Seit Herbst 2019 setzt Ruben sein Studium in Berlin fort. In Frankfurt wurde er geboren, dort ist er aufgewachsen, spielte jahrelang beim jüdischen Sportklub Maccabi und war auch als Trainer aktiv. Nach dem Abitur ging er ein Jahr nach Israel, um sein Hebräisch zu verbessern. «Ich halte nicht besonders viel von dem Begriff neuer Antisemitismus. All das, worüber heute geredet wird, ist genau derselbe Antisemitismus, den ich in meiner Schulzeit schon erfahren habe. Und es ist der Antisemitismus, den mein Vater in der Nachkriegszeit erlebt hat. Es sind vielleicht neue Phänomene, aber dahinter wirken immer noch dieselben Stereotypen und Aussagen», sagt er.

Judenhass bekam er zum ersten Mal in der fünften oder sechsten Klasse zu spüren. Ein türkischstämmiger Schüler beleidigte ihn antisemitisch und zerstörte seinen Tischtennisschläger, weil Ruben ihn im Spiel besiegt hatte. An den genauen Wortlaut der Beleidigung kann er sich nicht mehr erinnern, wohl aber an den geschmacklosen Witz eines anderen Schülers. Es ging dabei um Hitler, Juden und seine Familie. In beiden Fällen blieben wirkliche Konsequenzen aus, bis auf eine mündliche Abmahnung sei nichts passiert. Andere Jugendliche in seiner Schule – «meistens Muslime und aus dem ehemaligen Jugoslawien» – riefen ihm im Vorbeigehen regelmäßig «Scheiß Maccabi!» und «Scheiß Jude!» hinterher. Gegnerische Mannschaften empfanden es als Schande, gegen den «Judenklub» Maccabi zu verlieren. Es seien aber nicht nur Muslime gewesen, die auf Angriff gebürstet waren, betont Ruben. «Mein Eindruck war, dass der Judenhass auch auf andere Spieler überging. Er bekam sozusagen einen Mannschaftscharakter.»

Auch Ben Salomo sagt: «Der Antisemitismus kam nicht erst mit der neuen Flüchtlingswelle. Ich habe ihn hier schon Mitte der Achtziger erlebt.» Mit «hier» meint Jonathan Kalmanovitch, wie er bürgerlich heißt, den Berliner Kiez Schöneberg, in dessen Rathaus John F. Kennedy 1963 seine Rede mit dem berühmten Satz «Ich bin ein Berliner!» beendet hatte. Das könnte Jonathans Lebenscredo sein, würde sein Herz nicht genauso stark, wenn nicht sogar einen Tick stärker, für Israel schlagen. Dort kam der bekannte Rapper, Buchautor und Gründer der Berliner Veranstaltungsreihe «Rap am Mittwoch» 1977 als Kind jüdischer Einwanderer aus Osteuropa auf die Welt. «Ich bin ein Berliner Israeli. Oder umgekehrt. Manchmal weiß ich nicht, was vorne und was hinten steht», sagt er und grinst. Seit seinem dritten Lebensjahr lebt Jonathan in Schöneberg. Wir treffen ihn in seinem Stammcafé. Auf der gegenüberliegenden Straßenseite, dort, wo sechzehn- bis zwanzigstöckige Betonklötze aufragen, verbrachte der nachdenkliche Rebell seine Kindheit. Damals lagen auf dem Kinderspielplatz noch Heroinspritzen herum. Das Rotlicht-Viertel liegt immer noch gleich um die Ecke. Ein sozialer Brennpunkt, dominiert von Migranten aus arabischen Ländern, aus der Türkei und Ländern der ehemaligen Sowjetunion. Sein bester Freund hatte eine palästinensische Mutter und einen türkischen Vater. Wo kommst du eigentlich her, wollte der Elfjährige eines Tages von Jonathan wissen. Als er die Antwort hörte, sagte er kein Wort. Am nächsten Tag brachte er zwei ältere Jungs mit. Zum Glück war Jonathan ein typischer Straßenjunge, wie er von sich sagt, und konnte sich verteidigen. Die Freundschaft war aber nicht mehr zu retten. Solche Enttäuschungen habe er in seinem Leben oft erfahren, sagt der 42-Jährige. Mal mit Freunden, die meistens wie er aus Einwandererfamilien stammten, später auch mit Biodeutschen, wie er sie nennt. «Angegriffen wurde ich aber meistens von Türken oder Arabern. Und immer begleitet von dem Schimpfwort Jude.» So war es auch auf der Realschule in Berlin-Moabit, als ihm nach dem Musikunterricht drei türkischstämmige Jugendliche auflauerten. Sie mobbten ihn schon länger. Die Fäuste flogen, Jonathan gelang irgendwie die Flucht. Die Direktorin zeigte sich zwar schockiert von dem antisemitischen Angriff, das Problem als solches wurde aber nicht erkannt, bedauert Jonathan. Man bot ihm an, die Klasse zu wechseln, er willigte ein. «Heute würde ich es nicht mehr machen, es war ein Fehler. Zum Glück habe ich in der neuen Klasse mehr Freunde gefunden.» Aber vorbei war es nicht. Zur Geburtstagsparty einer Schülerin kamen türkischstämmige Jugendliche einer anderen Schule. Es hatte sich wohl herumgesprochen, dass er Jude ist, denn einer ging zu ihm und fragte, ob er «die jüdische Nationalhymne» kenne. Dann holte er sein Feuerzeug aus der Hosentasche heraus und drückte auf den Gashebel.

Stand hinter solchen Beleidigungen und Attacken schon ein verfestigtes antisemitisches Weltbild? Ihr wart noch sehr jung.

Man kann sagen, es waren Jugendliche, man dürfe das nicht so ernst nehmen, sie wussten nicht, was sie tun. Ich finde aber, dass man es sich damit zu leicht macht. Sie hatten das irgendwo her, von ihren Eltern oder aus den Moscheen. Wie auch der türkische Vater meiner Ex-Freundin, der erzählte, dass in der Moschee gefragt wurde, ob Menschen wirklich von Affen abstammen. Der Imam sagte, dass das nur auf die Juden zutrifft. Er erzählte mir das am Esstisch und lachte.

Den Durchbruch schaffte Jonathan Kalmanovitch alias Ben Salomo mit der von ihm begründeten, produzierten und moderierten Veranstaltungsreihe «Rap am Mittwoch». Was am Anfang noch in einem kleinen Kellerraum begann, wurde schon bald die größte Battle-Rap-Bühne Deutschlands. Bei einem Battle treten zwei Rapper gegeneinander an, das Publikum entscheidet, wer gewinnt. Acht Jahre konnte Jonathan damit seinen Lebensunterhalt bestreiten. 2018, kurz nach dem Echo-Skandal um Farid Bang und Kollegah, schmiss er aus Protest gegen die wachsende Judenfeindlichkeit in der Szene hin und zog sich zurück. Bang und Kollegah, beide muslimisch sozialisiert, gewannen damals den höchsten Musikpreis in Deutschland, obwohl sie Geschmacklosigkeiten über Shoah-Opfer rappten und in ihren Texten und Videos unterschwellig antisemitische Klischees und Verschwörungstheorien verbreiteten.

Ich bin absolut davon überzeugt, dass die deutsche Rapszene in wei-

ten Teilen genauso antisemitisch ist wie der Rechtsrock. *Damit meine ich nicht, dass dies Leute sind, die den Hitlergruß machen würden. Aber es gibt gewisse Schnittmengen, sie glauben an dieselben Verschwörungstheorien wie Nazis. Am Anfang war es noch nicht so, erst später, als der Anteil der muslimischen Migranten wuchs. Damit kamen die altbekannten Verschwörungstheorien rein, die meisten unter dem Deckmantel der Israelkritik. Das ist ein beliebter Mechanismus, mit dem man sich, auch wenn man noch ganz unbekannt ist, in der Szene schnell einen Namen machen kann. Der Begriff des Zionismus wurde völlig verfremdet, aus ‹Jewish Empowerment› wurde ‹Jewish Supremacy›, aus dem Kampf für die Gleichheit eine imaginierte Elite.*

Aber solche Narrative gibt es auch in der deutschen Mehrheitsgesellschaft?

Natürlich. Die Deutschrapszene ist ja auch ein Spiegelbild der Gesellschaft. Aber eher der von morgen.

Auf dem Weg zur U-Bahn sehen wir auf den Pflastersteinen mehrere «Free Palestine»-Graffiti und müssen dabei an Jonathans Worte denken. Für ihn bedeutet der Spruch dasselbe wie «Juden ins Meer» oder «Juden ins Gas». Ein nichtjüdischer Deutscher hält das vielleicht für übertrieben, schreitet gedankenlos darüber hinweg. Doch nicht nur bei Ben Salomo löst die Parole ganz andere Assoziationen aus. Schon einmal zeigten palästinensische Terroristen, dass sie bereit sind, ihren Kampf für ein «freies Palästina» auch auf deutschem Boden auszutragen. 1972, bei den Olympischen Spielen in München, überfiel die Terrorgruppe «Schwarzer September» die israelische Olympiamannschaft und brachte elf Sportler in ihre Gewalt. Zwei von ihnen tötete sie sofort, die übrigen neun starben bei einem missglückten Befreiungsversuch. Wenn der Rapper Bushido als Profilbild auf Twitter jahrelang ein «Free Palestine»-Bild postete, eine Nahost-Karte ohne Israel in palästinensischen Farben, drückte er damit keine Kritik an israelischer Politik aus, sondern erklärte sich für ein «judenfreies» Palästina vom Jordan bis zum Mittelmeer.

Die Verbindung von Antisemitismus und «Israelkritik», beobachtet Jonathan oft. Das erfuhr im November 2019 auch ein 19-jähriger jüdischer Student in Freiburg, als er in einem Fitnessstudio von einem arabischstämmigen Mann angegriffen wurde. «Free Palestine» und «dreckiger Jude» rief der Angreifer, packte ihn am Hinterkopf, riss ihm die Kippa herunter, bespuckte sie und warf sie in einen Mülleimer. In eine noch bedrohlichere Lage geriet der heute 28 Jahre alte Hannoveraner Monty Ott, als ihn 2016 am Berliner Hauptbahnhof eine Gruppe von jungen Männern, eingehüllt in Palästina-Flaggen, umzingelte. Er war gerade auf dem Heimweg und trug wie gewöhnlich eine Kippa. Das Gespräch wurde immer aggressiver, einige griffen schon nach ihm. In Panik blickte Monty um sich herum, doch niemand blieb stehen, die Menschen gingen einfach weiter. «Ich wurde immer lauter, und dann lief ich weg.» Lange konnte er über das traumatische Erlebnis nicht offen reden, erzählt er uns in seinem Büro im Gemeindezentrum der Jüdischen Liberalen Gemeinde in Hannover. «Auf einmal geriet ich in die Position der Schwäche. Das kannte ich vorher nicht.» Das Schlimmste sei für ihn jedoch gewesen, dass ihm niemand geholfen habe.

Es sind aber auch andere Dinge passiert. Eines Abends, um 22 Uhr, fuhr ich mit der Bahn nach Hause, als plötzlich drei großgewachsene Männer in Trainingsanzügen um mich herumstanden, die Hände in die Luft warfen und «Free Palestine» schrien. Das habe ich als direkte Drohung empfunden.

Diana Broner begrüßt uns mit einem herzlichen Lächeln, dann umarmt die temperamentvolle Brünette Maxim Kolbasner. Die beiden sind Mitglieder im Vorstand der Dortmunder Jüdischen Gemeinde und seit ihrer Kindheit befreundet. «Es freut mich, dass Ihr euch für das Thema interessiert», sagt die 28-Jährige, während sie ihren Anorak auszieht. Es ist November 2018, die Straßen liegen im fahlen Licht der Laternen, Nacht breitet sich über Dortmund aus. Wir sitzen in einem Studentencafé im Stadtviertel Kaiserwinkel, nicht weit vom Jüdischen Gemeindezentrum entfernt. Diana wurde in Moskau geboren, vor 25 Jahren wanderte ihre Familie als «Kontingentflüchtlinge» nach Deutschland aus. Ihre Eltern bekannten sich schon in sowjetischer Zeit offen zu ihrem Judentum. Im Gegensatz zu den meisten anderen behielten sie ihre jüdisch klingenden

Namen. «Das ist die Bürde, die man mir mitgegeben hat», sagt Diana lachend. Wie ihre Eltern hat sie eine «ganz starke Bindung zu der Gemeinde». «Eine Freundin warf mir einmal vor, dass ich das jedem auf die Nase binde, dass ich Jüdin bin, und wohl deshalb so oft auf die eigene falle.» Sie schmunzelt. Ihre Augen funkeln. Vor zwei Monaten trat Diana eine neue Arbeitsstelle an, unterrichtet Kinder an einer Brennpunkt-Schule in der Nordstadt. Auch an ihrer neuen Schule wissen alle Kollegen und Kolleginnen Bescheid, bislang sei zum Glück nichts passiert, erzählt sie. Mehr als 90 Prozent der Kinder haben einen Migrationshintergrund, die allermeisten sind arabischstämmig. Laut Statistik lebt ein Drittel aller Muslime und Musliminnen in Deutschland in Nordrhein-Westfalen. Diana war wie Maxim früher Jugendleiterin in der Gemeinde. Die Vorfälle an den Schulen haben sie nicht überrascht, sagen beide. «Es wird aber schlimmer», meint Maxim. «Während meiner Schulzeit hatte ich nur einen Vorfall. Jetzt gleich mehrere. Auch Kinder in der Gemeinde erzählten uns viel.» Diana nickt zustimmend:

Wir sind drei Geschwister, gingen alle auf dieselbe Grundschule und auf dasselbe Gymnasium. Ich habe damit eigentlich ganz gut gelebt, dass jeder gewusst hat, dass ich Jüdin bin. Es gab ein paar Zwischenfälle, vereinzelte Idioten, viele andere haben geschwiegen. Mein Bruder hatte es schon viel schwieriger. Da gab es Schlägereien, weil er Jude war. Meine Schwester machte erst letztes Jahr ihr Abitur, sie ist zehn Jahre jünger als ich. Bei ihr war es ganz schlimm. Sie bekam sogar Morddrohungen, online, 2014 und 2016, als es diese Eskalation in Israel gab. Das hat sie immer abbekommen.
Kam das nur von muslimischen Schülern?
Ja.
Wie erklärst du dir, dass es bei dir anders war?
Ich hatte damals nicht so viele muslimische Mitschüler. Der Antisemitismus, den ich erlebte, kam durchweg von Osteuropäern, meistens von Spätaussiedlern und Polen. Vereinzelt auch von Deutschen. Einmal, das war noch in der Grundschule, wollte mich eine polnische Mitschülerin zu ihrem Geburtstag einladen. Ihre Eltern haben es aber verboten, weil ich Jüdin bin.

Der Antisemitismus unter Russlanddeutschen und Einwanderern aus Osteuropa wird in Deutschland kaum thematisiert. Auf unseren Recherchereisen in Polen, Ungarn, Litauen, Ukraine, Weißrussland oder der Slowakei berichteten uns nahezu alle jüdischen Gesprächspartner von Ressentiments, manche auch von offenem Hass, der ihnen in ihren Ländern entgegenschlägt. Man dürfe das Problem mit muslimisch geprägtem Antisemitismus keineswegs relativieren, betonen Diana und Maxim. Andererseits dürfe man Menschen nicht über einen Kamm scheren. Diana erzählt dazu von einer beglückenden Erfahrung. Bei einem Wochenendseminar für Studenten mit Migrationshintergrund traf sie auf viele junge Menschen aus Marokko, Tunesien, dem Iran und Syrien. Ihr Bruder war zu dieser Zeit gerade Soldat in Israel. Sie sei mit «großer Angst und geballten Fäusten» hingefahren, erzählt sie, wenn die anderen wüssten… Aber die Teilnehmer waren offen, keiner stellte Israels Existenzrecht in Frage. «Die Diskussion war durchaus kritisch, aber konstruktiv. Ich bin wie beflügelt nach Hause gefahren.» Wir fragen Diana, ob sie später einmal ihre Kinder auf eine jüdische Schule schicken wird, um ihnen Anfeindungen, die ihre Geschwister erlebten, zu ersparen?

Ich werde sie definitiv auf eine normale, also eine Regelschule schicken. Vorher würde ich mir aber das Einzugsgebiet anschauen. Die Nordstadt, wo ich jetzt bin, ist schon schwieriger, es sind alles arabische Kinder, die gerade nach Deutschland gekommen sind und noch anders sozialisiert wurden. Woanders kann man zwar auch Antisemitismus erleben, keine Frage. Aber in diesem Fall wäre die Gefahr sicher größer.

Antisemitismus an deutschen Schulen gab es schon lange vor den Geflüchteten, wie wir aus den Gesprächen mit Ruben, Monty, Jonathan, Diana, Maxim und anderen erfahren haben. Doch das Unsicherheitsgefühl bei Juden und Jüdinnen wächst. Das jüdische Moses Mendelssohn Gymnasium in Berlin bekommt laufend Anfragen von Eltern, wie Schulleiter Aaron Eckstaedt im November 2019 der *Zeit* sagte.[6] Er führe regelmäßig Aufnahmegespräche mit Kindern und Jugendlichen, die an anderen Schulen aufgrund ihrer Religion gemobbt würden. «Die meisten Eltern und Schüler kommen… wegen des drei Meter hohen Zauns, der um die Schule verläuft.» Hannah Dannel schickte ihren erstgeborenen Sohn gleich auf das jüdische Gymnasium, sein jüngerer Bruder soll ihm nachfolgen. Es ging ihr dabei nicht nur um Sicherheit. Die freundliche Berlinerin im luftigen Sommerkleid und mit Sommersprossen im Gesicht, die wir in ihrer Mittagspause nahe der Oranienburger Synagoge treffen, wünscht sich, dass ihre Söhne durch eine jüdische Erziehung ein positives Selbstverständnis entwickeln. Das war bei ihr noch anders. Hannahs Mutter – typisch zweite Generation der deutschen Juden, wie sie sagt – war immer vorsichtig gewesen. Sie solle «keine Risches machen», schärfte sie ihrer Tochter ein, bei den Deutschen bloß keinen Anstoß erregen. Ist die Judenfeindlichkeit heute größer geworden? «Sie ist auf jeden Fall sichtbarer geworden. Ob auch gestiegen, ist schwer zu sagen, ich weiß aber, was in Frankreich passiert. Die Entwicklung weckt schon unangenehme Gefühle», sagt sie. Früher ging sie öfters in eine Imbissbude in Neukölln. Ein benachbarter Pizzabäcker, ein Palästinenser aus Ostjerusalem, sagte einmal, er müsste sie, wenn er sie «in Palästina» treffen würde, «wie jeden jüdischen Hund» umbringen. Dann kam er mit der uralten Ritualmordlegende, wonach Juden das Blut christlicher Kinder in ihre Mazzen einbacken würden. Hannah solle doch ihre Mutter fragen. *Ich kannte schon Sätze wie, oh, du hast so krause Haare, interessant! Oder, du sprichst so gut Deutsch. Über solche Vorurteile konnte man reden. Diese Situation war anders. Man hat das Gefühl, dass man sich zwar sprachlich versteht, aber trotzdem nicht weiterkommt.* Sie ging nie wieder hin.

«Prinzipiell ist es den Leuten schwer zu vermitteln»

Ein kalter Wind beißt in die Ohren, als wir am Kölner Dom vorbeieilen. Der Bahnhofsvorplatz, auch die große Treppe zu der gotischen Kathedrale sind verwaist, nichts deutet auf gewalttätige Ausschreitungen hin – wenn man von den längst vergangenen im Zeitalter der Kreuzzüge und der Pest einmal absieht, an die das protzige Bauwerk der antijudaistischen katholischen Kirche des Mittelalters erinnert. Wenn man absieht von den zigtausenden erschlagenen Muslimen, Juden und – ja – auch Christen im Heiligen Land. Wenn man absieht von der sogenannten Judensau im Chorgestühl des Doms, daneben die Darstellung eines antijüdischen Motivs der Ritualmord-Legende und den zwei in Steinen der Außenfassade gemeißelten Hakenkreuzen. Viel zu lange hat man davon abgesehen. Die Erinnerung an die Verbrechen sind verblasst. Die Hakenkreuze sehen wir nicht, haben davon nur gelesen, wir hasten weiter, nur weg von dem kolossalen Bau mit 157 Meter hohen Türmen, der einen großen Schatten auf die Stadt wirft. In diesem Schatten haben die Juden Kölns gelebt und gelitten, später, denn sie waren früher da als die Kirche. Die jüdische Gemeinde in Köln ist nachweislich die älteste auf deutschem Boden, auch die älteste jüdische Gemeinschaft in Europa nördlich der Alpen. Sie wurde erstmals im Jahre 321 nach Beginn der Zeitrechnung im Dekret Kaiser Konstantins erwähnt.

Die Synagogen-Gemeinde Köln zählt heute etwa 5000 Mitglieder und ist damit eine der größten in Deutschland. Als die Stadt direkt gegenüber dem Gemeindezentrum in der Ottostraße einen Container als Erstaufnahmeeinrichtung für unbegleitete minderjährige Flüchtlinge aus Afghanistan aufstellen ließ, kündigten mehrere Mitglieder an, künftig ohne Kinder in die Synagoge zu gehen und sie auch nicht mehr ins Jugendzentrum lassen zu wollen. Zu groß war die Angst, dass sie unterwegs einer gewaltbereiten Jugendclique begegnen könnten. Es mehrten sich die Stimmen, die Merkels Entscheidung vom Spätsommer 2015, die in Ungarn festsitzenden Flüchtlinge aufzunehmen, in Frage stellten. Abraham Lehrer, Vorstandsmitglied der Gemeinde und Vizepräsident des Zentralrates der Juden in Deutschland, gibt das offen zu: «Natürlich gab es solche Stimmen», erzählt uns der 66-Jährige, den seine Freunde Ebi nennen, im Gemeindehaus, einem im neoromanischen Stil erbauten Gebäude mit großer Synagoge und Mikwe. «Wir Funktionäre haben aber erwidert, dass wir Juden ja aus eigener Erfahrung wissen, wie es sich anfühlt, vor verschlossenen Grenzen zu stehen.» Ob es in so kurzer Zeit gleich fast eine Million sein musste, sei eine andere

Geschichte, das müsse die Bundesregierung selbst wissen, was sie sich leisten könne und was nicht. «Prinzipiell ist es den Leuten aber schwer zu vermitteln.» Auch wegen Vorfällen wie diesem in Köln-Chorweiler: Ungefähr 800 Jüdinnen und Juden wohnen in dem Stadtteil, die Gemeinde unterhält dort seit 2009 ein Begegnungszentrum. Vor jedem Gottesdienst bringen zwei Männer eine Thora-Rolle, eingehüllt in einen Thora-Mantel. Die letzten 150 Meter vom Parkplatz bis zum Begegnungszentrum gehen sie zu Fuß. Eines Tages fielen sie einer Gruppe arabischstämmiger Jugendlicher auf, die in der Nähe ihren Treffpunkt hatte. Sie erkannten die beiden Männer als Juden und pöbelten sie an. Das wiederholte sich. Abraham Lehrer mag jedoch keine Pauschalurteile. Wenn er in Schulen spricht, zerlegt er Schmähbegriffe wie «Kopftuchmädchen» und «Messermann», mit denen die AfD-Fraktionschefin Alice Weidel 2018 im Bundestag hetzte. «Das sind doch ziemlich herablassende Äußerungen, meint ihr nicht? Sind etwa alle unsere Zuwanderer und Flüchtlinge mit einem Messer bewaffnet und stechen gleich auf mich oder auf euch ein?», fragt er die Schüler. Dass es auch «Bekloppte und Terroristen» unter der Million gebe, sei keine Frage. Aber es seien ja nicht alle Verbrecher. Wir fragen Abraham Lehrer, was ihm durch den Kopf ging, als er 2015 die Bilder vom Münchner Hauptbahnhof sah, von den Münchnern, die die Geflüchteten willkommen hießen.

Ich war stolz, ein Deutscher zu sein. So viele Menschen hatten sich um die Zuwanderer und Flüchtlinge gekümmert. Das fand ich toll. Das große Problem steht uns gegebenenfalls noch bevor. Wenn die Leute raus sind aus den Auffangzentren und beginnen, ihr normales Leben zu führen, kann es problematisch werden. Denn dann kann das herauskommen, was sie in ihrer alten Heimat von klein auf gelernt haben. Wenn wir jetzt nicht in die Integrations- und Deutschkurse investieren, laufen wir Gefahr, dass wir, wie es so schön heißt, französische Verhältnisse bekommen.

Drohen «französische Verhältnisse»?

Den Satz hörten wir sehr oft: Wenn die Integration scheitert, drohen französische Verhältnisse. Die gewalttätigen Unruhen in den Pariser Vorstädten 2005, die der Weltöffentlichkeit das soziale Elend der Einwanderer offenbarten, sowie die blutigen islamistischen Anschläge in Paris und anderen Städten stehen für das Scheitern der Integration. Das bekommen zunehmend auch französische Juden zu spüren. In Frankreich leben 550 000 Juden und Jüdinnen, die größte Gemeinschaft Europas, und mit fast sechs Millionen Menschen auch die größte muslimische. Die Zahl islamistisch motivierter, judenfeindlicher Übergriffe und Gewalttaten steigt seit 2000 kontinuierlich an. Nur ein paar Beispiele: der Mord an drei Kindern und einem Lehrer in der jüdischen Schule in Toulouse im März 2012, der Angriff auf den koscheren Supermarkt Hyper Cacher im Januar 2015, bei dem der Täter vier Geiseln ermordete. Im März 2018 dann der brutale Mord an der 85-jährigen Shoah-Überlebenden Mireille Knoll in ihrer Sozialwohnung im Pariser Osten. Elfmal stachen zwei junge muslimische Täter auf das Opfer ein, einer von ihnen war der Sohn ihrer langjährigen Nachbarin. Die Tatumstände erinnern an einen ähnlichen Mordfall aus dem Jahr zuvor. Auch die 66-jährige Ärztin Sarah Halimi wurde von einem muslimischen Nachbarn misshandelt und anschließend unter «Allahu-Akbar»-Rufen aus dem Fenster geworfen. In beiden Fällen gaben die Täter antisemitische Motive an, beide widersprechen der weitverbreiteten Ansicht, dass persönliche Begegnungen helfen würden, den Antisemitismus zu bekämpfen. Schätzungen zufolge verließen in den vergangenen zehn Jahren etwa 55 000 französische Juden das Land. Sie wanderten nach Israel, Kanada oder in die USA aus.

Ein Freitagabend, Ende August 2019. Wir sind eingeladen zum Shabbat-Gebet in die Chabad-Lubawitsch-Synagoge in Berlin-Mitte. Nach dem Gottesdienst sitzen wir beim Shabbat-Dinner neben einem Ehepaar aus Paris. Beide sind um die sechzig, stammen ursprünglich aus Tunis und sind zum ersten Mal in Deutschland.

Sie geben ihrer Verwunderung Ausdruck, wie Juden nach der Shoah überhaupt in Deutschland leben könnten. «In Frankreich wird es in fünf Jahren keine Juden mehr geben. Das Land ist auf dem Weg, eine muslimische Republik zu werden», sagt der Mann, der ein schwarzes T-Shirt mit der Aufschrift «Australia» trägt. Als wir einwenden, dass er doch etwas übertreibe, schauen er und seine Frau uns nur traurig an, als würden sie denken, diese Gojim, wie Nichtjuden auf Jiddisch genannt werden, sie verstehen es einfach nicht. «Die Mehrheit der Franzosen ist gleichgültig, sie sehen und hören nicht und spielen den Antisemitismus herunter», setzt der Mann zu einem wütenden Monolog an. «Hollande, Sarkozy, Macron, keiner hat etwas dagegen getan. Die Polizei hat Angst vor den gewalttätigen Islamisten.» Er streckt seine Hände von sich und imitiert ein heftiges Zittern. So stünden die Polizisten vor den Verbrechern. Seine Frau, in ihrem roten Kleid glitzern goldene Fäden, nickt mit dem Kopf und ergänzt: «Auch die Gelbwesten sind gegen uns.»

Integration heißt das Zauberwort. Die Frage nach ihrem Scheitern spaltet Frankreich. Für den rechtsextremen Front National, der heute als Rassemblement National firmiert, und seine Anhänger resultieren Konflikte und Gewalt aus der «Überfremdung durch Masseneinwanderung». Sozialisten und Liberale sehen als Ursache den strukturellen Rassismus in der französischen Gesellschaft. Die Mehrheit der Franzosen macht die Politik verantwortlich, die für die Migranten kaum Zukunftsperspektiven geschaffen hat. Kann also Deutschland aus französischen Erfahrungen lernen? Im November 2017 wurde in Berlin unter dem gemeinsamen Vorsitz der Innenminister beider Länder der Deutsch-Französische Integrationsrat gegründet. Er soll einen Erfahrungsaustausch über die Integration von Migranten ermöglichen. Die letzte Pressemeldung (Stand Herbst 2020) stammt vom November 2018. Sie enthält allgemeine Willensbekundungen, von einem Masterplan für die Integration von Geflüchteten, die trotz Corona-Krise an ihrer Wichtigkeit nichts verloren hat, kein Wort. Wie gut jemand integriert ist, wird meistens an Faktoren wie Sprache, Bildung und Arbeit gemessen. Für eine gelungene Integration sind aber noch ganz andere Dinge entscheidend.

In Deutschland leben schätzungsweise 4,5 Millionen Musliminnen und Muslime, die Hälfte besitzt die deutsche Staatsbürgerschaft. Mehr als ein Drittel der Menschen kommen aus der Türkei oder haben türkische Vorfahren. Eine Studie der Universität Münster unter türkischstämmigen Deutschen ergab 2016, dass für 47 Prozent der Befragten die religiösen Gebote wichtiger sind als die Gesetze des Staates, in dem sie leben. Jeder dritte stimmte der Aussage zu, dass Muslime die Rückkehr zu einer Gesellschaftsordnung wie zu Zeiten des Propheten Mohammed anstreben sollten.[7] Da sind Probleme programmiert. Auch judenfeindliche Haltungen müssen in den Integrationskursen angesprochen und kritisch hinterfragt werden, unabhängig davon, ob sie nun als religiös, politisch oder als Reaktion auf Diskriminierung und fehlende Chancengleichheit begründet werden. «Viele Einwanderer kommen aus Ländern, in denen Antisemitismus, kaschiert als angebliche Israelkritik, eine Art Staatsräson ist», sagt die Islamwissenschaftlerin und Gründungsvorsitzende des Liberal-Islamischen Bunds, Lamya Kaddor,[8] und wiederholt damit die warnenden Worte Josef Schusters. Das deckt sich mit unseren Beobachtungen. Während der Recherchen für dieses Buch sprachen wir mit mehreren arabischstämmigen Geflüchteten, die mit einer erschreckenden Selbstverständlichkeit Israelis mit Nazis gleichsetzten und Israel das Existenzrecht absprachen. Nur bleiben solche Aussagen oft unwidersprochen, da sie in einem Teil der Mehrheitsgesellschaft durchaus auf stillschweigende Zustimmung treffen. Auch die Kenntnis der deutschen Geschichte, insbesondere der Shoah, ist wichtig. Es kann nicht sein, dass ein Integrationskurs-Leiter bei einem Besuch der KZ-Gedenkstätte Dachau die Themen Judenverfolgung und Shoah komplett ausklammert, wie wir von einem 17-jährigen Teilnehmer aus Rumänien erfuhren. Eine junge Irakerin, die schon seit sechs Jahren in Dachau lebt, erzählte uns, dass sie bis vor kurzem nicht gewusst hatte, dass in Dachau ein Konzentrationslager war. Als sie dann darüber mit ihren arabischen Freunden sprach, sagten die, sie solle nicht alles glauben, was die Deutschen erzählten. In Dachau seien Araber und nicht Juden ermordet worden. «Meine Schwester hat in Berlin syrische Flüchtlinge auf das Medizinstudium vorbereitet. Sie waren sehr neugierig. In den Integrationskursen hatten sie nie etwas vom Holocaust gehört», bestätigt unsere Erfahrungen Hannah Dannel.

Wir schreiben über Integration – und das bereitet uns zunehmend Bauchschmerzen. Wegen des strukturellen Rassismus in dieser Gesellschaft, aber auch der paternalistisch herablassenden Art, mit der nicht wenige Wohlmeinende den Migranten begegnen, oder der intellektuellen Klimmzüge mancher durchaus liberaler und aufgeklärter Zeitgenossen, die so etwas wie eine deutsche Identität abgrenzen und behaupten wollen. Deutschland ist ein Einwanderungsland – und zur sogenannten Integration gehören zwei Seiten. Nicht nur die Migranten, sondern auch die Mehrheitsgesellschaft muss sich auf Veränderung einlassen. Viele junge Muslime und Musliminnen, mit denen wir sprachen, klagten über rassistische Anfeindungen in ihrem Alltag. So auch die 17-jährige Delal *(alle Namen der Jugendlichen geändert)*, die wir im Euro-Trainings-Centre in München kennenlernten. Der gemeinnützige ETC-Verein bietet Jugendlichen und jungen Erwachsenen, die keinen Ausbildungsplatz finden, einjährige Qualifizierungskurse an, um ihre Chancen auf dem Arbeitsmarkt zu erhöhen. Delal hat kurdisch-türkische Wurzeln und will Fachinformatikerin werden. «Ich wurde auf der Straße schon oft als ‹Kanake› oder als ‹Scheiß Türkin› beleidigt. Von älteren Deutschen. Auch Sprüche wie, ihr nehmt uns nur die Arbeit weg, musste ich mir anhören.» Rassismus kennt auch Afiwa, die ein Kopftuch trägt und deren Eltern aus Togo stammen: «Wie ihr seht, bin ich nicht nur Muslima, sondern auch dunkelhäutig», sagt sie und lächelt traurig. «Auf der Straße fordern mich Unbekannte oft auf, in mein Land zurückzukehren. Neulich zeigte auf mich in der U-Bahn eine ältere Frau und sagte zu ihrer Sitznachbarin, iiih, schon wieder eine Schwarze!» Wie oft werden in diesem Land Menschen wegen ihrer Hautfarbe aufgefordert, ihre Ausweise vorzuzeigen, während Weiße in Ruhe gelassen werden. Trotz harter Kritik von Menschenrechtsorganisationen ist das Racial Profiling nach wie vor eine gängige Polizeipraxis, ein Ausdruck des strukturellen Rassismus und ein schwerer Verstoß gegen die Menschenrechte. Wer aber dem muslimischen Antisemitismus entgegentreten will, der muss auch den antimuslimischen Rassismus im Blick haben – die Politik instrumentalisiert aber jenen und übersieht diesen.

Die radikalislamistischen Anschläge auf das World Trade Center am 11. September 2001 in New York haben in Europa starke antimuslimische Ressentiments befördert und die Sicht auf Muslime geprägt. Auch in Deutschland sind im öffentlichen Diskurs etwa vier Millionen Türken, Marokkaner oder Pakistaner plötzlich zu einer einheitlichen Masse von «Muslimen» verschmolzen. Der Islam gehöre nicht zu Deutschland, hieß es fortan. «Sobald jemand muslimischen Glaubens ist, haben sämtliche andere Facetten seiner Persönlichkeit scheinbar keine Bedeutung mehr», kritisiert die Islamwissenschaftlerin Lamya Kaddor in ihrem Buch «Zum Töten bereit». Dass rassistische Einstellungen in Deutschland weit verbreitet sind, belegen auch Studien. Laut einer Umfrage der Bertelsmann-Stiftung aus dem Jahr 2019 würden mehr als 40 Prozent der Deutschen ein muslimisches Familienmitglied nicht akzeptieren. Ein jüdisches Familienmitglied kann sich etwa jeder fünfte Deutsche nicht vorstellen, stellte das Washingtoner Pew-Forschungsinstitut in seiner Studie «Christ sein in Westeuropa» fest. Zum Vergleich: In Ländern wie Norwegen oder Niederlande lag die Ablehnungsquote bei drei Prozent. Obwohl 20 Prozent der Bundesbürger einen Migrationshintergrund haben, stammen bei Bundesbehörden nur 15 Prozent aller Beschäftigten aus Einwandererfamilien. Von den 709 Abgeordneten, die 2017 in den Bundestag gewählt wurden, haben gerade mal 58 familiäre Wurzeln im Ausland, einen arabischen Migrationshintergrund zwei davon. Migranten und deren Nachkommen haben öfters befristete Verträge als Herkunftsdeutsche, und auch bei den neu angestellten Polizisten liegt ihr Anteil deutlich unter dem Gesamtanteil an der Bevölkerung. In den meisten deutschen Filmen und Fernsehserien sind Einwanderer und deren Nachkommen entweder unterrepräsentiert oder klischeehaft als Gemüsehändler oder Drogendealer dargestellt, wie die 3SAT-Dokumentation *Kino Kanak. Warum der deutsche Film Migranten braucht»* im Februar 2020 erhellte. Auch das jüdische Leben in Deutschland wird nur ganz selten in seiner Vielfalt abgebildet, das betrifft nicht nur den Film, sondern auch Literatur und Presse. So begleiten stereotypische Bilder von Kippa tragenden Männern fast jeden Zeitungsbericht über Juden und den Judenhass. Dabei sind die meisten deutschen Juden säkular, und die, die erklärt religiös sind, verstecken heute aus Furcht vor Anfeindungen ihre Kippot unter Baseballmützen oder Hüten.

Bis 1999 (!) galt in Deutschland noch das Abstammungsgesetz von 1914, das die Staatsbürgerschaft über die Blutlinie, also völkisch, definiert: Ein Deutscher war, wer deutsche Eltern hatte. Erst seit 20 Jahren erhalten Kinder ausländischer Eltern die deutsche Staatsangehörigkeit mit der Geburt. Historisch gesehen ist das keine lange Zeit, im alltäglichen Bewusstsein scheint diese Veränderung noch nicht verankert zu sein: Für 37 Prozent der Deutschen ist das entscheidende Kriterium der Zugehörigkeit zu diesem Land immer noch die deutsche Abstammung, wie eine Studie des Berliner Instituts für empirische Integrations- und Migrationsforschung von 2014 zeigt. Wundert es dann, wenn etwa Nachkommen türkischer Einwanderer Schwierigkeiten haben, positive Heimatgefühle zu entwickeln? Sie gelten ja von Geburt an als Ausländer. Die Bezeichnung «Deutschtürken», analog zu etwa Irish Americans oder Polish Americans in den USA, löst hierzulande nach wie vor Irritationen aus: Was jetzt, Deutscher oder Türke? Nuray Çeşme, die 1976 mit ihrer Mutter nach Deutschland kam, thematisiert in ihrer Biografie «Der Wille versetzt Berge: Aus dem Leben einer türkischen Gastarbeiterfamilie» die Integration ihrer Landsleute. Sie schätzt, dass von der zweiten Generation der türkischen Einwanderer gerade einmal 40 Prozent integriert sind. Das sei auch die Folge struktureller Faktoren, die die Entstehung von Parallelgesellschaften begünstigten. Das Gefühl, nicht wirklich dazuzugehören, kennen nicht nur Deutschtürken. Auch Schwarze, die hier geboren sind. Auch Nachkommen von russischsprachigen jüdischen «Kontingentflüchtlingen», die sich beglückwünschen lassen müssen, wie gut sie Deutsch sprechen.

Jüdische Einwanderer:
«Wir hatten keine Willkommenskultur»

Lange, dunkle Haare umrahmen das hübsche Gesicht von Anna Kosar, einer höflichen, intelligenten jungen Frau, die wir über die Facebookseite der «Jüdischen Hochschulgruppe in Köln» kennengelernt haben. Als wir vor gut einer Woche eine Anfrage schickten, ob wir uns mit ein paar Studenten über das Thema Antisemitismus unterhalten könnten, war die 21-Jährige die einzige, die sofort antwortete. Zuerst anonym, dann verriet sie uns ihren Vornamen. «Andere Gruppenmitglieder stecken noch im Prüfungsstress», sagt sie und lächelt schüchtern. Wir sitzen im Februar 2019 in einem überfüllten Kölner Lokal, in wenigen Tagen beginnt der Karneval, überall in der Stadt wird schon ausgelassen gefeiert. Die Jura-Studentin zieht aus ihrer Handtasche einen dicht beschriebenen Notizblock heraus und legt ihn auf den Tisch. «Es ist mein erstes Interview. Ich habe mir vorab ein paar Notizen gemacht», erklärt sie, als sie unseren überraschten Blick bemerkt. Schon bald redet sie aber so leidenschaftlich, dass sie ihre Notizen völlig vergisst.

Deutschland hat uns jüdische Kontingentflüchtlinge quasi eingeladen. Damit versprach man uns auch Sicherheit. Ich will, dass die Politik handelt. Sie muss auch die Sicherheit der Menschen garantieren, die schon da sind, nicht nur derer, die jetzt ins Land kommen!

Was konkret wünschst Du dir von der Politik?

Ich möchte zum Beispiel, dass man über die Einwanderungspolitik auch kontrovers diskutiert, im Hinblick auf die Situation der Juden, die man schon früher als Flüchtlinge ins Land gelassen hat.

Anna Kosar war sechs, als sie 2003 zusammen mit ihren Eltern nach Deutschland kam. Davor lebten sie in einer ukrainischen Kleinstadt nahe Dnipro, ihr Vater war dort Vorsteher der Jüdischen Gemeinde. Seit Anfang der neunziger Jahre nahm die Bundesrepublik etwa 150 000 bis 200 000 jüdische Migranten sowie deren Partner und Kinder aus der ehemaligen Sowjetunion als sogenannte Kontingentflüchtlinge auf. Die meisten stammten aus Russland und der Ukraine. Während ihrer Schulzeit, erzählt Anna, sprach sie offen über ihr Jüdischsein und das Judentum. Die meisten Deutschen wussten überhaupt nichts oder nur sehr wenig, stellte sie überrascht fest. Inzwischen ist sie nicht mehr so vertrauensselig. «Ich weiß nicht, wie Leute um mich herum dazu stehen würden, wenn ich sage, dass ich Mitglied in der Jüdischen Hochschulgruppe bin.» Solche Gedanken seien für sie neu, sagt sie, sie fühle sich einfach nicht mehr sicher. Neben der rechtsextremen Gefahr habe das auch mit der großen Zahl muslimischer Einwanderer zu tun. Ihre Ansichten könnten die Gesellschaft verändern.

Die Leute kommen größtenteils aus Ländern, in denen man gar nichts oder nur sehr wenig über den Holocaust weiß. Dort ist es auch normal, Juden anzufeinden. Wenn sie das hier offen formulieren, wird das vielleicht auch andere motivieren, dabei mitzumachen. Leute, die früher leise waren oder keine Ahnung hatten.

Mit dieser Meinung steht Anna nicht allein. Ein Blick in den 2017 verfassten Studienbericht der Universität Bielefeld für den Expertenrat Antisemitismus: Demnach fühlen sich 58 Prozent der befragten Juden durch die Zuwanderung zunehmend verunsichert, mehr als jeder Zweite befürchtet körperliche Angriffe auf Juden und jüdische Einrichtungen durch Flüchtlinge.[9] Ältere sowie Befragte, die aus der ehemaligen Sowjetunion stammen, neigen zu einer noch pessimistischeren Einstellung. Das bestätigt Juri Rosov, Vorsitzender der Jüdischen Gemeinde in Rostock. «Ich merke in Gesprächen, dass sie mehr Angst vor Muslimen als vor Rechtsradikalen haben», sagt er uns, als wir ihn im Sommer 2019 besuchen, nur einige Wochen vor dem gescheiterten Anschlag auf die Synagoge in Halle. Die Rostocker Gemeinde ist eine typische Einwanderungsgemeinde, ihre Mitglieder werden auf der Straße für Russen gehalten. Anders als im Westen lebten in der Stadt vor 2015 nur sehr wenige Muslime. Heute sind es etwa 2000. «Ich versuche, die Gemeindemitglieder zu beruhigen, aber gerade die Älteren sitzen meistens nur zu Hause und hören im russischen Staatsfernsehen, dass Europa am Ende sei, jetzt komme die Islamisierung.» Juri Rosov hält die Ängste seiner Gemeindemitglieder für nicht ganz unbegründet. Als Vorsitzender des

Rostocker Migrantenrates hat er häufig mit syrischen Geflüchteten zu tun. Viele würden Juden mit dem verhassten Staat Israel gleichsetzen, erzählt er, andere begründeten ihre Abneigung gegenüber Juden eher religiös. Was ihn umtreibt, ist die Gewaltbereitschaft, die er bei manchen jungen Syrern beobachtet. «Sie kommen aus einem Land, in dem der Krieg zum Alltag gehört, sind an Gewalt gewöhnt. Das könnte in den nächsten Jahren zu einem großen Problem werden, wenn man mit ihnen nicht spricht, oder es zumindest versucht.» Wie Abraham Lehrer warnt Juri Rosov aber davor, muslimische Einwanderer unter Generalverdacht zu stellen und sie als alleinige Problemmacher anzusehen. «Man kann genauso viele europäische Antisemiten finden.»

Nicht wenige jüdische Migranten aus der ehemaligen Sowjetunion schauen auf die deutsche Flüchtlingspolitik mit einer gewissen Verbitterung. Für sie gab es in den neunziger Jahren keine Integrationskurse, ganz zu schweigen von irgendeiner «Willkommenskultur». 70 Prozent der russischsprachigen Juden hatten Hochschulabschlüsse, die aber in den meisten Fällen nicht anerkannt wurden. So erging es auch Annas Eltern, die trotz ihres Studiums unqualifizierte Arbeit verrichten müssen. «Sie sind wirklich sauer, denn ihr Eindruck ist: Man ist eingeladen, aber irgendwie im Stich gelassen worden.» Manche versuchten zwar, ihre Berufe auszuüben. Die Integrationskurse, die eine Eingliederung in die Arbeitswelt beschleunigen sollten, werden aber erst seit 2005 angeboten. Für die meisten war das zu spät. Arbeitslosigkeit und schlecht bezahlte Jobs haben Auswirkungen auf die Renten, viele jüdische «Kontingentflüchtlinge» leben heute von der Sozialhilfe. «Diese Generation hat sich nicht optimal integrieren können», bedauert Diana Broner. Ihre Eltern sind Akademiker, in Deutschland arbeitet ihre Mutter als Friseuse, ihr Vater als Taxifahrer. In einem solchen Arbeitsumfeld erleben Juden den Antisemitismus meistens unmittelbarer als in akademischen Kreisen, sagt sie. «Mein Vater wurde schon mal wegen seines jüdischen Hintergrundes von seinen Fahrgästen verkloppt, meine Mutter erfuhr deshalb während ihrer Ausbildung gleich mehrfache Diskriminierung: Einmal von russischsprachigen Auszubildenden, weil sie als Jüdin keine von ihnen war, dann von ihrem syrischen Ausbilder und schließlich den türkischen Mitarbeitern. Das war eine furchtbare Zeit für sie.» Deutschland hat das Potential der jüdischen Migration weder erkannt noch genutzt. Juri Rosov: «Ich glaube, die Politik hat hier eine Chance verspielt.»

Manche russischsprachigen Juden treiben solche Erfahrungen in die Arme der rechtspopulistischen und islamfeindlichen AfD, die sich nach dem Vorbild der österreichischen FPÖ betont juden- und israelfreundlich gibt. Damit will die AfD sich einen bürgerlichen Anstrich geben und unentschlossene Wähler anlocken. Im Osten Deutschlands war sie die einzige Partei, die vor den Wahlen gezielt mit Wahlplakaten in russischer Sprache warb, wobei es ihr weniger um die dort lebenden russischsprachigen Juden ging als vielmehr um Russlanddeutsche, deren Zahl in Deutschland auf zwei Millionen geschätzt wird. Der «Koscher-Stempel» von Israel ist bei europäischen Rechtspopulisten derzeit sehr begehrt, in einer verzerrten Wahrnehmung wird das Land als Bündnispartner im Abwehrkampf gegen Muslime und den Islam angesehen. Die plötzliche Liebe zum jüdischen Staat bleibt unerwidert, sowohl die israelische Botschaft in Berlin als auch die israelische Regierung lehnen jeden Kontakt zur AfD ab. Bei einigen wenigen Juden in Deutschland entstand trotzdem der falsche Eindruck, die Partei, die in ihren Reihen antisemitische, völkische und geschichtsrevisionistische Äußerungen duldet, stehe auf ihrer Seite. Juri Rosov warnt seine Gemeindemitglieder vor der AfD. Es bleibt aber kompliziert. «Manche sehen sie auch als Alternative zur deutschen Politik, die in ihren Augen zu wenig macht.» Im Oktober 2018 gründeten 24 jüdische AfD-Mitglieder, begleitet von massiver Kritik des Zentralrates der Juden und vielen weiteren jüdischen Verbänden, die Vereinigung «Juden in der AfD». Als Hauptmotive nannten sie die «unkontrollierte Masseneinwanderung junger Männer aus dem islamischen Kulturkreis» mit antisemitischer Sozialisation. «Gemeinsam stehen wir Seite an Seite gegen die Islamisierung unseres Landes», schreibt Beatrix von Storch, stellvertretende Fraktionsvorsitzende im Bundestag, in ihrem Grußwort für das 2019 erschienene Buch «Was Juden zur AfD treibt.» Auch der mittlerweile parteilose ehemalige Landesvorsitzende der brandenburgischen AfD, Andreas Kalbitz, steuerte ein wohlwollendes Grußwort bei. Er gehörte dem völkisch-rassistischen Parteiflügel um den Faschisten Björn Höcke an. Die allermeisten deutschen Juden durchschauen das Spiel. Auch Anna Kosar. Die künftige Juristin kann nicht verstehen, wie manche Juden die AfD wählen und eine jüdische Sektion bilden konnten. «Das war von vielen einfach leichtsinnig. Ich hoffe, ihnen wird noch bewusst, was diese Partei im Sinn hat.»

Ein skandalöses Urteil: Der Fall Wuppertal

Fast hätten wir es uns mit Leonid Goldberg gleich am Anfang verscherzt. Gerade noch hat der Vorsteher der Jüdischen Kultusgemeinde in Wuppertal eine Mitarbeiterin gebeten, die Wasserkaraffe auf dem großen Tisch bis zum Rand aufzufüllen. «Dann haben wir einen Vorrat», sagt er, lächelt einladend und entzündet eine Zigarette. Offenbar hat er sich auf ein längeres Gespräch eingestellt. Darüber freuen wir uns. Doch dann zieht er seine markanten Augenbrauen zusammen, und seine Miene verfinstert sich. Leonid Goldberg ist verärgert.

Wir haben eben auf der Straße mit einer Frau aus Palästina über den Anschlag auf die Synagoge gesprochen. Sie hat die Tat verurteilt, die drei Täter dumme Jungen um die 18 genannt, erzählen wir ihm.
Was ist Palästina? Klären Sie mich bitte auf!
Die Frau sagte uns, sie stamme aus Palästina. Sie würde gerne mal ins israelische Café Negev neben der Synagoge gehen, traue sich aber nicht.
Das ist ihr Problem!
Die Wut lässt Leonid Goldberg nicht mehr los seit jenem Tag im Februar vor fünf Jahren, als das Amtsgericht Wuppertal ein skandalöses Urteil sprach. In der Nacht zum 29. Juli 2014 warfen drei junge Palästinenser auf die Bergische Synagoge in der Gemarker Straße in

Wuppertal mehrere Brandsätze. Ein syrisches Mädchen, das im gegenüberliegenden Haus wohnte, sah das Feuer und rief die Polizei. Die Täter behaupteten von sich, 18 Jahre alt zu sein. Die Polizei ordnete Knochenvermessungen an – der angebliche 18-Jährige war mindestens 27, aus Angst vor der Abschiebung hatte er sich bei seiner Ankunft in Deutschland als minderjährig ausgegeben. Ein anderer war Vater von zwei Kindern. Richter Jörg Sturm verhängte Haftstrafen von drei bis 15 Monaten auf Bewährung. Leonid Goldberg hätte sich eine härtere Strafe gewünscht. Das geringe Strafmaß für die versuchte Zerstörung einer deutschen Synagoge – 76 Jahre nach den Novemberpogromen – lässt einen in der Tat ratlos zurück. «Das Schlimmste aber», Leonid Goldberg holt tief Luft, «das Schlimmste war, dass der Richter keine antisemitische Tat darin sehen wollte.» Er bewertete den Angriff auf ein jüdisches Gebetshaus als politisch motiviert, als Ausdruck der Kritik am Staat Israel. Dazu fällt uns ein Satz von Kurt Tucholsky aus den 1920er Jahren ein: «Das ist keine schlechte Justiz. Das ist keine mangelhafte Justiz. Das ist überhaupt keine Justiz.» Außerhalb jüdischer Gemeinden wurde das skandalöse Urteil kaum wahrgenommen. «Da weiß ich nicht mehr, wo wir eigentlich leben», sagt Leonid Goldberg. Das Oberlandesgericht Düsseldorf bestätigte 2016 in der Berufungsverhandlung die krude Auffassung des Wuppertaler Richters. Der Harvard-Professor Alan Dershowitz kommentierte das Urteil für den *Tagesspiegel* sarkastisch: «Die Idee, ein Angriff auf eine Synagoge sei als anti-israelischer politischer Protest zu rechtfertigen und nicht als antijüdische Hasstat einzuordnen, ist so absurd wie die Behauptung, die Reichspogromnacht sei ein Protest gegen den schlechten Service jüdischer Ladenbesitzer gewesen.»[10] Oder, fügen die Rabbiner Abraham Cooper und Yitzchok Adlerstein in dem Artikel an, eine angesteckte Moschee sei ein Zeichen des Protests gegen ISIS.

Der Brandanschlag auf die Synagoge markiert eine Wende für die Wuppertaler Gemeinde und im Leben Leonid Goldbergs, der ihr seit 26 Jahren vorsteht. «Ich wurde irgendwie um 180 Grad umgedreht. Weil ich gehofft habe, dass es besser wird, aber mittlerweile bin ich sehr pessimistisch geworden. Nicht nur nach diesem Anschlag. Grundsätzlich.» Es ist nicht leicht, an den vollbärtigen, fast ketterauchenden Mann heranzukommen, doch im Verlauf des Gesprächs gibt er seine Zurückhaltung auf. Leonid Goldberg ist ein großherziger, freundlicher Mann, der tief enttäuscht worden ist von dem Land, auf das er seine Hoffnung gesetzt hatte. So empfinden auch die meisten der 2160 Mitglieder der Gemeinde, die fast alle aus Ländern der ehemaligen Sowjetunion stammen. Vor 1933 lebten in Wuppertal mehr als 3200 Juden, in den neunziger Jahren, vor der Ankunft jüdischer Flüchtlinge, waren es gerade noch 60. Leonid Goldberg kam 1976 aus Moskau über Israel nach Deutschland. Wie sein Vater und sein Großvater war er Soldat in der sowjetischen Armee. Noch heute ist er froh, dass er 1968, er war damals 18 Jahre alt, nicht zur Niederschlagung des Prager Frühlings eingesetzt worden ist. Seinen Traum jedoch, als Jude ohne Anfeindung in Deutschland leben zu können, hat er inzwischen begraben müssen.

Sie sind schon 43 Jahre hier. Wie sehen Sie die Zukunft?

Zu lange.

Zu lange was? Wollen Sie etwa weggehen?

Ich glaube, unserem Volk wird nichts anderes übrigbleiben. So sieht es aus. Ich überlege mir, nach Israel zu gehen. Es ist nicht nur der Anschlag auf die Synagoge, sondern alles, was danach geschah. Der zunehmende Antisemitismus, vor allem der muslimische. Mit dem anderen könnte man noch leben.

Sie halten den Antisemitismus von muslimischer Seite also für den bedrohlichsten?

Ja. Gucken Sie mal nach Frankreich, oder hier, um die Ecke.

Bereuen Sie es, nach Deutschland gekommen zu sein?

Ja.

Einige erzählten uns, dass sie sich von der Politik im Stich gelassen fühlen?

Ja! Das ist es. Da sind Fehler passiert, damals, 2015. Mit der Willkommenskultur ist das so eine Sache.

Bei 52 Prozent der Beleidigungen und 81 Prozent der körperlichen Angriffe gaben Betroffene einen «muslimischen Personenkreis» als mutmaßliche Täter an. Die Statistiken des Bundeskriminalamtes zeichnen hingegen ein anderes Bild. Sie ordnen die meisten antisemitischen Übergriffe dem rechtsextremen Milieu zu. Von den mehr als 2000 antisemitischen Straftaten, die 2019 bundesweit registriert wurden – 13 Prozent mehr als im Jahr davor – entfielen die meisten wie in den Jahren zuvor auf das rechtsextreme Spektrum. Darunter auch der Anschlag auf die Synagoge in Halle (Saale). Experten kritisieren diese Klassifizierung allerdings schon lange. Ein Problem liegt darin, dass Tatmotivation und Täterkreis in der Kriminalstatistik oft nicht korrekt zugeordnet werden. Ein Hitlergruß etwa oder die Parole «Juden raus!» werden automatisch als rechtsextremistisch eingestuft, selbst, wenn sie von Islamisten kommen. Oft fehlt es den Beamten bei der Bestimmung der Motivlage aber auch an Fachkompetenz und der nötigen Sensibilität. Vor allem aber zeichnen die Zahlen des Bundesinnenministeriums kein umfassendes Bild, die Dunkelziffer soll viel höher sein. Oft werden selbst schwere Übergriffe nicht gemeldet, weil die Opfer sich scheuen, zur Polizei zu gehen. Allein der Berliner Recherche- und Informationsstelle Antisemitismus (RIAS) werden seit ihrer Gründung im Schnitt mehr als zwei antisemitische Vorfälle pro Tag gemeldet. Das zeigt, wie unverzichtbar die zivilgesellschaftlichen Monitoring-Stellen sind. Nur sie können auch die strafrechtlich nicht relevanten Delikte erfassen, die in den Kriminalstatistiken gar nicht auftauchen.

Leonid Goldberg sieht die frühere Flüchtlingspolitik der deutschen Regierung skeptisch und deutet an, dass er sich in dieser Frage schon mal mit dem Zentralrat der Juden in Deutschland angelegt hat. Etwa 11 000 Geflüchtete leben derzeit in Wuppertal. In den Straßen des Stadtteils Barmen prägen arabisch- und türkischstämmige Bewohner das Alltagsbild. 2014 zog eine Gruppe von Islamisten als selbst ernannte «Sharia Polizei» nachts durch die Stadt, sprach junge Muslime vor Diskotheken und Spielhallen an, um sie vom Besuch und Alkoholkonsum abzuhalten. Sie wurden zu Geldstrafen verurteilt. «Deutschland war in den 1970er Jahren ein ganz anderes Land», seufzt Leonid Golberg. «Nicht, dass ich etwas gegen Kopftücher habe, das hatten wir damals auch, aber nicht in dieser Masse. Heutzutage, schauen Sie sich um, nur arabische und türkische Geschäfte, und alle Frauen tragen Kopftuch. Das ist ein Politikum. Und das gefällt mir persönlich nicht.» Die Türken im Land waren, wie er sagt, früher nie gegen Juden eingestellt. Mittlerweile seien sie es unter dem Einfluss des türkischen Staatspräsidenten und radikalislamistischer Prediger in den Moscheen aber schon. Etwa die Hälfte der türkischen Community in Deutschland, 1,4 Millionen Menschen, ist in der Türkei wahlberechtigt. Bei der Präsidentschaftswahl 2018 stimmten knapp 65 Prozent Deutschtürken für Erdoğan. «Sind wir doch ganz ehrlich», sagt Leonid Goldberg, «das sind sehr große Probleme. Dazu kommt die ganze Menge an Flüchtlingen aus afrikanischen Ländern, aus Afghanistan, aus Syrien.» Leonid Goldberg ruft nach dem Staat, von ihm erwartet er sich Maßnahmen gegen den wachsenden Judenhass. Der Staat müsste. Aber er tut es nicht. Jedenfalls nicht ausreichend. Auf Übergriffe durch Antisemiten, von welcher Seite auch immer, folgen Willensbekundungen, viel mehr nicht. Können interreligiöse Dialoge nicht helfen? Leonid Goldberg schüttelt den Kopf.

Wir versuchen, da ganz sanft auszusteigen. Das bringt nichts. Ehrlich.
Warum nicht?
Ich habe seit vielen Jahren die Gemeinde am Runden Tisch der Religionen vertreten. Da kam jemand aus der evangelischen, der katholischen Kirche, fünf oder sechs Imame, je mit zwei Dolmetschern für Arabisch und Türkisch, und ich. Es hat bis jetzt nichts gebracht.
Was sagen die Imame zum Antisemitismus?
Ich habe von ihnen darüber nie etwas gehört. Die schweigen.
Und die Vertreter der Kirche?
Bis vor kurzem trugen sie die allgemeine Euphorie in der Flüchtlingshilfe mit. Langsam aber werden die Menschen wach, glaube ich. Wenn man einen Dialog führt, muss das einen Sinn haben. Aber es wurde für uns Juden nur schlimmer. Wir gehen einfach nicht mehr hin. Und tschüss.

Wenn man Leonid Goldberg so reden hört, könnte man meinen, er lehne Muslime pauschal ab. Andererseits steht der von ihm vor zehn Jahren gegründete Jüdische Wohlfahrtsverband auf sein Betreiben hin allen bedürftigen Menschen offen, er betreut Geflüchtete ebenso wie Juden. «Es darf kein Zweifel daran bestehen: Die Muslime gehören zu Deutschland – Gewalt, Hass und die Scharia gehören nicht dazu», schrieb Leonid Goldberg in einem Artikel für die *Jüdische Allgemeine* in der Ausgabe vom 8. September 2014, ein paar Wochen nach dem Anschlag auf die Synagoge in Wuppertal. Ein Jahr nach unserem Besuch telefonieren wir mit Leonid Goldberg. Nichts hat sich geändert: «Wenn es so weiter geht, dann ist mit dem jüdischen Leben in Deutschland Schluss.»

Wuppertal ist kein Einzelfall. Am 3. Oktober 2010 warfen in Düsseldorf zwei junge Männer arabischer Herkunft Molotowcocktails auf die dortige Synagoge, ein Racheakt für die Erschießung eines Jugendlichen durch israelische Soldaten in Gaza. Die Täter wurden zu Bewährungsstrafen verurteilt. Vier Tage später bewarfen libanesische Palästinenser während einer Demonstration in Essen die alte Synagoge mit Steinen. Am Abend des 4. Oktober 2019 stieg der 23-jährige Syrer Mohamad M. vor der Synagoge in der Oranienburger Straße in Berlin über ein Absperrgitter und zog ein großes Messer. Er soll «Allahu Akbar» und «Fuck Israel» gerufen haben und wurde von Polizisten mit Pfefferspray überwältigt. Was dann folgte, machte viele Juden in Deutschland fassungslos und bestätigte ihren Eindruck, dass der Staat zwar viel über den Schutz des jüdischen Lebens redet, es aber damit nicht ernst genug meint. Mohamad M. wurde nicht einmal über Nacht in Polizeigewahrsam gehalten. Die Staatsanwaltschaft lehnte einen Haftbefehl ab, weil der Mann ruhig erklärt habe, er hasse Juden nicht und sei kein Islamist. Außerdem habe er das Messer nur gezogen und gehalten, niemanden damit aber bedroht. Später klärte sich auch die angebliche Unterbringung des Mannes in der Psychiatrie auf: Der 23-Jährige selbst suchte eine Klinik auf, die er jedoch kurze Zeit später wieder verließ, berichtete *tagesschau.de* und zitierte den Zentralratsvorsitzenden Josef Schuster mit den Worten: «Unfassbar, frappierend, fahrlässig».

Um die Jahrtausendwende, nach dem Ausbruch der zweiten Intifada im Oktober 2000, rückten erstmals radikalislamistische Muslime, die den Djihad nach Westeuropa trugen, in den Fokus. Für die Jahre 2001 und 2002 hat der deutsche Terrorismus-Experte Berndt

Georg Thamm die Anschlagspläne für jüdische Einrichtungen in Deutschland zusammengetragen und analysiert.[11] Eine Schlüsselrolle kam dabei Abu Mussab al-Zarqawi zu, einem jordanischen Judenhasser palästinensischer Abstammung, der nach den Anschlägen im September 2001 in Essen eine Filiale der Gotteskrieger gegründet haben soll. Sie spähten Anschlagsziele in Düsseldorf aus, eine von vielen Juden besuchte Diskothek und eine von einer Jüdin geführte Gaststätte, in Berlin das Jüdische Gemeindehaus in Charlottenburg und das Jüdische Museum. In zwei weiteren Städten sollte ein Attentat auf einem belebten Platz verübt oder vor einer Synagoge Handgranaten gezündet werden. Am 2. April 2002 kam per Telefon der Einsatzbefehl. Die Telefone wurden jedoch abgehört, elf Männer festgenommen und zu vier bis acht Jahren Haft verurteilt. Das Motiv der Männer war «abgrundtiefer Hass auf Juden, Israel und alle Ungläubigen», urteilte das Gericht.[12]

Die überwiegende Mehrheit der Muslime steht gewaltbereitem Antisemitismus fern. Aber immer, wenn der Nahostkonflikt eskaliert, bricht in einem Teil arabischstämmiger Deutscher und Migranten der Judenhass aus. In einem Interview für *Die Welt* warnte der deutsche Islamwissenschaftler Muhammad Sameer Murtaza: «Weder die Muslime noch die Juden hier in Deutschland dürfen sich in einen Stellvertreterkrieg drängen lassen. Wir sind hier als Deutsche und wollen aus unseren religiösen Werten heraus mitgestalten. Dabei können wir Muslime sehr viel von den Juden lernen.»[13] Auch durch den alljährlichen al-Quds-Tag fühlen sich Juden in vielen europäischen Großstädten massiv bedroht. In Deutschland wird er schon seit den 1980er Jahren begangen. Die Öffentlichkeit nahm aber bis in die 2000er Jahre kaum Notiz von der alljährlichen Demonstration eines besonders aggressiven Antisemitismus. Der iranische Revolutionsführer Ayatollah Khomeini hatte 1979 zu dem Tag aufgerufen, zur Befreiung Jerusalems und der Vernichtung Israels, «dem Feind der Menschheit». Seit 1996 wird der al-Quds-Tag auch in Berlin veranstaltet. 2018 marschierten unter ungefähr 1200 Teilnehmern, doppelt so viele wie im Vorjahr, auch Unterstützer von radikalislamistischen Terrorgruppen wie Hamas oder der in Deutschland mittlerweile verbotenen Hisbollah, wie das Jüdische Forum für Demokratie und gegen Antisemitismus dokumentierte.[14] Rufe wie «Zionisten ins Gas» und das Verbrennen von Israelfahnen waren diesmal untersagt. Nicht alle hielten sich an das Verbot. 2019 wiederholte sich das: Die Hisbollah wurde gefeiert, die antisemitische Parole «Kindermörder Israel» gerufen. Ein Teilnehmer trug ein T-Shirt mit dem Logo der terroristischen Al-Qassam-Brigaden, dem militärischen Arm der Hamas. Recherchen von RIAS Berlin, des Jüdischen Forums und des Registers Charlottenburg-Wilmersdorf ergaben ein bizarres Bild: Der stellvertretende Vorsitzende der NPD Berlin, Uwe Meenen, Anhänger des maoistischen, mittlerweile aufgelösten Jugendwiderstands und der Volksfront zur Befreiung Palästinas sowie sogenannte Gelbwesten waren dabei.[15] Als Ernst Mannheimer, Sohn des Auschwitz-Überlebenden Max Mannheimer, durch das geöffnete Fenster seiner Wohnung in Berlin-Charlottenburg die Hassparolen zum ersten Mal hörte, war er schockiert: «Das war der Moment, in dem ich über eine Auswanderung nachdachte», erzählte er uns. «Uns ist es unverständlich, dass diese Demo Jahr für Jahr genehmigt wird», erklärte 2019 der Zentralrat der Juden und forderte ein Verbot. Es werde dort nichts anderes transportiert als Antisemitismus und Israel-Hass, kritisierte Josef Schuster.[16] «Jeder weitere al-Quds-Tag in Berlin ist einer zu viel», stellte Charlotte Knobloch, die ehemalige Präsidentin des Zentralrats in einem Gastkommentar für die *Tagespost* fest.[17] Es ist in der Tat nicht verständlich: Wenn der Schutz Israels zur deutschen Staatsräson gehört, warum findet Deutschland keine rechtliche Möglichkeit, den al-Quds-Tag zu verbieten, an dem ja zur Auslöschung des jüdischen Staates aufgefordert wird?

Im Münchner Euro-Trainings-Center diskutieren wir mit jungen muslimischen Erwachsenen (alle Namen geändert) über das Verhältnis zwischen Juden und Muslimen. Sofort entsteht eine Diskussion über den Nahostkonflikt. Während die einen eher Verständnis für Israel ausdrücken, ergreifen die anderen für die Palästinenser Partei.

Es kommt ein bisschen auf die Herkunft an, sagt Aslan, dessen Eltern aus Kosovo stammen.

Es gibt ja diesen Konflikt zwischen Israel und Palästina. Und deswegen mögen viele Araber die Israelis nicht. Auch in meinem Freundeskreis, die hassen die Juden.

Was für ein Freundeskreis ist das?

Mein Freund kommt aus Palästina. Die Israelis, sagt er, wollen von den Palästinensern immer mehr Land. Sie hassen sie einfach. Auch hier, in Deutschland. Ich sehe das auch so. In Berlin hängt keine israelische Flagge zehn Minuten lang. Man verbrennt sie oder reißt sie einfach herunter.

Ich würde sagen, ganz so schlimm wie die Nazis sind die Israelis nicht. Aber es geht in diese Richtung. Natürlich will jeder einen Staat, aber deswegen ein Land anzugreifen und alle zu töten, ist mir zu hart. Da sollte man nach einer anderen Lösung suchen, meint Ilkay.

Das ist doch viel komplexer. Irgendwo brauchen die Juden einen Staat, einen sicheren Raum. Die Nazis wollten sie ja vernichten, verübten einen Genozid. Die Israelis wollen ja ihr Gebiet sichern. Ich würde das nicht hundertprozentig mit den Nazis gleichsetzen. Definitiv nicht, widerspricht die Deutschtürkin Samira und fügt hinzu: *Ich verstehe nicht, warum die Palästinenser die Israelis hassen. Der Staat Israel wurde doch als Safe Point für die Juden gegründet, die überall vertrieben wurden. Stell' Dir vor, Du wirst überall verfolgt, dann wird für Dich ein Staat gemacht und jetzt sollst Du wieder vertrieben werden.*

Einig sind sich alle darin, dass nicht alle, aber ein «Großteil» der Muslime «Juden hassen» und dass diese Feindschaft durch den Nahostkonflikt verstärkt wird. Eine große Rolle spielen dabei soziale Medien wie auch das Elternhaus, meinen die meisten. Der Antisemitismus ist allerdings älter als der Staat Israel, und der israelisch-palästinensische Konflikt nicht die einzige Quelle des Judenhasses im arabischen Raum und in Teilen der muslimischen Gesellschaften. Der ägyptische Salafist und Islamwissenschaftler Muhammad Hussein brachte es 2009 im ägyptischen Fernsehsender Al Rahma TV unverblümt auf den Punkt: «Falls die Juden Palästina an uns zurückgeben, werden wir dann beginnen, sie zu lieben? Natürlich nicht. (…) Erstens sind sie Ungläubige, zweitens sind sie Feinde. (…) Wir werden sie bekämpfen, besiegen und vernichten, bis kein einziger Jude mehr auf dem Erdboden übrig ist.»[18] Eine Umfrage der Anti-Defamation League kam 2014 zu dem Ergebnis, dass 74 Prozent der Befragten im Nahen Osten und Nordafrika sechs von elf stereotypischen Vorurteilen über Juden für «wahrscheinlich wahr» hielten. Im weltweiten Durchschnitt waren es 26 Prozent. Drei Viertel erklärten, dass sie «Juden hassen, aufgrund der Art, wie sie sich eben benehmen». Samira erzählt uns eine aufschlussreiche Geschichte aus ihrer Zeit an einer Münchner Gesamtschule, die von vielen Jugendlichen aus Einwandererfamilien besucht wird:

Wir hatten dort einen jüdischen Lehrer. Ich wusste nicht, dass er ein Jude war. Er sah nicht so aus.
Wie sieht denn ein Jude aus?
Weiß nicht… Jedenfalls, das hat sich in der Schule rumgesprochen. Dann haben ihn die Acht- und Neuntklässler richtig fertiggemacht. Vor allem ein Mädchen aus meiner Klasse.
Was heißt fertiggemacht?
Die hat ihn angeschrien, diese komischen Vorurteile halt, dass er geldgierig sei und einen Judenhut tragen solle. Er hat sogar einmal geweint, weil sie es so übertrieben hat. Dann haben sie auch Sachen über ihn erfunden, dass er Kinder von der Schule entführt haben soll. Dabei hatte er Besuch von seiner Schwester und ihren zwei kleinen Kindern. Er hatte sie in sein Auto gesetzt und ist losgefahren. Später hat er die Schule gewechselt.
Wie hast Du das empfunden?
Ich war damals zwölf oder dreizehn. Du bist jung und willst dazugehören. Aber ich wollte niemanden fertigmachen.

Ein altes Feindbild wirkt fort

In der Wissenschaft wird die Frage nach wie vor kontrovers diskutiert, ob antisemitische Einstellungen unter Muslimen primär religiös motiviert sind oder ob sie durch einen «antizionistisch» begründeten arabischen Nationalismus bedingt sind, der sich der Versatzstücke des modernen europäischen Antisemitismus bedient. So liest man es im Expertenbericht des Bundesinnenministeriums von 2018. Regionale Narrative und Propaganda in der familiären Sozialisation, aber auch die Medien der Herkunftsländer dürften eine nicht unerhebliche Rolle spielen. Außerdem verdecke die Rede von «den Muslimen» die Unterschiede, etwa zwischen bosnischen, türkischen und arabischen Zuwanderern. Die Wissenschaftler kommen zu dem Schluss: «Wir dürften es gegenwärtig mit einer Mischform zu tun haben, da der Koran zunehmend antijüdisch ausgelegt wird, um den Kampf gegen Israel ideologisch zu unterfüttern», zitiert der Bericht die Antisemitismus-Expertin Juliane Wetzel.[19]

Die Verfolgung der Juden in der arabischen Welt begann schon vor der Gründung des Staates Israel. 1941 verübten irakische Nationalisten, die in Verbindung zu Nazideutschland standen, in Bagdad ein Pogrom, den «Farhud», in dem, die Angaben der Historiker schwanken, 140 bis 180 Juden getötet und ungefähr 600 verletzt wurden. Allerdings halfen auch viele Muslime ihren jüdischen Nachbarn, sonst wäre die Zahl der Opfer noch höher gewesen. Ein Drittel der Einwohner Bagdads war einst jüdisch. In den folgenden Jahrzehnten wanderten fast alle Juden aus dem Irak aus. In Syrien kam es auch zu Sprengstoffattentaten und Mord. Solche brutalen Angriffe ereigneten sich nicht in allen arabischen Staaten, aber Juden wurden überall diskriminiert und lebten etwa in den Ländern des Maghrebs in Ghettos, in schmutziger Enge, die das Aufkommen von Seuchen förderte. Muslimische Kinder spuckten in den Straßen auf Juden und warfen Steine nach ihnen. Die Opfer durften sich nicht wehren. Schon im 19. Jahrhundert berichteten Reisende aus dem Westen, dass Juden als eine verachtete Minderheit behandelt würden. Diese Geschichte des Judentums erzählt Georges Bensoussans in seinem Buch «Die Juden der arabischen Welt». Der Historiker räumt mit dem Mythos von einem toleranten Zusammenleben auf. Der Exodus der Juden setzte im 20. Jahrhundert ein, am Ende hatten 900 000 Menschen ihre Heimatländer verlassen, zwei Drittel davon gingen nach Israel.

Einer von ihnen ist Saul, den es vor vielen Jahren schließlich nach Deutschland verschlagen hat. Seit langem beschäftigt er sich schon mit dem Antisemitismus in der arabischen Welt. Er liest Bücher, studiert den Koran, diskutiert mit Gläubigen und Ungläubigen. Auf die Frage, die ihn zu seinen Studien trieb, fand er eine Antwort, die nicht jedem gefällt. Warum hasst man Juden, warum kann man nicht friedlich mit ihnen zusammenleben? Auch bei gebildeten Menschen ist es ihm kein einziges Mal gelungen, antijüdische Vorurteile zu erschüttern. «Ich muss leider feststellen, dass der Antisemitismus in der arabischen Welt zu mindestens 90 Prozent in der Religion begründet ist.» Der Nahostkonflikt oder der arabische Nationalismus mögen zwar den Hass verstärken, sind aber nicht seine Ursache. Die Judenfeindschaft speise sich, sagt er, aus dem Koran, den antijüdischen Suren. Die Erzählung von «goldenen Zeiten» für die Juden unter der Herrschaft von Muslimen in Andalusien sieht er als einen Mythos an, der inzwischen von vielen Wissenschaftlern widerlegt worden sei. Schon damals fanden Pogrome an Juden statt, bei einem der bekanntesten, im Jahr 1066 in Granada, massakrierte der Mob den Großteil der jüdischen Bevölkerung der Stadt. Sauls Worte und seine Gedanken sind uns im Gedächtnis geblieben. Monate sind vergangen. Wir wissen nicht, was geschehen ist, seitdem wir ihn in einer norddeutschen Kleinstadt getroffen haben. Ihr Name ist nicht von Bedeutung, denn die Geschichte könnte sich so überall in der Bundesrepublik abspielen. Der Mann, der in dem Gespräch vor ein paar Monaten noch selbstbewusst und energisch auftrat, hat Angst. Er will sich nicht erklären, heißt auch nicht Saul, seinen wirklichen Namen will er nicht genannt wissen. So unverständlich ist seine Angst nicht. Inzwischen verübten islamistische Terroristen wieder Anschläge. In Paris wurde im Oktober 2020 der Lehrer Samuel Paty, der im Unterricht Mohammed-Karikaturen gezeigt hatte, enthauptet. In Wien ermordete im November ein 20-jähriger Extremist Menschen auf offener Straße, die den Propheten oder Allah nicht geschmäht hatten, sondern nur einen Abend vor dem Lockdown in der Corona-Pandemie im Ausgehviertel der Stadt verbringen wollten.

Der islamistische Terror gegen die westliche Welt – auch die muslimische – ist stark antijüdisch geprägt, beruft sich auf eine entsprechende Auslegung des Korans und ein Geschichtsbild von der vorgeblich ewigen Feindschaft zwischen Juden und Muslimen. Der deutsche Lehrerverbandspräsident Hans-Peter Meidinger warnte in einem Interview mit dem ZDF in «heute» am 9. November 2020, dass an deutschen Schulen Islamisten Einfluss auf die Lehrer und den Unterricht zu nehmen versuchten. An bestimmten Brennpunktschulen werde auch vor Drohungen nicht zurückgeschreckt. «Ein Musterbeispiel ist der Holocaust. Dieses Thema wird zum Teil vehement abgelehnt, Schüler werden von den Eltern krankgemeldet, wenn klar ist, dass das Thema im Unterricht behandelt werden soll. Es herrscht mitunter der Tenor: ‹Schlimm, was die Nazis damals den Juden angetan haben, aber das macht heute der Staat Israel mit den Palästinensern.› Da wird dann gefordert, dass statt Schindlers Liste Filme etwa über das Leid der Palästinenser im Gaza-Streifen gezeigt werden. Zum Teil sind die Anfeindungen massiv; manche Lehrer weichen zurück.» Viele Lehrer hätten sich nach dem Mord an Samuel Paty bei Meidinger gemeldet und von islamistisch motivierten Anfeindungen gesprochen, auch eine «mangelnde Unterstützung durch Behörden und Schulleitungen» beklagt. Das Thema müsse man sensibel angehen, sagt Meidinger, um dem Hass der Rechten auf Muslime nicht Vorschub zu leisten. Auch dürfe man nicht alle Muslime über einen Kamm scheren. Ende Oktober 2020 hat der Weltrat der Imame, dem nach eigenen Angaben mehr als 1000 muslimische Geistliche angeschlossen sind, zum Kampf gegen Judenhass aufgerufen. Der internationale islamische Verband erklärte die Antisemitismus-Definition der International Holocaust Remembrance Alliance (IHRA) als verbindlich für alle angeschlossenen Moscheen, Zentren, Institute und Organisationen des Rates. Albanien nahm als erstes mehrheitlich muslimisches Land die Arbeitsdefinition an.

Die Angst ist groß. Auch die Einsamkeit. 75 Jahre nach Kriegsende verstecken sich Juden in Deutschland, trauen sich nicht ihre Meinung frei zu äußern – und wir Nichtjuden schauen weg. Auch von der Gefahr, die Juden und Jüdinnen von muslimischer Seite droht. Signale wie das des Weltrats der Imame werden in der jüdischen Community aufmerksam registriert.

In Erlangen treffen wir Victor. Er hält Bündnisse zwischen Juden und Muslimen im Grunde für nötig. Der 29-jährige deutsche Jude engagiert sich als linker Aktivist gegen Rechtsextremismus:

Vielleicht bin ich etwas naiv, aber das wäre doch gut! Wir, Juden, Muslime und Linke, haben ja denselben Feind, die Rechtsextremen, die rechten Kräfte in deutschen Sicherheitsbehörden, in der Politik. Muslime und Juden sind gleichermaßen im rechten Fadenkreuz, denke nur an den NSU. Von daher denke ich schon, dass es in beider Interesse wäre, gegen diese Kräfte gemeinsam vorzugehen. Auch für die Linken.

Victor hat Recht, Rechtsextremismus bedeutet eine tödliche Gefahr sowohl für die Juden als auch für die Muslime. Das machen nicht nur Halle, Hanau und die NSU-Mordserie deutlich. Bei fast allen antimuslimischen Straftaten, die 2018 und 2019 begangen wurden handelte es sich um rechtsextreme Täter.

Wir nehmen aus den bisherigen Gesprächen mit: Den Betroffenen des Judenhasses ist es verständlicherweise ziemlich egal, ob der Täter nun einer Sure im Koran folgte, einem regionalen Narrativ oder seinem Hass auf Israel. Eine Studie des Liberal-Islamischen Bundes und des Ibis-Instituts für interdisziplinäre Beratung und interkulturelle Seminare im Auftrag des Bundesamtes für Migration und Flüchtlinge aus dem Jahr 2018 kommt zu dem Schluss, dass antijüdische Haltungen ein Ergebnis der verbreiteten Islamfeindlichkeit in Deutschland seien. «Diskriminierende Vorstellungen und Praktiken bis hin zu vereinzelten Übergriffen gegenüber Nicht-Muslimen sind zwar im Nahen und Mittleren Osten im Mittelalter bis zur Neuzeit nachzuweisen», stellen die Autorinnen fest. «Sie alleine erklären aber den heutigen Diskurs mit seinen Diskurssträngen nicht. Auch ein grundsätzlicher antijüdischer Grundton und Interpretation polemischer Verse im Koran oder Textstellen in der Sunna (…) gibt es in der sunnitischen Tradition nicht. (…) Dementsprechend kann nicht von einem muslimischen oder islamischen Antisemitismus gesprochen werden (…)» Und: «Viele Jugendliche rechtfertigen ihre antisemitischen und menschenfeindlichen Einstellungen dadurch, dass sie durch die zunehmende Islamfeindlichkeit selbst abgewertet und diskriminiert werden.»[20] Wir sind keine Islamwissenschaftler, trotzdem haben wir den Eindruck, dass diese Studie zu kurz greift. Muslime in Deutschland erleben zweifelsohne rassistisch motivierte Diskriminierung, werden auch Opfer mörderischer Gewalt. Aber erklärt Diskriminierung allein Angriffe auf jüdische Einrichtungen und Juden? Nach dieser Theorie müssten dann die schlimmsten Judenhasser Sinti und Roma sein, denn ihre Minderheit erfährt in Europa die größte Diskriminierung. Eine feindselige Einstellung gegenüber Juden ist bei Sinti und Roma allerdings nicht bekannt.

Mehr als eine halbe Million Roma wurden im Nationalsozialismus in Konzentrationslagern oder durch Einsatzgruppen der SS ermordet; als Genozid wurde die systematische Verfolgung und Vernichtung dieser Minderheit erst 1982 von der Bundesrepublik anerkannt. Am 16. Dezember 1942 ordnete Heinrich Himmler die Deportation von Roma und Sinti aus ganz Europa in das Vernichtungslager Auschwitz-Birkenau an, darunter waren auch 100 000 deutsche Sinti und Roma aus dem Reichsgebiet. Sinti und Roma zählen heute zu den vier anerkannten nationalen Minderheiten in Deutschland, neben der dänischen Minderheit, der Volksgruppe der Friesen und dem sorbischen Volk. Davon haben sie im Alltag herzlich wenig. 80 000 bis 140 000 Menschen zählt Schätzungen zufolge diese Minderheit, etwa 70 000 sind deutsche Staatsbürger. Sinti und Roma leben seit vielen Jahrhunderten in Deutschland. Sie erfahren eine Ausgrenzung und Unterdrückung wie kaum eine andere Bevölkerungsgruppe, werden von Behörden diskriminiert, bei der Wohnungssuche und Stellensuche und bei Bildung und Integration in den Arbeitsmarkt. Eine Vielzahl an Initiativen, Organisationen und Projekten der Mehrheitsgesellschaft setzt sich in Deutschland mit gruppenbezogener Menschenfeindlichkeit auseinander – die Probleme der Sinti und Roma geraten jedoch viel zu wenig ins Blickfeld.

Wer von «importiertem Antisemitismus» spricht, vergisst auch, dass es Deutschland war, das den Judenhass in muslimischen Ländern anheizte. Der deutsche Auslandsrundfunk sendete in den 1930er und 1940er Jahren ununterbrochen antisemitische Hetzpropaganda in den arabischen Raum. «Tötet die Juden, die Euer Vermögen an sich gerissen haben und einen Anschlag auf Eure Sicherheit planen. Araber Syriens, des Irak und Palästinas, worauf wartet Ihr? Die Juden haben vor, Eure Frauen zu schänden, Eure Kinder umzubringen und Euch zu vernichten. Nach der muslimischen Religion ist die Verteidigung Eures Lebens eine Pflicht. Tötet die Juden, steckt ihren Besitz in Brand, zerstört ihre Geschäfte. Eure einzige Hoffnung auf Rettung ist die Vernichtung der Juden, ehe sie Euch vernichten.» «Unser Fernkampfgeschütz im Äther», nannte Propagandaminister Joseph Goebbels den Sender, der von einer etwa 80-köpfigen Orientredaktion in Zeesen, einem Ortsteil von Königs Wusterhausen, südlich von Berlin bedient wurde. In persischer, türkischer und arabischer Sprache rief der Sender unablässig zum Dschihad auf. Hitler empfing 1941 in Berlin den radikalen Prediger Mohammed Amin al-Husseini, Großmufti von Jerusalem, der schon in den 1920er Jahren antijüdische Ausschreitungen provoziert hatte. Er war einer der einflussreichsten Köpfe des arabischen Nationalismus und drückte den Nazis für die «Endlösung der Judenfrage» fest beide Daumen. Jeffrey Herf, Historiker der Universität Maryland, kommt zu dem Schluss, dass der Radiosender nicht nur für ein Militärbündnis mit den Muslimen warb. «Die Radiosendungen waren Teil eines Versuchs, den Holocaust von Europa nach dem Nahen Osten zu exportieren.» Für den Historiker ist Radio Zeesen ein Element des heutigen radikalen Islamismus.[21]

Auch durch Fernsehen und soziale Medien wird antisemitische Propaganda unter Muslimen in Deutschland verbreitet. Der Sender Al-Aksa TV der palästinensischen Hamas oder Al-Manar TV, das Sprachrohr der libanesischen Hisbollah, die inzwischen in Deutschland zur verbotenen Organisation erklärt worden ist, sind nur zwei Beispiele für die vielen Kanäle, über die Millionen von Menschen den Judenhass eingetrichtert bekommen. Radikale Islamisten und iranische Ayatollahs verbreiten im Blick auf Israel auch eine genozidale Propaganda, die nach Artikel 3 c der Völkermordkonvention von 1948 als integraler Bestandteil des Völkermords betrachtet werden muss. Der Haussender der Terrororganisation Hamas bringt in seiner Kindersendung «Pioniere von morgen» Plüschtiere wie den Hasen Assud, der gleich beim ersten Auftritt ankündigt, alle Juden aufzufressen. In anderen Sendern treten die Mütter von Selbstmordattentätern auf und preisen ihre Söhne. Kleine Mädchen mit Sprengsatz-Attrappen am Gürtel singen Lieder vom schönen Märtyrer-Tod.

Burak Yilmaz: «Im Land der Shoa gibt es keinen importierten Antisemitismus»

Burak Yilmaz macht seit Jahren Krafttraining. Einmal, als er in seinem Fitnessstudio gerade Langhanteln stemmte, hörte er über eine Deutschlandfunk-App Passagen aus den Tagebüchern von Viktor Klemperer. Das ließ ihn nicht mehr los. Seitdem hört er beim Training alle Tagebücher des Romanisten und Rabbinersohns aus Dresden von 1933 bis 1945, weil er sich im Fitnessraum, wie er sagt, am besten konzentrieren kann. «Das Hörbuch erzeugt viele Bilder in meinem Kopf und viele Stimmungen. Ich habe es an viele Jugendliche geschickt, und sie fanden es genauso bewegend.»

Es ist gar nicht so einfach, mit Burak einen Gesprächstermin zu vereinbaren. Der 32-Jährige ist immer irgendwo unterwegs, sein Terminkalender ist voll. Als wir ihn dann endlich nach Monaten in einem Café der Duisburger Innenstadt treffen, bemerken wir schnell, dass sich die mehrstündige Zugfahrt von Dachau in das Ruhrgebiet gelohnt hat. Wir lernen einen nachdenklichen, ungemein sympathischen und offenen Mann kennen, der den blassen Statistiken und theoretischen Abhandlungen über den Antisemitismus unter arabisch- und türkischstämmigen Deutschen durch seine Erfahrungen Farbe und Konturen gibt. Seit 2012 leitet der Germanist, Anglist und Pädagoge schon das Projekt «Junge Muslime in Auschwitz», das er ins Leben gerufen hat, um Jugendliche zum Thema Antisemitismus, Rassismus und Erinnerungskultur auszubilden. Der Sozialpädagoge arbeitet am Zentrum für Erinnerungskultur der Stadt

Duisburg, leitet dort unter anderem die Theatergruppe «Die Blickwandler». Mit ihrem Stück «Benjamin und Muhammed» tourt sie seit 2018 durch Schulen und Theaterhäuser. In den zurückliegenden Jahren hat Burak ungefähr 2000 Teilnehmer in Workshops, mit dem Theaterstück 13 000 jugendliche Zuschauer erreicht. Von manchen Eltern musste er sich deshalb schon anhören, dass er Muslime an den Feind verraten habe, auch seine Verwandten sahen sein Engagement zunächst skeptisch. Seine Eltern stehen aber, wie er sagt, zu ihm, und, was vielleicht noch wichtiger ist, auch seine Großeltern, denn dann erlauben sich die anderen Familienmitglieder keine Kritik. Buraks Eltern selbst sind noch nie mit dem Strom geschwommen. Seine Mutter ist Kurdin, sein Vater Türke – eine Verbindung, die alles andere als selbstverständlich war. Sehr geprägt hätten ihn die Erfahrungen seiner Mutter als Krankenschwester, erzählt er uns. Unter ihren Patienten waren auch Shoah-Überlebende, deren Erzählungen sie tief berührten, aber auch wütend machten, denn viele von ihnen beklagten den fehlenden Willen zur Entschädigung für das begangene Unrecht. «Auschwitz geht uns alle an», sagt Burak. «Auch die Migrationsgesellschaft». Wir wollen von ihm wissen, wie groß nach seiner Einschätzung der Anteil der arabischstämmigen Migranten und Geflüchteten ist, die in ihren Ländern antisemitisch sozialisiert worden sind:

Ich kann es nur subjektiv beantworten, weil es keine Erhebungen und Forschungen gibt, die das Phänomen flächendeckend analysieren. Einerseits sind da Jugendliche mit Fluchterfahrungen, die sich Deutschland ausgesucht haben, weil es eine Demokratie ist, und die sagen: Ich habe das schon immer an meiner Heimat gehasst, wenn zum Beispiel öffentlich gegen Juden gehetzt wurde. Dann sind natürlich auch Leute hier, die immer noch an diese Feindbilder glauben, aber wissen, dass man das hier nicht laut sagen darf. Sie haben antisemitische Einstellungen, drücken sie aber nur in den eigenen vier Wänden aus, vor den Kindern. Deshalb ist es auch schwierig, an dieses Thema ranzugehen, weil es verdeckt und versteckt wird.
Wie gehst du damit um?
Wenn Eltern, egal welcher Herkunft, vor Gedenkstättenfahrten ihren

Kindern sagen: Ich habe nichts gegen Juden, aber das ist doch schon komisch, dass sie so viel Macht haben, kann ich damit besser arbeiten. Weil sie fast schon zu ihrem Hass stehen. Dann kann ich sie damit konfrontieren, dadurch kann auch eine neue Form der Streitkultur entstehen. Wenn dein Gegenüber die ganze Zeit aber nur kodiert spricht, wenn er immer wieder neue Autobahnausfahrten wählt, wird es schwieriger, weil man immer wieder nachhaken muss.

Was ist gefährlicher und verbreiteter, Rassismus oder Antisemitismus, fragen wir Burak Yilmaz.

Tatsächlich ist Rassismus ein großes Problem. Antisemitismus ist aber ganz gefährlich, da nicht nur die Mehrheitsgesellschaft die Juden nicht haben will, sondern auch Minderheiten gegen sie eingestellt sind. Das Thema Verschwörungsmythen ist oft das verbindende Element.

Aber kann man von einem neuen, importierten Antisemitismus sprechen?

Im Land der Shoa gibt es keinen importierten Antisemitismus. Das ist eine Diskussion, die ich seit fünf Jahren andauernd führe. Da bemerke ich auf der einen Seite einen Mechanismus zur Externalisierung des Problems. Antisemitisch sind immer die anderen, nach dem Motto, wir haben unsere Geschichte aufgearbeitet und jetzt kommen die anderen, die alle so sind, wie wir in der Vergangenheit waren. Und ich bemerke auch, dass diese Haltung gern empfundene Überlegenheitsgefühle auslöst, was mich gerade bei entsprechenden Lehrern ziemlich aufregt, etwa wenn ich Fortbildungskurse leite. Sie haben selbst in ihren Familien eine gewisse Tätergeschichte, tun aber so, als hätten sie das schon total verarbeitet, als hätten sie die vererbten Gefühle, die von Generation zu Generation weitergegeben werden, schon zu Ende verarbeitet. Und jetzt fühlen sie sich wieder konfrontiert mit einer Sache, die sie selbst für überwunden geglaubt haben. Auf der anderen Seite ist es eben so, dass ein Teil der Menschen, die hier angekommen sind, antisemitisch sozialisiert worden ist, also durch die Staatsdoktrin im Iran etwa, durch Fernsehsendungen, in der Schule, auch durch Sendungen, die den Antisemitismus religiös begründen.

Welche Rolle spielt dabei die Religion? Wir hörten dazu unterschiedliche Meinungen.

Eine starke. Es kommt immer auf das Islam-Verständnis an. Wenn ich jemand bin, der an einen patriarchalen Gott glauben möchte, der Menschen bestraft oder in die Hölle schickt, dann spielt der Antisemitismus eine große Rolle. Dieser religiös motivierte Antisemitismus wird nicht nur in der christlichen Community, sondern auch in der muslimischen weitestgehend geleugnet, weil man sich nicht traut, sich mit diesen Dingen auseinanderzusetzen.

Wie ist das im Koran?

Es gibt Passagen im Koran oder in der Überlieferung des Propheten, die ganz klar antijüdisch sind. Er soll gesagt haben, bevor der jüngste Tag kommt, werden die Juden sich hinter Bäumen und Steinen verstecken, die den Muslimen zurufen, dass sich Juden hinter ihnen verstecken und sie sie töten sollen. Der jüngste Tag wird quasi erst dann kommen, wenn sie alle vernichtet sind. Und genau dieser Vernichtungswille spielt im radikalen Islamismus die entscheidende Rolle.

Und damit wächst die Jugend auf?

Jugendliche aus nationalistischen oder islamistischen Kreisen auf jeden Fall. Der Vernichtungswille wird halt gerade durch solche Imame immer wieder religiös begründet, und das macht es für diese Jugendlichen schwer, damit umzugehen. Ich hatte einmal einen Jungen in der Schule, der meinte, wenn Gott schon die Juden nicht mag, warum soll er sie dann mögen.

Wie argumentiert man dagegen?

Ich habe gesagt, warum sollte Gott Menschen nicht mögen, die er selbst erschaffen hat? Warum sollte er eine Religion hassen, die er selbst begründet hat? Es geht nicht darum, dem Jungen direkt Antisemitismus vorzuwerfen, sondern ihn ein alternatives Bild entdecken zu lassen. Wenn Lehrer dafür nicht geschult sind, können sie genau da alles falsch machen.

Und das geschieht häufig?

Ja, absolut. Ich erlebe viele Lehrkräfte, die meinen, dass alle Muslime so denken. Aber wenn jemand eine antisemitische Äußerung in der

*Klasse macht, dann schweigen die meisten. Auch die Lehrkräfte. Das
ist die Erfahrung, die ich mache. Außerdem kann ich antisemitische
Einstellungen auch im Lehrerzimmer beobachten.*

Burak Yilmaz beruft sich unter anderem auf Mouhanad Khorchide, den Leiter des Zentrums für Islamische Theologie an der Universität Münster, und seinen «Islam der Barmherzigkeit». «Der hat mit seinem Buch für ziemlich viel Wirbel gesorgt», sagt Burak und lacht. Khorchide spricht für eine liberale Interpretation des Islam und lehnt dessen wörtliche Auslegung ab. 2014 haben Vertreter von Islamverbänden in Deutschland die Ablösung des Theologen gefordert, der auch Imame ausbildet. Aber Khorchide konnte sich behaupten.

Was man im öffentlichen Diskurs oft vergisst: Die große Mehrheit der 1,8 Milliarden Muslime und Musliminnen auf der Welt ist weder radikal noch gewalttätig, die meisten Opfer des radikalen Islamismus sind selbst Muslime. In den von radikalen Islamisten beherrschten Ländern wurden die jüdischen Gemeinschaften in der ganzen Geschichte verfolgt, diskriminiert und in wiederkehrenden Pogromen massakriert – wenn auch bei weitem nicht in dem Ausmaß wie im christlichen Europa. Für den radikalen Islam, der im 20. Jahrhundert mit der Gründung der Muslimbruderschaft in Ägypten seinen Anfang nahm, ist der Antisemitismus zentral, betont der israelische Historiker Yehuda Bauer in seinem Buch «Der islamische Antisemitismus: Eine aktuelle Bedrohung». Die Juden werden als die Drahtzieher des Westens angesehen. Die Muslimbruderschaft heizte die antisemitische Welle nach dem Zweiten Weltkrieg im Nahen Osten kräftig an. Der wohl einflussreichste Denker der Muslimbruderschaft war der 1966 verstorbene Sayyid Quth. Ihm und seinen Anhängern dienten die antisemitischen Verschwörungsmythen als Erklärung für den Niedergang der muslimischen Welt. Die antisemitischen Stereotype der Nazis sind in der islamischen Welt weit verbreitet, auch Hamas und Hisbollah beziehen sich darauf. Dem Politikwissenschaftler Matthias Küntzel zufolge kannte die islamische Welt die Vorstellung, Juden würden den Globus beherrschen wollen, überhaupt nicht. Der Mythos von der jüdischen Allmacht entspringt der christlichen Tradition, der zufolge die Juden so mächtig gewesen sind, dass sie sogar Gottes einzigen Sohn töten konnten. Antisemitische Stereotype wirken aber auch im nicht radikalen Islam, betont Yehuda Bauer. Der Jude als Erzfeind, wie ihn der Prophet gezeichnet hat, ist das bestimmende Narrativ im gegenwärtigen politischen Diskurs. In dem Ziel der Vernichtung der Juden unterscheiden sich sunnitischer und schiitischer Islam, so sehr sie sich sonst bekämpfen, nicht – die Trennung der islamischen Gemeinschaft in diese beiden unversöhnlichen Strömungen wird übrigens auch als ein Werk der Juden angesehen. Aber spielt dieser Streit um die legitime Nachfolge des Propheten, der in die graue Vorzeit zurückreicht, auch bei Muslimen in Deutschland noch eine Rolle? Wir fragen Burak Yilmaz.

Ja, das ist so ein Verschwörungsmythos, der tief verankert ist. Es gibt zahlreiche sunnitische und schiitische Geistliche, die glauben, dass sie, bevor die Juden sie gespalten haben, eine Einheit waren. Das Schlimme daran ist der Subtext: Damit wir wieder eins sein können, müssen wir die Juden vernichten. Das spielt eine immense Rolle, gerade wenn ich im Gefängnis mit muslimischen Jugendlichen arbeite, kommt das Thema Sunniten und Schiiten besonders häufig vor.

Der einflussreiche Scheich Yusuf al-Qaradawi, ein Ägypter, erklärte am 28. Januar 2009 auf Al Jazeera: «Im Verlauf der Geschichte brachte Allah Leute über sie (die Juden), die sie für ihre Verderbtheit bestraften. Die letzte Bestrafung erfolgte durch Hitler…Nächstes Mal wird es durch Gläubige geschehen.»[22] Burak Yilmaz kritisiert in diesem Zusammenhang die islamischen Verbände in Deutschland. Würden sie sich mit dem Thema wirklich auseinandersetzen, müssten sie die gesamte Verbandsstruktur ändern, argumentiert er. Die großen Dachverbände hätten nämlich auch Vereine oder Gruppierungen unter sich, die ganz klar eine antisemitische Agenda haben, wie den al Quds-Tag in Berlin, der vom Islamischen Zentrum in Hamburg (IZH) mitorganisiert wird. Das IZH stellt das Zentrum des schiitischen Islam in Deutschland dar und wird vom Hamburger Verfassungsschutz beobachtet. «Es ist nicht glaubwürdig, wenn man einerseits sagt, wir sind gegen Antisemitismus, andererseits aber in den eigenen Reihen Leute hat, die sich dafür mobilisieren lassen.» Burak wünscht sich eine antisemitismuskritische Theologie.

Es müssen theologische Konsequenzen gezogen werden, gegen die antijüdischen Verse im Koran oder in den mündlichen Überlieferungen des Propheten. Meiner Meinung nach müssten wir Muslime diese Verse streichen und für ungültig erklären. Darüber würde ich mit Theologen gerne streiten. Aber da passiert im Moment kaum etwas in den islamischen Fakultäten in Deutschland.

Genau dazu riefen in Frankreich im April 2018 250 prominente Franzosen, darunter einige Muslime wie Hassen Chalghoumi, Imam der Moschee in Drancy, oder der palästinensische Blogger Waleed al-Husseini in ihrem «Manifest gegen den neuen Antisemitismus» auf. Sie forderten alle Imame Frankreichs unter anderem auf, einzelne Koranverse, die von radikalen Islamisten als Legitimation für Gewalt benutzt werden, für obsolet zu erklären. Bei führenden muslimischen Theologen in Frankreich löste das Manifest Empörung aus, stieß aber eine wichtige Debatte über die Wurzeln des radikalen Islamismus an, die seitdem geführt wird. In Deutschland fand der französische Aufruf keine Beachtung.

Wer Rassismus bekämpft, darf bei Antisemitismus nicht schweigen

«Die Politik und die Medien beschäftigen sich nur mit Juden. Wenn Muslime erwähnt werden, dann meistens als Täter. Es fehlt die Gleichberechtigung», ärgert sich die 20-jährige Deutschtürkin Samira bei unserer Gesprächsrunde im European Trade Center in München. Wir haben die Teilnehmer gefragt, was sie über die vielen Berichte über antisemitische Vorfälle in Deutschland denken. Mehrere sehen es wie sie. Achmet meint etwa, dass das «ständige Gerede über den Antisemitismus» den Hass auf die Juden nur noch weiter schüre. Aslan, der junge Mann mit kosovarischen Wurzeln, erklärt sich das so: «Es geht um die Wiedergutmachung. Vielleicht will sich Deutschland von der Vergangenheit reinwaschen.»

Den Vorwurf, die deutsche Öffentlichkeit reagiere auf Islamfeindlichkeit und Rassismus weniger sensibel als auf Antisemitismus, hörten wir öfter – nicht nur von Muslimen. Der israelische Theater- und Hörspielregisseur Noam Brusilovsky lebt und arbeitet in Berlin. Die antimuslimische Stimmung in Deutschland empfindet der 30-Jährige als viel heftiger als die antisemitische: «Ich möchte sehen, was passieren würde, wenn ich hier als Jude auf der Straße zusammengeschlagen werde. Die SZ, die Zeit, Bild sowieso, alle würden darüber berichten. Der Antisemitismus hat in Deutschland einen ganz anderen Status als der Rassismus. Da ist man viel vorsichtiger», kritisiert er. Ähnlich äußert sich Olga Grjasnowa. Die Schriftstellerin, 1984 im aserbaidschanischen Baku in eine russisch-jüdischen Familie geboren, wohnt mit ihrem syrischen Ehemann und zwei Kindern in Berlin-Neukölln. Ihr Mann sei wegen seiner etwas dunkleren Hautfarbe oft mit Ressentiments konfrontiert, erzählt sie uns. «Wenn ich auf der Straße bin, passiert gar nichts, Null. Wenn wir zusammen sind, meistens auch nicht. Wenn er aber alleine ist, ist das schon ein Riesenunterschied.» Die Autorin des hochgelobten Debütromans «Der Russe ist einer, der Birken liebt» vermisst eine offene Diskussion über den Rassismus. Die Auseinandersetzung mit dem Antisemitismus empfindet sie jedoch als unehrlich: «Da gibt es zwar eine Betroffenheit, man mag die Juden aber trotzdem nicht.» Im Grunde ist Antisemitismus erst seit ein paar Jahren ein Thema in Medien und Politik – mit noch immer vielen blinden Flecken der Wahrnehmung des Problems.

Doch darf ein wesentlicher Unterschied zwischen Rassismus und Antisemitismus nicht aus dem Blick geraten. People of Color werden in rassistischen Denkmustern abgewertet und unterdrückt. Sie gelten als primitiv, gewaltsam, triebgesteuert, kurzum als minderwertig im Vergleich zur eigenen Gruppe der Weißen. Im Antisemitismus gelten zwar auch Juden als minderwertig und verachtenswert. Aber ihnen wird gleichzeitig die Rolle von Strippenziehern zugewiesen, die im Hintergrund eine besondere Macht ausüben und insgeheim Politik, Medien, Finanzmärkte zum Nachteil aller anderen lenken. So wird der Antisemitismus, der in den Juden die Ursache aller Übel auf der Welt sieht, zu einer sinnstiftenden Welterklärung. Gerade deshalb entziehen sich antisemitische Verschwörungsideologien jedem rationalen Zugriff.

In einem Tagescafé in Neukölln treffen wir im Sommer 2018 Ármin Langer. Der 28-Jährige ist ein bekannter jüdischer Aktivist, Autor und Koordinator der interkulturellen Initiative Salam-Shalom. In der Luft liegt der Duft frisch gebrühten Kaffees, das Publikum ist jung und international, von den Nebentischen dringen Gesprächsfetzen in Deutsch, Englisch und Französisch herüber. Die gegenüberliegende Straßenseite bietet ein anderes Bild: Aus den offenen Fenstern über dem türkischen Supermarkt im Erdgeschoss klingt orientalische Musik, an den Bistrotischen nebenan sitzen Männer, rauchen Wasserpfeifen und trinken Tee. Frauen erledigen ihre Freitagseinkäufe, schieben Kinderwagen oder tratschen mit Bekannten. Der Okzident trifft hier auf den Orient – die Sonnenallee, bekannt auch als «arabische Enklave Berlins», trennt die beiden Welten und verbindet sie zugleich. Kaum ein anderer Berliner Kiez polarisiert so stark wie Neukölln. Mehr als 40 Prozent seiner Einwohner entstammen Einwandererfamilien, was je nach Blickwinkel seine besondere Attraktivität ausmacht oder der Grund ist, den Kiez zu meiden. Ármin Langer lebt gerne hier. 2016 schrieb er das Buch: «Ein Jude in Neukölln. Mein Weg zum Miteinander der Religionen.» Um einen interreligiösen Dialog geht es auch dem 29-jährigen Ozan Zakariya Keskinkılıç, der mit Ármin zu dem Treffen kommt. Ozan stammt aus Südhessen und ist Muslim, seine Eltern sind aus der Türkei eingewandert. Auch er gehört der Initiative Salam-Schalom an, die sich mit Workshops an Schulen, Podiumsdiskussionen, Vorträgen in Moscheen und Synagogen, aber auch Partys gegen antisemitische und antimuslimische Vorurteile einsetzt. Ozan studierte in Wien Internationale Entwicklungsstudien mit Schwerpunkt Rassismus und Kolonialismus und ist mittlerweile Dozent an der Alice Salomon Hochschule in Berlin. «Als ich 2014 nach Berlin kam, bin ich zufällig auf Ármin gestoßen. Wir haben uns über unsere Biografien ausgetauscht und auch darüber, wie wir die Debatten über Muslime und Juden, deren Zusammenleben in Deutschland, wahrnehmen. Daraus entwickelte sich eine politische Freundschaft. Wir dachten, man kann sich vielleicht verbünden und gemeinsame Projekte starten», erzählt Ozan Zakariya Keskinkılıç. Ungefähr 100 Leute machen bei Salam-Shalom mit, sagt Ármin Langer. Er und Ozan gehören zu dem kleinen Kern der Aktiven. «Das Wort ‹Jude› als Schimpfwort kenne ich schon aus meiner Schulzeit, und es kam nicht von Arabern und Muslimen, sondern von weißen, deutschen Kindern, die das von ihren Eltern und Großeltern hatten», stellt Ozan gleich mal fest. Auch Ármin beklagt eine pauschalisierende Abwertung von Muslimen, etwa durch die Behauptung, Neukölln sei für Juden eine «No-Go-Area». Das sei kontraproduktiv, sagt er, würde es doch bedeuten, dass es nur dort Probleme mit Antisemitismus gebe, wo viele Muslime leben. Worüber er aber schweigt: Natürlich findet auch ein Jude im Kiez tolerante Aufnahme, das aber häufig nur zu dem Preis einer Verurteilung Israels. «Das ist das Eintrittsticket», sagte uns ein jüdischer Gesprächspartner, dessen Tochter in Neukölln lebt. Ármin Langer räumt ein, dass das Zusammenleben unterschiedlicher religiöser und ethnischer Minderheiten kein «Friede-Freude-Eierkuchen» sei. Beide Männer haben zum Zeitpunkt des Gesprächs noch den Eindruck, dass Politik und Medien seit Sommer 2015 vor allem den Antisemitismus unter Geflüchteten thematisierten und entsprechende Einstellungen in der deutschen Gesellschaft verharmlosten. Das trifft zu und änderte sich erst nach dem Anschlag in Halle. Seitdem spricht kaum jemand vom «importierten Antisemitismus», die Rechtsextremen stehen jetzt im Fokus. Antisemitismus müsse nach Deutschland nicht erst «importiert» werden, er sei schon immer dagewesen. Es gibt auch nicht «die Muslime», «die Araber» oder «die Geflüchteten», die die gleichen Einstellungen teilen würden, wie Ámin Langer und Zakariya Keskinkılıç zurecht betonen Aber der Verweis auf den Judenhass in der Mehrheitsgesellschaft greift unserer Meinung nach zu kurz. Wenn jemand aus einem Land wie Syrien oder dem Iran kommt, wo antijüdische Ressentiments und Israelhass zur Staatsräson gehören, ist die Wahrscheinlichkeit, selbst antisemitisch eingestellt zu sein, größer, als wenn im Herkunftsland der Judenhass vom Staat und von staatlichen Institutionen nicht geduldet wird. Antisemitismus unter Muslimen muss genauso thematisiert werden wie der Judenhass in nichtmuslimischen Milieus, und zwar ohne kollektive Schuldzuweisungen. Muslime haben hierzulande selbst Diskriminierungserfahrungen. Aber auch Menschen, die unter Diskriminierung leiden, können andere diskriminieren. Klar muss auch sein: Muslime sind mitnichten «die neuen Juden», wie manche behaupten. Derartige Aussagen relativieren die Shoah, die staatlich organisierte Verfolgung, Deportation und Ermordung der europäischen Juden.

Der rechte Terror zielt gegen die Demokratie und bedroht gleichermaßen Juden und People of Color – die NSU-Mordserie, der Anschlag in Hanau im Februar 2020, Solingen, Rostock-Lichtenhagen oder Hoyerswerda in den neunziger Jahren, der Anschlag auf die Synagoge in Halle, der Mord an Shlomo Lewin und Frida Poeschke in Erlangen, die ganze lange Liste rechtsextremer und terroristischer Übergriffe auf Juden und jüdische Einrichtungen seit 1945. «Wer sich ein Deutschland ohne Muslime wünscht, der wünscht sich auch ein Deutschland ohne Juden», warnt in seinem Buch «Desintegriert Euch!» der Berliner Autor und Lyriker Max Czollek. Es sei eine Illusion zu glauben, dass die jüdische Minderheit dauerhaft unberührt bleibe, wenn eine Stimmung der Feindseligkeit gegenüber anderen Minderheiten die Gesellschaft beherrsche. Und auf keinen Fall darf eine Opferkonkurrenz entstehen. Wer Rassismus bekämpfen will, darf Antisemitismus auch nicht bei Menschen ignorieren, die in diesem Land Schutz suchen. Das gilt auch umgekehrt. Viele antirassistische Bündnisse sind allerdings kein Safe-Space für Juden und Jüdinnen, meint Ruben Gerczikow. «Ich kenne viele Bündnisse, die nicht so sind, mit denen ich auch zusammengearbeitet habe. Ich kenne aber auch viele, die unter der vermeintlichen Solidarität mit dem palästinensischen Volk extrem antisemitisch agieren», ergänzt er in einem Videomeeting, Monate nach unserem ersten Treffen.

Beide Minderheiten formten jedoch schon mehrmals Allianzen. Sowohl Juden als auch Muslime mussten sich gegen Versuche wehren, ihre religiöse Praxis einzuschränken. Als in Deutschland 2012 eine Diskussion darüber entbrannte, ob der Staat die rituelle Beschneidung von Jungen nicht verbieten sollte, protestierten sie gemeinsam dagegen. 2009 forderten der Zentralrat der Juden und der Zentralrat der Türkischen Gemeinde in Deutschland bei einer gemeinsamen Pressekonferenz den Rücktritt des damaligen Berliner Bundesbankvorstands Tilo Sarrazin wegen seiner volksverhetzenden und muslimfeindlichen Äußerungen. Am 9. Oktober 2020, dem ersten Jahrestag des rechtsextremen Anschlags auf die Synagoge in Halle, veranstaltete die Jüdische Studierendenunion Deutschlands gemeinsam mit der «Initiative 9. Oktober Halle» eine Kundgebung zum Gedenken an die Opfer des terroristischen Anschlags. Dem Besitzer des Döner-Imbisses, in dem Stephan B. einen Mann erschossen hatte, übergaben die Vertreter der jüdischen Studenten knapp 30 000 Euro aus einer Spendenaktion. «Der Rechtsterrorist glaubte nicht an eine multikulturelle Gesellschaft. Aus antisemitischen und rassistischen Motiven ermordete er vor gut einem Jahr zwei Menschen. Wir glauben an eine multikulturelle Gesellschaft in diesem Land. (…) Wir glauben an Solidarität», hieß es in dem Spendenaufruf der jüdischen Studenten.

Auch in der islamischen Gemeinschaft in Deutschland gibt es Initiativen gegen Antisemitismus. Viel öffentliche Aufmerksamkeit bekommen sie aber nicht, auch müssen sie jedes Jahr aufs Neue um die Finanzierung ihrer Projekte bangen – wie der Bundesverdienstkreuzträger Burak Yilmaz. Ein «digitales Gegennarrativ» nennt er das Video auf YouTube, das er mit Furkan, 20, Mehmet, 23, Emre, 20, und Abdul, 25, gedreht hat. Junge Muslime sprechen gegen Hass, Rassismus und Antisemitismus. Ein Online-Kommentar dazu: «Ich bin stolz auf euch! Macht so weiter, Brüder im Islam. Ihr zeigt, was unsere Religion uns lehrt. Juden sind unsere Geschwister in Humanität. Wir sind alle Menschen auf dieser Erde und wir sollten uns gegenseitig helfen! Ihr seid Helden und ich bin voll auf eurer Seite. Ich bin Muslim und ich hasse niemanden. Hass zerstört uns alle. Folgt den Weg, den unser beliebtester Prophet Mohammed uns beigebracht hat. Möge Allah euch dafür belohnen und euch begleiten zum richtigen Weg. Amen.»

3. «Sie verstehen nicht, was das Land für uns bedeutet»: Wie israelbezogener Antisemitismus Juden in Deutschland belastet

Eine linke Anti-Israel-Demo in Berlin

«Ich höre immer dieses, ja, aber was ihr da macht ...»

Vieles hat sich für Hanna Bander und ihre Familie zum Besseren gewendet, nachdem sie 1968 aus Polen ausgewandert waren – nur, dem Judenhass entkamen sie auch in Deutschland nicht. Dabei hatten sie gerade wegen des Antisemitismus ihre Heimat verlassen. Im stark katholisch geprägten Polen galten Juden noch immer als Christusmörder. Das kommunistische Regime fuhr 1968 eine antisemitische Kampagne gegen die «Feinde des polnischen Volkes.» «In Nullkommanichts mutierten wir von Scheißjuden zu Scheißzionisten», sagt Hanna. Bis 1979 flüchteten ungefähr 30 000 Juden und Jüdinnen aus dem Land. In der Bundesrepublik hatte sich das positiv aufgeladene Israelbild nach dem Sechstagekrieg 1967 gewandelt, der Staat im Nahen Osten wurde zum Feindbild im antiimperialistischen Kampf der bundesdeutschen Linken. Das bekamen auch Juden in Deutschland zu spüren. Mittlerweile hat Hanna keine Lust mehr, mit Nichtjuden über Israel zu sprechen. Aber es lässt sich kaum vermeiden. Regelmäßig wird sie darauf angesprochen, hört Sätze wie «Was macht Ihr da mit den Palästinensern», oder «Gerade Ihr, Ihr müsstet doch gelernt haben …», als hätten Shoah-Überlebende und ihre Nachkommen gegenüber Täternachkommen eine moralische Bringschuld. Die Wissenschaft spricht von «Victim Blaming», einer Täter-Opfer-Umkehr als Form der Schuld- und Erinnerungsabwehr. Im Alltag heißt das für die deutsche Staatsbürgerin Hanna Bander: Sie muss sich ständig für die Politik israelischer Regierungen verantwortlich machen lassen. «Viele Nichtjuden verstehen nicht, wie elementar Israel auch für Juden in der Diaspora ist», sagt Hanna bedauernd. Nach 2000 Jahren Verfolgung bietet ihnen das Land eine nie gekannte Sicherheit, und Vertrauen in die Zukunft. So sieht es auch die 28-jährige Dortmunder Lehrerin Diana Broner, Tochter jüdischer Migranten aus Moskau.

Ich liebe Deutschland, fühle mich deutsch, wähle hier, habe Germanistik studiert und bin Deutschlehrerin geworden. Ich bin eher an deutschen Dichtern und Denkern orientiert als an den Richtern und Henkern.

Und was bedeutet Dir Israel?

Eine Insel der Rettung. Auch wenn ich weiß, dass keiner dort auf mich wartet und ich am Flughafen genauso wie Ihr befragt werde, ob ich Terroristin bin und wer meinen Koffer gepackt hat.

Chajm Guski betreibt einen vielgelesenen Blog «Sprachkasse», analysiert klug und witzig gesellschaftliche Entwicklungen und Debatten aus seiner – jüdischen – Perspektive. Der großgewachsene, nachdenkliche Intellektuelle mit Schiebermütze meint, dass es der deutschen Mehrheitsgesellschaft in Bezug auf Israel und Juden an Empathie fehle:

Man nimmt es gar nicht wahr, dass das Land für Juden einen Schutzraum bedeutet, den es leider geben muss, weil sie nirgendwo auf der Welt gemocht werden. In Deutschland wollen viele nicht sehen, wie fragil die Sicherheitslage Israels ist, trotzdem fühlt sich jeder als Experte. Israels einzige Lebensversicherung ist, dass seine Nachbarländer vor ihm Angst haben. Wenn sie glaubten, es sei ein schwaches Land, gäbe es den Staat Israel heute wahrscheinlich nicht mehr.

Die Berliner Bloggerin Juna Grossmann sieht grundsätzlich eine schwindende Bereitschaft, sich einmal auch in die Lage anderer hineinzuversetzen. Sie ist davon überzeugt, dass sich viele nichtjüdische Deutsche hinter Israelkritik verstecken, wenn sie auf Juden schimpfen wollen.

Ich höre immer dieses, ja, aber…Was Ihr da macht…Dabei war ich in meinem Leben gerade zwei Mal in Israel! Mir wird einfach unterstellt, dass ich eine Netanyahu-Anhängerin bin, was ich gar nicht bin. Ich habe nicht einmal die Chance, etwas zu erklären!

Im Februar 2019 spricht Charlotte Knobloch im bayerischen Bad Aibling vor dreihundert Menschen über ihr Leben in Nazideutschland. Die Präsidentin der Israelitischen Kultusgemeinde München und Oberbayern erzählt in eindringlichen Worten vom Brand der Münchner Synagoge im Novemberpogrom 1938, von ihrer Familie und ihrer Flucht aus der Stadt. Israel erwähnt sie mit keinem Wort, dennoch zielt nach dem donnernden Applaus die erste Frage aus dem Publikum auf Israel, die zweite und vierte ebenfalls. Wie stehe sie zur Unterdrückung der Palästinenser durch Israel, will ein Zuhörer wissen, als wäre die Münchnerin Charlotte Knobloch, man merkt es an seinem fordernden Tonfall, für israelische Politik verantwortlich.

Hannah Dannel erzählt uns, wie sie von ihrer Geschichtslehrerin auf einem Bonner Gymnasium aufgefordert wurde, der Klasse den israelisch-palästinensischen Konflikt zu erklären. Es war in der Zeit des Golfkriegs. Sowohl Arafat als auch Schamir seien für sie Terroristen, meinte die Lehrerin. Damit gab sie die Tendenz schon mal vor. Hannah Dannel schüttelt den Kopf.

Und da stehst du da und sollst dich erklären. Dabei hast du von Israel kaum mehr Ahnung als deine Klassenkameraden, warst noch nie da.

Auch die 19-jährige Alice Kolosnichenko, die das Jugendzentrum der Münchner Israelitischen Kultusgemeinde leitet, kennt das.

Wenn ich mit Studenten rede oder mit etwas älteren Leuten, ist es manchmal komisch. Ich werde als Außenpolitikerin Israels abgestempelt. Muss mich dann wegen Israel verteidigen. Ich finde es schade, dass es dazu kommt.

Vor Jahrhunderten war am Rabensteig 3 in Wien eine Salzhandlung untergebracht, dann eine Bäckerei, auch Teile der alten Stadtmauer wurden bei der Renovierung des Hauses freigelegt. An diesem historischen Ort zog 2019 der Book Shop Singer ein – ein besonderer Buchladen mit koscherem Café, Ausstellungsraum und einem Infopoint für Touristen. Die Inhaberin, Dorothy Singer, sortiert liebevoll und sorgfältig religiöse Judaica wie Gebetbücher und Kommentare, auch Werke zur Philosophie, Lyrik, Zeitgeschichte und Austriaca mit jüdischem Schwerpunkt sowie israelische Literatur. Dorothy Singer führt in Wien schon seit vielen Jahren ihre jüdische Buchhandlung, früher im Jüdischen Museum. In ihrem Laden tauchen wir in die faszinierende Welt der jüdischen Kultur und Geschichte ein. Die Wiener Jüdin erzählt uns von einem Stammkunden, Mitglied des Vereins «Freunde des Jüdischen Museums», der eines Tages, es war während des zweiten Gaza-Konflikts, zu ihr ins Geschäft kam und mit fast drohender Stimme sagte: «Wenn Ihr glaubt, dass Ihr so weiter machen könnt ...» Er griff sie für etwas an, was in Israel passiert war und fragte sie nicht einmal nach ihrer Meinung dazu. Die Vorstellung, dass Israel den Weltfrieden bedrohe, sei leider auch in vielen Verlagshäusern verbreitet, sagt Dorothy. Es werden weniger Übersetzungen von Literatur aus Israel und vermehrt israelkritische Bücher verlegt, darunter «Die Israel-Lobby». Wenn sich ein Kunde das Buch wünsche, bestelle sie es, selbst biete sie es aber nicht an.

Wenn mich dann jemand fragt, warum wir das Buch nicht haben, sage ich, dass ich noch auf das Buch ‹Anti-Israel-Lobby› warte, damit ich die beiden nebeneinanderlegen kann. Es gibt eine Israel-Lobby. Aber die andere ist viel größer.

Dem Dortmunder Rabbiner Baruch Babaev widerfuhr der Hass dort, wo er ihn am wenigstens erwartet hatte – unter Freunden, im Arbeitskreis der Vertreter der Dortmunder Religionsgemeinschaften. Bei einem Treffen wurden er und seine Kollegin von der jüdischen Gemeinde plötzlich aufgefordert, sich dazu zu äußern, was sich Israel «momentan erlaube». «Sagen Sie doch…Erklären Sie doch…Diese Maßnahmen…man solle doch die Menschen über die Grenzen gehen lassen …»

Das war sehr schlimm für mich, ich wusste gar nicht, was ich sagen soll. Wir beide standen da, in die Ecke gedrängt, hatten das Gefühl, als ob sie sich alle vorher abgesprochen hätten. Obwohl ich kein Soldat bin und noch nie einen Schuss abgefeuert habe, hat man mich für Handlungen Israels schuldig erklärt. An der Wortwahl, der Lautstärke und der Gestik haben wir gesehen, dass das keine Kritik war. Das hatte mit Hass zu tun.

Baruch Babaev wartete 24 Stunden und schrieb dann seinen Kollegen eine E-Mail. Er könne sich eine Zusammenarbeit unter solchen Umständen zurzeit nicht mehr vorstellen und verlange ein klärendes Gespräch. Das fand auch statt. «Man hat mir gesagt, ich solle mich für meine Mail entschuldigen.» Das tat er nicht. «Wir haben uns aus dem Gesprächskreis verabschiedet. Für immer.»

In Köln sprechen wir mit der Anthropologin Dani Kranz. Die Wissenschaftlerin forscht zu Themen wie Migration und Ethnizität, Anthropologie des Staates, Recht, Erinnerungspolitik sowie jüdischem Leben und der Bekämpfung von Antisemitismus. 2019 ist sie in das unabhängige Expertengremium Antisemitismus der Bundesregierung berufen worden, das den Bundesbeauftragten Felix Klein berät. «Die Deutschen haben ihren eigenen Palästina-Konflikt», sagt sie. «Zu Grunde liegen Projektionen, die in Deutschland bezüglich Israel und Palästinenser konstant ablaufen.» Die Regierungsberaterin vermisst hierzulande eine ernstzunehmende Israelforschung, denn diese ist auf wenige, befristete Stellen oder Projekte begrenzt. «Es gibt genug Leute, die Israel-Studien im weitesten Sinne machen, ohne wirklich Hebräisch zu können. Oder Arabisch, also die Sprache, die in Israel immerhin 20 Prozent der Bevölkerung sprechen», kritisiert sie. Für ihre Studie «Die Migration israelischer Juden nach Deutschland seit 1990» führte Dani Kranz Interviews mit Israelis, die nach Deutschland kamen, untersuchte unter anderem deren

Motivation. Die Zahl der israelischen Zuwanderer wird häufig völlig überschätzt, entgegen der allgemeinen Wahrnehmung handelt es sich um eine relativ kleine Gruppe von maximal 20 000 Personen, mehr als ein Drittel von ihnen lebt in Berlin. Die meisten Israelis reflektierten, wie symbolisch aufgeladen ihre Anwesenheit in Deutschland sei, dass sie hier eine «jüdische Position» einnähmen, berichtet die Wissenschaftlerin. «Das Bild, das sich Deutschland von uns macht, ist voll und ganz von der Vergangenheit geprägt», sagte der israelische Historiker Ofri Ilany im Gespräch mit dem israelischen Übersetzer und Philosophie-Dozenten Elad Lapidot, das 2015 im Berliner hebräischen Magazin «Spitz» erschien.[1] Der seit 2013 in der deutschen Hauptstadt lebende Historiker meinte damit nicht allein die Shoah, sondern die lange Geschichte der deutsch-jüdischen Beziehungen. Der israelischen Leserschaft des Magazins riet er zugespitzt: «Vielleicht ist das trivial, aber hin und wieder sollte man sich daran erinnern: Berlin liebt mich nicht, weil ich begabt bin oder klug, oder weil ich gutes Englisch spreche oder gar einen schönen Arsch habe. Es liebt mich wegen Erzvater Abraham und Heinrich Himmler. Du bist letztlich eine Phantasie von jemand anderem.» Auch der junge Theater- und Hörspielregisseur Noam Brusilovsky spürt das: «Ich habe immer das Gefühl, ich bin als Jude eine Erinnerung an jemanden, der nicht mehr da ist. Deshalb bin ich wichtig. Das ist das Problematische daran.» Für sein hochgelobtes Hörstück «We love Israel» interviewte Noam zusammen mit dem israelischen Musiker und Feuilletonisten Ofer Waldman deutsche Touristen, die nach Israel reisen. Was führt sie dorthin? «Ein Deutscher, das war uns schon vorher klar, fliegt nie nach Israel, um dort nur ein paar Tage Strandurlaub zu machen. Es ist immer mit Emotionen verbunden», sagt Noam. Die Liebe zum Land und zu Israelis – oder das, was viele Deutsche dafür halten – verbinde verschiedene Gruppen, von gläubigen Christen und deutschen Nichtjuden, die zum Judentum konvertiert sind, bis zu schwulen Tel Aviv-Fans, rechten Pegida-Anhängern, linken Anti-Deutschen oder Gruppierungen wie «Antifa pro-Israel». Da bleiben skurrile Erlebnisse nicht aus. «Wir haben in Jerusalem eine deutsche Gruppe interviewt, die alle irgendwie

furchtbar enttäuscht waren, dass gerade nichts Spirituelles passiert»,
sagt Noam und grinst. Er warnt vor der Umarmungsfalle der deutschen Philosemiten. Sie seien oft enttäuscht, wenn er die israelische
Politik kritisiere und wollten sich ihr idealisiertes Israelbild nicht
nehmen lassen. Plötzlich sei er dann nicht mehr der «erwünschte
Jude». Andersherum funktioniere es genauso, viele kritisieren Israel,
meinen aber die Juden. «Ich will aber weder geliebt noch gehasst
werden. Ich wünsche mir Respekt», stellt der Israeli klar.

«Spekulanten», «Imperialisten», «Zionisten»: Antisemitismus von links

«Haus Deutschland» nannte Peter Finkelgruen eines seiner zwei au-
tobiografischen Bücher, die tief in die Dunkelkammern des neuen
demokratischen Deutschlands hineinführen. Es war das Haus, in
dem er sich 1959 einzurichten versuchte. Damals wusste er nicht viel
über das Land, aus dem seine Eltern vor der nationalsozialistischen
Verfolgung geflohen waren. Dem guten Beobachter, der er schon
war, fiel schnell auf, wie problemlos die Täter sich in die westdeutsche Nachkriegsgesellschaft integriert hatten. Das volle Ausmaß der
braunen Kontamination konnte er natürlich noch nicht erahnen.
Ranghohe Nazis waren überall. Sie besetzten Ministerien und Äm-
ter, leiteten Wirtschaftsunternehmen, arbeiteten als Diplomaten,
Richter, Staatsanwälte, Ärzte und an Universitäten. Ein ehemaliger
SA-Mann, während der Naziherrschaft als Staatsanwalt an der Verfolgung von Widerständlern und Juden beteiligt, wachte über das
Bundesamt für Verfassungsschutz. Im Bundeskriminalamt besetzten
ehemalige SS-Männer zwei Drittel der Spitzenposten. Der frühere
«Ostexperte» der Nazis und Verbindungsoffizier der Abwehr bei
dem ukrainischen Bataillon Nachtigall war zum Bundesminister für
Vertriebene geworden. An der Spitze des Kanzleramtes stand ein
Mann, der die Nürnberger Rassengesetze kommentiert hatte und an
der Einführung des Stempels «J» in Pässen von Juden beteiligt war.
«Die Entnazifizierung konnte nicht einmal scheitern, die gab es

nämlich nicht», sagt der schlanke, weißhaarige Mann mit Brille und einem jungenhaften Charme.

Wir sitzen am Wohnzimmertisch seiner Kölner Wohnung, ein Kater streicht um unsere Beine herum. Peter Finkelgruen wurde 1942 im jüdischen Ghetto von Shanghai geboren. Flucht und Verfolgung hatten seinem Vater so sehr zugesetzt, dass er nur 16 Monate nach der Geburt seines Sohnes starb. Nach dem Krieg wuchs der Schriftsteller in Prag und Tel Aviv auf, wo er sein Abitur machte. Die starke emotionale Bindung zu dem jüdischen Staat ist dem Journalisten geblieben, auch wenn ihm Benjamin Netanjahu, wie er mit Blick auf den Rechtsruck in der israelischen Politik bedauernd sagt, «sein Israel» gestohlen habe. «Den Holocaust überlebt zu haben, bedeutet für mich, in Israel einen Ort zu haben, wo man hingehen kann. Das ist ganz simpel», sagt Peter Finkelgruen. Ein wehmütiges Lächeln umspielt seine Lippen.

Wie war es für Sie, als Sie das System Adenauer-Globke in Westdeutschland begriffen hatten?

Ich wurde, haltungsmäßig, quasi links. Gleichzeitig bekam ich es mit dem linken Antizionismus zu tun.

Damals studierte er Geschichte und Politikwissenschaften, einer seiner Professoren hatte einen Assistenten, der kurze Zeit später ein führender Vertreter des Sozialistischen Deutschen Studentenbundes (SDS) wurde.

Ich verstand mich sehr gut mit ihm, bis die Sprache auf Israel kam, aber, weißt du, die Zionisten da unten. So ging es hin und her. Es war nicht so, dass ich keine Kritik gehabt hätte an Israel. Aber das hier war etwas anderes.

Würden Sie sagen, dass sich in der antizionistischen Rhetorik antisemitische Ressentiments verbargen?

Das habe ich gespürt.

Aber kann überhaupt jemand, der politisch links steht, antisemitische Ressentiments haben? Diffamiert man mit einem solchen Vorwurf nicht gerade jene, die sich doch am meisten gegen Diskriminierung von Minderheiten engagieren? Antisemitismus wird zu

Recht in erster Linie den Rechtsextremen zugeschrieben, denn er gehört zur Grundausstattung der rechtsextremen Ideologien. Die große Zahl an antisemitisch motivierten Gewalttaten wurde und wird in Deutschland und weltweit von Rechtsextremisten verübt. Innerhalb des linken Spektrums war Antisemitismus hingegen nie konstitutiv, von einer antisemitischen Tradition, die sich durch die Geschichte der linken politischen Bewegungen ziehen würde, kann keine Rede sein. Historisch gesehen, waren es vor allem Sozialdemokraten und Kommunisten, die im 20. Jahrhundert gegen Faschismus und Antisemitismus kämpften. Es waren Sozialdemokraten, die im Kaiserreich für soziale Gerechtigkeit und gegen Unterdrückung eintraten, die später gegen die Nationalsozialisten aufstanden – die Partei, deren Bundeskanzler Willy Brandt 1970 in Warschau am Mahnmal für den Aufstand im Warschauer Ghetto niederkniete. Die SPD hatte schon auf ihrem Parteitag 1892 in Berlin als erste Partei eine Resolution gegen Antisemitismus verabschiedet. Andererseits griff ihre Presse auch auf judenfeindliche Stereotype zurück, und Vertreter der 1919 gegründeten KPD hetzten im Klassenkampf gegen das «jüdische Finanzkapital». Auch wenn es paradox erscheint und dem linken Selbstverständnis widerspricht: Auch Menschen, die sich als links bezeichnen, humanistische Werte vertreten, gegen Rassismus, Rechtsextremismus und Fremdenfeindlichkeit auftreten und sich auch gegen Judenfeindlichkeit immun glauben, können antisemitische Ressentiments hegen. Der Freiburger Soziologe Thomas Haury, zu dessen Forschungsschwerpunkten linker Antizionismus gehört, umreißt zwei Themenfelder, in denen sich Antisemitismus auf der linken Seite manifestiert: eine personalisierte, verkürzte Kapitalismuskritik, die den Kapitalismus auf eine verschwörungsideologische Weise auf Geld, Banken, Börsen und eine kleine Gruppe von internationalen Bankern, «Spekulanten» und «Imperialisten» reduziert. Dieser Gruppe wird das «Volk» als angebliches Opfer entgegensetzt. Zum anderen der israelisch-palästinensische Konflikt, wenn dieser als ein Kampf von «Gut» und «Böse» interpretiert wird.[2] In diesem dichotomischen Weltbild steht auf einer Seite der «imperialistisch-rassistische» Zionismus, auf der anderen «die Palästinenser», mit deren «Freiheitskampf» man sich voll und ganz identifiziert. Der jüdische Staat gilt als Aggressor und «Brückenkopf des Imperialismus», über die Gewalttaten palästinensischer Gruppen wird hinweggesehen.

Bis zum israelischen Sieg im Sechstagekrieg 1967 waren antiisraelische Positionen unter sozialdemokratisch, gewerkschaftlich und linksliberal geprägten Nachkriegslinken allerdings nur vereinzelt zu finden. Es überwog eine demonstrativ proisraelische Position, noch zu Beginn des Krieges demonstrierte die Studentenbewegung auf Berliner Straßen für den jüdischen Staat. Die Nachkriegslinke engagierte sich für das sogenannte Wiedergutmachungsabkommen, für die Aufnahme diplomatischer Beziehungen zu Israel, die 1965 erfolgte, und gegen den Antisemitismus, der auch nach dem Krieg fortbestand und von den Konservativen bagatellisiert wurde. Fritz Bauer erklärte 1963 in einem Interview mit einer dänischen Zeitung, dass das deutsche Volk noch heute Hitler nicht ablehne, die junge deutsche Demokratie sei nicht stark genug, ihn abzuweisen. Da brach ein Sturm der Entrüstung los. Die Bonner Parteispitze der CDU forderte die Ablösung des hessischen Generalstaatsanwalts, weil er – und vor allem darum ging es den Konservativen – dem Ansehen Deutschlands in der Welt geschadet habe. Viele junge Linke aus der Studentenbewegung, die eine Auseinandersetzung mit der Nazivergangenheit erzwang, begeisterten sich für die Kibbuz-Bewegung. Die Sympathien für das Land der Shoah-Überlebenden reichten bis zu einer philosemitischen Überhöhung des «sozialistischen Pionierstaates». Philosemitismus und Antisemitismus sind aber nur zwei Seiten einer Münze. In ihrem weit vorausschauenden Artikel «Judenfreunde-Judenfeinde», der 1965 in der *Zeit* erschienen ist, kritisierte die deutschjüdische Politikwissenschaftlerin Eleonore Sterling einen «fragwürdigen Philosemitismus» in der BRD. Dieser habe weniger mit den Juden zu tun, als vielmehr mit der Außenpolitik, mit Verdrängung und Selbstentlastung. Latente und tabuisierte Vorurteile könnten aber mit Hilfe demagogischer Mittel schnell virulent werden, warnte die Frankfurter Politologie-Dozentin. «Der Antisemitismus ist explosiv. Nur notdürftig kann der Philosemitismus das geschichtlich allzu oft bewährte Ventil des Judenhasses verdecken.»[3] Der Soziologe Thomas Haury sieht in der verklärenden Bewunderung für Israel ebenfalls einen Beleg dafür, dass die proisraelische Einstellung der damaligen westdeutschen Linken nicht nur aus dem Bewusstsein politischer Verantwortung für den Massenmord an den Juden erwuchs, sondern auch von latenten Schuldgefühlen begleitet war. Man wollte sich gegenüber dem Ausland und in Abgrenzung zur CDU-Regierung als das «bessere Deutschland» präsentieren.[4]

Der Philosemitismus gehörte auch zur demokratischen Rechten, die für die USA, pro Israel und im Kalten Krieg scharf antikommunistisch war und gegen die Studentenbewegung prügelnde Polizei aufbot. Bei der Hamburger Immatrikulationsfeier im Oktober 1967 schrie ein Professor der Byzantinistik protestierenden Studenten zu: «Ihr gehört alle ins KZ!»[5] Die «alten Panzermannschaften», wie Peter Finkelgruen das konservative Lager und die von den revoltierenden Studenten gehasste Springer-Presse spöttisch nennt, feierten den Sechstagekrieg als israelischen «Blitzkrieg» und entdeckten ihre Begeisterung für Israel. Die 68er und die aus ihrer Zerfallsmasse Ende der sechziger Jahre hervorgehenden maoistischen, trotzkistischen, anarchistischen oder marxistisch-leninistischen Gruppen vollführten einen radikalen Kurswechsel. Der israelisch-palästinensische Konflikt wurde fortan als der zentrale Befreiungskampf der unterdrückten Palästinenser gegen den amerikanischen Imperialismus und Zionismus gedeutet. Dieser Logik folgend wurde das palästinensische Volk zu den «Opfern von Opfern» erklärt, den Israelis fiel die Rolle der «heutigen Nazis» zu. Im Frühjahr 1968 hielt der israelische Botschafter Asher Ben-Natan Vorträge an mehreren westdeutschen Universitäten. In München begrüßte ihn ein Banner mit der Aufschrift: «Israel wird keinen Frieden haben, bevor nicht noch 50 Bomben in Supermärkten explodieren.»[6] Im Juni 1969 beschimpften ihn SDS-Mitglieder bei einer Veranstaltung in Frankfurt als Faschisten, schrien «Zionisten raus aus Palästina» und verhinderten seinen Auftritt.[7] Dass die jüdische Nationalbewegung, der Zionismus, im 19. Jahrhundert auch als eine Antwort auf die lange Tradition des europäischen Antisemitismus entstanden war, und die

Shoah letztlich die Gründung des Staates Israel beschleunigte, blendeten die radikalen Linken aus. Theodor W. Adorno, zusammen mit Max Horkheimer der führende Kopf des Frankfurter Instituts für Sozialforschung, schickte nach den Ereignissen in Frankfurt seinem Kollegen Herbert Marcuse einen besorgten Brief: «Nachdem man in Frankfurt den israelischen Botschafter niedergebrüllt hat, hilft die Versicherung, das sei nicht aus Antisemitismus geschehen (…) nicht das mindeste. Du müsstest nur einmal in die manisch erstarrten Augen derer sehen, die womöglich unter Berufung auf uns selbst ihre Wut gegen uns kehren.»[8]

Der Israeli Abba Naor erlebte die sechziger Jahre in München. «Ich glaube, dass viele Studenten damals nicht verstanden haben, was Zionismus eigentlich ist», sagt er und meint damit die Sehnsucht des jüdischen Volkes nach Zion, seiner uralten Heimstätte. Wir besuchen den 92-jährigen Vizepräsidenten des Internationalen Dachau-Komitees in einem Münchner Hotel. Jedes Jahr verbringt der Shoah-Überlebende ein paar Monate in Bayern, um Jugendlichen in den Schulen von seiner Verfolgungsgeschichte zu erzählen. Nach dem Krieg wanderte der im litauischen Kovno geborene Abba nach Palästina aus. 1967 zog er mit seiner Frau Lea, deren Eltern schon vor dem Krieg aus Nazideutschland nach Palästina geflüchtet waren, nach München um. Die bayerische Metropole erlebte damals einen regelrechten Boom, an jeder Ecke wurde gebaut. Der zweifache Familienvater Abba Naor pachtete in der Türkenstraße die Pizzeria «Stop In». Der Laden war immer voll, was neben der exzellenten Lage unweit der Universität vor allem an der späten Sperrstunde lag. Bis zwei Uhr morgens saßen dort junge Leute, tranken Bier und Wein, rauchten und diskutierten. Nach dem Sechstagekrieg war der Nahostkonflikt ihr beherrschendes Thema. Um die militärische Auseinandersetzung zwischen Israel und seinen arabischen Nachbarn ging es auch an dem langen Tresen, an dem sich jeden Abend eine Gruppe junger Studenten traf. Sie diskutierten so laut, dass Abba Naor alles mithören konnte. Israel ist der Aggressor, Israel vertrieb die Palästinenser, Israel das, Israel jenes… Irgendwann hielt er es nicht mehr aus:

Ich mischte mich ein und sagte, dass mein Land diesen Krieg nicht wollte. Israel musste ihn aber zur Verteidigung führen, weil unsere arabischen Nachbarn uns vernichten wollen. Was sollten wir machen, fragte ich die Studenten, etwa tatenlos darauf warten? Im Meer schwimmen können wir nicht.

Wie haben sie reagiert?

An dem Abend verlor ich meine besten Kunden. Sie kamen nie mehr.

Mal angenommen, Israel hätte den Sechstagekrieg verloren. Denkst Du, dass die Haltung vieler westdeutschen Linken anders gewesen wäre?

Ich glaube schon, dass sie sich in dem Fall mit uns solidarisiert hätten. Das ist die Macht der Gewohnheit: Die Juden waren ja immer eine Minderheit, die Unterdrückten. Nach dem Sechstagekrieg waren sie plötzlich keine Opfer mehr. Bei einer Niederlage hätte es aber nicht mehr viel zum Solidarisieren gegeben. Israel wäre gefallen, zumindest wäre es der Beginn seines Niedergangs gewesen.

Diese jungen Linken, Studenten, standen doch einmal für die Aufklärung über die Nazi-Vergangenheit, trugen wesentlich zur Demokratisierung dieses Landes bei.

Aber auch sie haben den Antisemitismus mit der Muttermilch aufgesogen. Einige sind später ja sogar zu Arafat gefahren, um von palästinensischen Terroristen zu lernen, wie man israelische Flugzeuge kapert. Ich weiß nicht, wieviel Antisemitismus in dieser Haltung war. Aber es steht für mich außer Frage: Er war drin.

Bei kleinen Gruppen der Linken, die sich in ihrem «antiimperialistischen Kampf» an den lateinamerikanischen Guerilla orientierten, schlug der Antizionismus bald in Gewalt um. Am 9. November 1969 versammelten sich im jüdischen Gemeindehaus in Westberlin 250 Menschen, um am 31. Jahrestag der Pogromnacht zu gedenken. Unter ihnen waren viele Shoah-Überlebende. Was sie nicht ahnen konnten: Im Getränkeautomaten neben der Garderobe lag eine Bombe. Nur ein technischer Defekt am Zünder verhinderte ein Blutbad. Vier Tage später veröffentlichte die linksterroristische Gruppe «Schwarze Ratten-Tupamaros Westberlin» in der Untergrundzeitschrift Agit 883 ein Bekennerschreiben, das die zynische

Überschrift «Schalom und Napalm» trug: «Jede Feierstunde in West-berlin und in der BRD unterschlägt, dass die Kristallnacht von 1938 heute täglich von den Zionisten in den besetzten Gebieten, in den Flüchtlingslagern und in den israelischen Gefängnissen wiederholt wird. Aus den vom Faschismus vertriebenen Juden sind selbst Fa-schisten geworden, die in Kollaboration mit dem amerikanischen Kapital das palästinensische Volk ausradieren wollen(...)»[9] Der An-führer der «Tupamaros Westberlin», Dieter Kunzelmann, forderte die westdeutsche Linke auf, ihren «Judenknacks» zu überwinden, er sei nur ein Produkt des deutschen Schuldbewusstseins. Große Teile der Neuen Linken verurteilten den Anschlagsversuch in Westberlin, die eigenen Ressentiments hinterfragten in der Szene aber nur we-nige. Der Bombenleger, ein Ex-Kommunarde, tauchte im Ausland unter, der Vorfall geriet in Vergessenheit. Nach der Auflösung des Sozialistischen Deutschen Studentenbundes 1970 und der Zersplit-terung der «Neuen Linken» in mehrere rivalisierenden K-Gruppen blieb der Israelhass im linksradikalen Lager virulent. Gleich mehrere Mitglieder der RAF, darunter Andreas Baader, Gudrun Ensslin und Ulrike Meinhof, erlernten in einem Ausbildungscamp der palästi-nensischen Fatah in Jordanien den bewaffneten Kampf. Nach dem palästinensischen Attentat auf die israelische Mannschaft bei den Olympischen Spielen in München 1972 bejubelte die RAF die Tat als «gleichzeitig antifaschistisch, antiimperialistisch und internatio-nalistisch». Israel habe seine Sportler verheizt wie einst die Nazis die Juden, hieß es in ihrer Erklärung zum Attentat. Vier Jahre später selektierte ein Mitglied der «Revolutionären Zellen» zusammen mit palästinensischen Terroristen in einem entführten Flugzeug, das nach Entebbe in Uganda flog, die Passagiere in Juden und Nicht-juden.

Als einer der ersten thematisierte die Wende in der Einstellung der westdeutschen Linken zu Israel der österreichisch-jüdische Schriftsteller Jean Améry. Der Antisemitismus sei im Anti-Israelis-mus wie das «Gewitter in der Wolke» vorhanden, mahnte er. Der Shoah-Überlebende war von der neuen Generation der Deutschen tief enttäuscht und gab dem Phänomen einen Namen: der ehrbare

Antisemitismus. «Keine Linke war vor 1967 so pro-israelisch, keine war danach so antizionistisch wie die deutsche», resümiert der Soziologe Thomas Haury in seinem Aufsatz «Zur Logik des bundesdeutschen Antizionismus».[10] Die Linke habe zu oft das Muster vorherrschender deutscher Einstellungen, das zurückzuweisen sie angetreten war, reproduziert, kritisierte 1985 der mittlerweile verstorbene kanadische Historiker und Antisemitismusforscher Moishe Postone.[11] 2005 interviewte die «taz» Tilman Fichter, den Bruder des Bombenlegers im Jüdischen Gemeindehaus in Westberlin. Auf die Frage, warum es Jahrzehnte dauerte, bis der antisemitische Anschlag in der Linken diskutiert wurde, antwortete das frühere SDS-Mitglied: «Es war tabu. Dass es so etwas wie Antisemitismus in der Linken gibt. Die Linke, weil sie Opfer war, weil sie zusammen mit den Juden in den KZs gelitten hat, hat es nie für möglich gehalten, dass in ihren Reihen dieses Problem auch existiert.»[12]

Linke Terrorakte gegen Juden gehören der Vergangenheit an, seit vielen Jahren schon. Das hinderte den deutschen Verfassungsschutz und manche konservative Politiker aber nicht daran, den Linksextremismus fortgesetzt als genauso gefährlich oder sogar gefährlicher als den Rechtsextremismus darzustellen, wie bis vor kurzem in den Berichten des Verfassungsschutzes noch nachzulesen war – trotz der ungeheuren Zahl an antisemitischen und rassistischen Gewalttaten des rechtsextremen Spektrums seit 1945. Rechtsextreme galten als «Lümmel», wie Konrad Adenauer sie in seiner Fernsehansprache nach einer bundesweiten antisemitischen Schmierwelle im Winter 1959/1960 nannte, andere sprachen von «Spinnern». Noch heute wird der rechte Terror von manchen heruntergespielt. Die Blindheit von Sicherheitsbehörden und Politik auf dem rechten Auge ist einer der destabilisierenden Faktoren unserer Demokratie. Den Preis zahlen die Minderheiten in diesem Land, am Ende aber auch die Mehrheitsgesellschaft. Das Wegschauen hat eine lange Geschichte, ebenso die Verteufelung aller linken Politik – auch ein Echo der Nazizeit.

Antisemitische Ressentiments verschwanden aus dem linken und linksliberalen Spektrum aber nicht. Die deutsche Friedensbewegung zum Beispiel: Für viele Israelis unvergessen bleibt das laute Schweigen der deutschen Pazifisten während des Zweiten Golfkrieges 1991, als irakische Scud-Raketen auf Tel Aviv und Jerusalem abgefeuert wurden. In einem Interview erklärte der damalige Grünen-Sprecher Hans-Christian Ströbele, die irakischen Angriffe seien «die logische, fast zwingende Konsequenz der israelischen Politik den Palästinensern und den arabischen Staaten gegenüber».[13] Israel war damals, wohlgemerkt, keine kriegsführende Partei und musste jederzeit damit rechnen, dass Saddam Hussein seine Drohung, das Land auszulöschen, verwirklichen würde. Nach empörten Reaktionen in Israel und Kontroversen in der eigenen Partei trat Ströbele von seinem Posten als Vorstandssprecher der Grünen zurück. Im Februar 2003 initiierte Ilka Schröder, parteiloses Mitglied des Europäischen Parlaments, einen offenen Brief an die Teilnehmer einer großen Friedensdemonstration in Berlin.[14] Zu seinen Unterzeichnern gehörten viele jüdische Organisationen und Persönlichkeiten wie Ralph Giordano, Annette Kahane oder Michael Wolffsohn. Sie warfen der Friedensbewegung «antisemitische, antiamerikanische und naive Tendenzen» vor. Die Organisatoren hätten israelfeindliche Sprechchöre geduldet, Transparente, auf denen Israel als Strippenzieher im Irakkonflikt «halluziniert» und seine Politiker als Kindermörder beschimpft wurden. Ende Juni 2016 beschwor Mahmud Abbas, Präsident der palästinensischen Autonomiebehörde, in einer Rede vor dem Europäischen Parlament das uralte antisemitische Klischeebild von den Juden als Brunnenvergiftern herauf. Bestimmte israelische Rabbiner hätten ihre Regierung klar aufgefordert, das Wasser der Palästinenser zu vergiften, behauptete er. Juden als Giftmörder? Im Mittelalter führten solche Behauptungen zu Pogromen. Statt entschieden zu protestieren, reagierten die Parlamentarier mit begeistertem Beifall. Der damalige Parlamentspräsident Martin Schulz, SPD, nannte die Rede gar «inspirierend».[15] Der frühere SPD-Vorsitzende Sigmar Gabriel schrieb 2012 auf seiner Facebook-Seite: «Ich war gerade in Hebron… Das ist ein Apartheid-Regime, für das es keinerlei Rechtfertigung gibt.»

Israel, so der Historiker Léon Poliakov, wird im antisemitischen Welterklärungsmuster zum «Juden unter den Staaten», trägt Schuld an allen Übeln, sogar an seiner eigenen Existenz. Es gefährdet gar den Weltfrieden, wie Günter Grass «mit letzter Tinte» im April 2012 in der *Süddeutschen Zeitung* die Nation warnte. Der Judenhass war nach 1945 nie weg, nur war und ist er mal mehr, mal weniger sichtbar. Den klassischen Antisemitismus gab es im Selbstverständnis der deutschen Gesellschaft nicht mehr, allenfalls wurde er den extremen Rändern zugeordnet. Die Judenfeindschaft war aber nicht verschwunden, sie war nur mit einem Tabu belegt und sozial geächtet. Der Antisemitismus hatte einen «Gasgeruch», wie es der österreichische Schriftsteller und Historiker Doron Rabinovici beschrieb. Antisemitische Einstellungen reichen bis tief in die Mitte der Gesellschaft. Weil aber die Judenfeindschaft heute meistens nicht offen kommuniziert wird, suchte sich das Ressentiment neue Wege. Wer sich nicht dem Antisemitismusvorwurf aussetzen will, benutzt Chiffren und Symbole wie «Rothschild» oder «Rockefeller», redet statt von Juden von «den Zionisten». Die zwei wichtigsten, sozial akzeptierten Umwegskommunikationsformen des Antisemitismus in Deutschland nach 1945 sind der sekundäre oder Schuldabwehrantisemitismus und der israelbezogene Antisemitismus. Der israelbezogene Antisemitismus findet hohe Zustimmungswerte keineswegs nur im linken oder linksliberalen Spektrum, sondern in der ganzen Gesellschaft. Fast 40 Prozent der Befragten stimmten laut der Untersuchung des Bielefelder Instituts für Konflikt- und Gewaltforschung von 2018/2019 voll oder zumindest teilweise der Aussage zu: «Durch die israelische Politik werden mir die Juden immer unsympathischer.» Genauso viele meinten, dass das, was der Staat Israel heute mit den Palästinensern mache, im Prinzip auch nichts anderes als das sei, was die Nazis im «Dritten Reich» mit den Juden gemacht hätten.[16] Beide Aussagen zählen zu den typischen Indikatoren für den israelbezogenen Antisemitismus.

Das schwierige Verhältnis zu Israel wirkt auch in der Partei «Die Linke» nach. Im Sommer 2014 brach intern ein heftiger Streit aus. Im Zentrum des innerparteilichen Zoffs stand, wie so oft, der nordrhein-westfälische Landesverband. Es ging wieder einmal um die Haltung zum Nahostkonflikt, ein linkes Evergreen. Mehrere füh-

rende Mitglieder des NRW-Landesverbandes und der Bundestags-
fraktion waren Mitte Juli dem Aufruf der Linksjugend Solid gefolgt
und nahmen an antiisraelischen Kundgebungen gegen den Gaza-Krieg in Essen teil. Weder die antisemitischen Kommentare auf
der Facebook-Seite der Veranstalter noch die Warnung von Parteifreunden, die in der aufgeheizten Stimmung zu einer Absage rieten,
hielten sie ab. Der damalige NRW-Parteichef Ralf Michalowsky, der
von einer «grauenvollen und unverhältnismäßigen Militäroffensive»
sprach, trat als Redner auf und badete in der Menge. «Kindermörder
Israel!», «Allahu Akbar», brüllte es aus der Ansammlung von etwa
2000 Menschen auf dem Weberplatz, unter ihnen viele linke Split-
tergruppen. Die Demonstranten hielten Transparente mit Davidstern und Hakenkreuz hoch, auf einem stand «Angeblich früher
Opfer – heute selber Täter.» Im Anschluss flogen Steine und Fla-
schen. Mehrere Teilnehmer, Michalowsky war da nicht mehr dabei,
griffen eine kleine Gruppe proisraelischer Gegendemonstranten –
«Scheißjuden» – an. Die Kritik aus Berlin kam prompt. Der Bun-
desgeschäftsführer der Linken fand das Ganze «beschämend». Bodo
Ramelow, damals Fraktionsvorsitzender der Linken im thüringischen Landtag, wurde noch deutlicher: «Wenn Mitglieder der Linken oder der Linksjugend das schweigend akzeptieren, dann verlieren sie jedes Recht, sich Antifaschisten zu nennen oder gar zu
behaupten, gegen Rassismus und Faschismus zu kämpfen. Für solches ohrenbetäubendes Schweigen empfinde ich tiefe Scham!»,[17]
schrieb er auf Facebook. Ralf Michalowsky beeindruckte das nicht,
die Rückendeckung seines Landesverbandes, des größten seiner Partei, war ihm gewiss. Einen Tag nach Essen marschierte er erneut
gegen Israel, diesmal in Dortmund. Mit dabei waren auch einige
stadtbekannte Neonazis von der Partei «Die Rechte». Für den NRW-
Landesverband, der sich gern radikal gibt, gehören solche Eklats zur
Strategie. 2010 befand sich die damalige Bundestagsabgeordnete
Inge Höger, heute Sprecherin des Landesvorstands, mit zwei weiteren
Parteifreunden an Bord einer «Gaza-Solidaritätsflotte», die die israelische Seeblockade des Gaza-Streifens durchbrechen wollte. Die Aktion wurde maßgeblich von islamistischen Organisationen gesteuert

und endete blutig. 2011 trat Höger auf einer Palästina-Konferenz in Wuppertal mit einem Schal auf – das bekennerhafte Accessoire zeigte die Landkarte des Nahen Ostens ohne Israel. Schon im November 2008 kritisierte der damalige Präsident des Zentralrats der Juden in Deutschland, Stephan Kramer, Teile der Linken-Bundestagsfraktion für ihre Weigerung, sich im Bundestag der Abstimmung zu einem gemeinsamen Antrag aller Fraktionen zur Bekämpfung des Antisemitismus anzuschließen.[18] Am 27. Januar 2010 erregten Sarah Wagenknecht und zwei weitere Abgeordnete ihrer Fraktion Aufsehen, weil sie nach der Rede des israelischen Staatspräsidenten Shimon Peres zum Gedenken an die Opfer der NS-Zeit im Bundestag demonstrativ sitzen blieben und ihm den Beifall verweigerten. Wagenknecht, damals noch Linke-Fraktionschefin, begründete ihr Verhalten so: Einem Staatsmann, der selbst für Krieg mitverantwortlich sei, könne sie einen solchen Respekt nicht zollen. Dass Shimon Peres einen Staat repräsentierte, dessen Gründung auch mit dem millionenfachen Verbrechen ihrer Landsleute zu tun hat, kam der deutschen Politikerin offenbar nicht in den Sinn. Schon gar nicht lässt sich nachvollziehen, warum sie für ihren Protest ausgerechnet den Jahrestag der Befreiung von Auschwitz wählte. In einem Gastbeitrag für die *Süddeutsche Zeitung* bescheinigte der damalige Präsident des Zentralrats der Juden in Deutschland, Dieter Graumann, der westdeutschen Linken einen «geradezu pathologischen, blindwütigen Israel-Hass». Sein Ratschlag: Anstatt sich darauf zu konzentrieren, Antisemitismus-Vorwürfe pauschal zurückzuweisen, solle man sich bei den Linken besser damit auseinandersetzen, warum es so weit gekommen sei.[19]

Petra Pau: «Ich habe Antisemitismus lange unter der Überschrift Rechtsextremismus gesehen.»

Petra Pau blieb sich treu. Vielleicht strahlt die Bundestagsvizepräsidentin deshalb etwas aus, was man im Berliner Politikbetrieb eher selten findet: Glaubwürdigkeit. Nach wenigen Minuten Gespräch ist klar, warum sie seit mehr als 20 Jahren bei Wahlen nie um ihr Direktmandat bangen muss. Anders als viele ihrer Kollegen und Kolleginnen wohnt die Bundestagsabgeordnete der Linkspartei nicht in einem hippen Kiez in Westberlin, sondern in Marzahn-Hellersdorf, einem Bezirk im Nordosten der Bundeshauptstadt, wo einst das größte Plattenbaugebiet der DDR lag. Im Erdgeschoss eines mehrstöckigen Wohnhauses hat Petra Pau ihr Wahlkreisbüro, umgeben von Plattenhäusern, westlichen Einkaufszentren, gepflegten Grünflächen und gähnender Langeweile. So erscheint es zumindest jemandem, der gerade nach 50-minütiger Fahrt mit den Öffentlichen aus dem hektischen Treiben in Berlin-Mitte angekommen ist. Nach Marzahn-Hellersdorf verlaufen sich keine Touristen. Fast 270 000 Menschen leben hier, so viele wie in einer mittelgroßen deutschen Stadt. Die Mietpreise sind noch vergleichsweise günstig, das lockt Rentner und andere an, die sich die Metropole des reichen Deutschland nicht leisten können. Das Straßenbild prägen Frauen mit Kinderwagen, Studenten, Jugendliche und Einwandererfamilien. In Marzahn-Hellersdorf lebt die zweitgrößte Zahl an Geflüchteten innerhalb Berlins. Ein großes Problem ist laut Statistik die Jugendkriminalität, trotz viel Präventionsarbeit ist sie nach wie vor mit am höchsten in der Stadt. Der gebürtigen Ostberlinerin Petra Pau gefällt es hier. Als sie einmal ein *Tagesspiegel*-Journalist fragte, was sie an Marzahn-Hellersdorf besonders schätze, sagte sie: «Die Menschen – so, wie sie einem begegnen. Ich bin hier zuhause.» Ihre Bodenständigkeit kommt bei ihren Wählern gut an. Bei der Bundestagswahl 1998 errang die Tochter eines Maurers und einer Fließbandarbeiterin, die mit 18 in die SED eingetreten war und im Zentralrat der FDJ gearbeitet hatte, zum ersten Mal ein Direktmandat für den Bundestag. 2006 wurde sie zur Vizepräsidentin des Deutschen Bundestags gewählt. «Wenn mir das früher jemand gesagt hätte, hätte ich ihn zum Arzt geschickt», sagt sie und schmunzelt.

Petra Pau ist die richtige Wahl, um über Antisemitismus zu sprechen, auch über den in ihrer eigenen Partei. Weil sie kein Blatt vor den Mund nimmt, geradeheraus ist und einen scharfen Verstand hat. Am Tisch sitzt noch ein eher wortkarger Genosse, ein enger

Mitarbeiter, der das Gespräch aufmerksam verfolgt. Klar, sie muss sich absichern, vielleicht auch vor sich selbst, damit sie als Bundestagsvizepräsidentin – wir trauen ihr durchaus leidenschaftliche Ausbrüche zu – in einem unbedachten Moment nicht die Grenzen ihres Amts überschreitet. Grund genug gäbe es dafür: Seit vielen Jahren engagiert sich Petra Pau schon gegen Rechtsextremismus und Antisemitismus. Dafür wird sie nicht nur in den jüdischen Gemeinden im Land sehr geschätzt, Zustimmung erfährt sie auch aus anderen Parteien, demokratischen, versteht sich. Dabei kann die zierliche Frau mit kurzer Rothaarfrisur und Sommersprossen auch unbequem sein. Zum Beispiel dann, wenn sie die Regierungskoalition wegen ihres, wie sie sagt, unzureichenden Engagements bei der Bekämpfung von Rassismus, Rechtsextremismus, Antiziganismus und Antisemitismus in die Mangel nimmt. Kaum ein anderes Mitglied des Bundestags stellte über die Jahre hinweg so viele schriftlichen Anfragen zum Thema Antisemitismus und Rechtsextremismus an die Regierung wie sie. Petra Pau kennt das: Die Politik reagiere erst dann, wenn etwas passiert ist. «Dann bricht Aktionismus aus.» Es fehle ein Gesamtkonzept, kritisiert sie, ein Verständnis für die Auseinandersetzung mit der gruppenbezogenen Menschenfeindlichkeit, die man natürlich ausdifferenzieren müsse. 2014 erhielt Petra Pau Morddrohungen von Neonazis, weil sie sich in ihrem Wahlkreis für Flüchtlinge eingesetzt hatte. Ihr Name ist auf der antisemitischen Web-Seite «Judas Watch» gelistet.

Man muss ja nicht einmal jüdisch sein, um Antisemitismus zu erleben. Ich werde als solche beleidigt und für alles Mögliche in Haftung genommen. Auch israelbezogener Antisemitismus begegnet mir in E-Mails.

Nimmt das zu?

Ja. Ich nehme es schon seit vier, fünf Jahren vermehrt wahr.

Wer schickt Ihnen solche Mails?

Sie kommen nicht in erste Linie von Linken.

Nie?

Gelegentlich, etwa auf Twitter, kommt etwas auch von Menschen, die sich gesellschaftspolitisch als links verorten.

Bevor wir das vertiefen, möchten wir von ihr erfahren, woher ihr Engagement rührt. Die 57-Jährige wuchs in der DDR auf, in der Antizionismus eine Staatsdoktrin war. Die Verantwortung für die Gräueltaten der Nazis schob die DDR, nach eigenem Bekunden ein antifaschistischer Staat, der BRD zu, indem man sie zur alleinigen Nachfolgerin des Hitler-Staates erklärte. Somit sah sich «das bessere Deutschland» auch nicht verpflichtet, an Israel irgendwelche Zahlungen zu leisten. Von einer wirklichen Auseinandersetzung mit der Vergangenheit konnte keine Rede sein, der Massenmord an Juden spielte in der offiziellen Gedenkkultur keine Rolle. Jüdische Überlebende wurden dem politischen Widerstand nachgeordnet, waren Opfer zweiter Klasse. In der Praxis bedeutete das zum Beispiel, dass sie weniger Rente bekamen als kommunistische Widerstandskämpfer. Die SED-Führung bekämpfte Israel als die «Speerspitze des amerikanischen Imperialismus» im Nahen Osten. Die Wut darüber, dass sich der jüdische Staat nach seiner Gründung nicht Moskau, sondern dem Hauptfeind, den USA, zugewandt hatte, ließen die Machthaber in den realsozialistischen Ländern oft ihre jüdischen Bürger spüren. So galten selbst Kommunisten mit jüdischen Wurzeln als verdächtig. Den traurigen Höhepunkt der spätstalinistischen, antisemitischen Welle im damaligen «Ostblock» markierte der Prager Schauprozess gegen den Generalsekretär der Tschechoslowakischen Kommunistischen Partei, Rudolf Slánský, und 13 weitere Parteifunktionäre im Dezember 1952. Bis auf drei waren alle Juden. Die Männer wurden beschuldigt, Zionisten und Spione der amerikanischen Imperialisten zu sein, elf von ihnen verurteilte das Gericht zum Tode. Große Teile der jüdischen Bevölkerung flüchteten vor der Hasskampagne gegen Israel und dem Antisemitismus aus der DDR und anderen kommunistischen Ländern. Nach dem Sechstagekrieg Israels gegen seine arabischen Nachbarn im Juni 1967 verschärfte sich die antiisraelische Haltung der ostdeutschen Machthaber noch mehr. Die SED deutete den Konflikt als israelische Aggression gegen die arabischen Länder und verglich sie mit der Aggression der «Imperialisten» in Vietnam. Seit Beginn der 1970er Jahre, schreibt der US-Historiker Jeffrey Hart, belieferte Ostberlin Israels arabische Feinde massiv mit Waffen, kooperierte eng mit der PLO und ließ im eigenen Land palästinensische Terroristen ausbilden.[20]

Inwieweit prägte diese Vergangenheit Petra Paus Sicht auf Antisemitismus, den es in einem antifaschistischen Staat offiziell ja nicht gab?

Ich habe lange Zeit das Thema Antisemitismus unter der Überschrift Rechtsextremismus gesehen. Das hat sich geändert. Natürlich habe ich auch schon zu DDR-Zeiten etwa die Geschichte von Anne Frank wahrgenommen. Gleichzeitig weiß ich heute, dass wir ein sehr eingeschränktes Bild sowohl auf die Zeit des Faschismus als auch auf den Holocaust hatten. Der jüdische Widerstand kam nicht vor. Es gab nur den kommunistischen, dann eine ganze Weile nichts, vielleicht noch, in Teilen, den sozialdemokratischen. Alles andere spielte kaum eine Rolle.

Wie sehen Sie es heute?

Ich weiß jetzt, dass es Antisemitismus im gesamten gesellschaftlichen Spektrum gibt: von Leuten, die sich dort als links verorten, in der Mitte der Gesellschaft, und natürlich ist er konstituierend auch für die alte und neue Rechte. Er speist sich aus sehr unterschiedlichen Quellen, bis hin, was in den letzten Jahren sehr zugenommen hat, zum israelbezogenen Antisemitismus. Dass also Juden in aller Welt, egal wo sie ihren Lebensmittelpunkt haben, in Haftung genommen werden für die politischen Entscheidungen, die die jeweiligen Regierungen Israels treffen. Das ist Antisemitismus und in keiner Weise akzeptabel.

Auch sie, sagt Petra Pau offen, sei mit einem Schwarz-Weiß-Bild aufgewachsen, in dem Israel zum imperialistischen Lager gehörte und die Palästinenser als Freiheitskämpfer per se die Guten waren. «Das musste ich korrigieren», sagt sie. Ihr Lernprozess begann schon vor der Wende. Die Ereignisse jener Zeit erlebte die hochpolitisierte junge Frau sehr intensiv: den Tag, an dem die erste und die letzte freie Wahl zur Volkskammer der DDR stattfand. Die Auseinandersetzung auf dem Weg zur deutschen Einheit. Die offizielle Entschuldigung der frei gewählten DDR-Volkskammer für die Verantwortung der DDR für die Naziverbrechen: «Wir bitten das Volk in Israel um Verzeihung für Heuchelei und Feindseligkeit der offiziellen

DDR-Politik gegenüber dem Staat Israel und für die Verfolgung und Entwürdigung jüdischer Mitbürger auch nach 1945 in unserem Lande. Wir empfinden Trauer und Scham und bekennen uns zu dieser Last der deutschen Geschichte», sagte in einer emotionalen Ansprache im April 1990 die damalige Volkskammerpräsidentin Sabine Bergmann-Pohl. Schließlich der Beschluss, diplomatische Beziehungen zu Israel aufzunehmen. Auf Anregung des Jüdischen Kulturvereins, der von Petra Paus Freundin Irene Runge geleitet wurde, entschied die Volkskammer, Juden aus der Sowjetunion die Einwanderung zu ermöglichen. Petra Pau, seit 1992 PDS-Landesvorsitzende in Berlin, half damals mit, Beziehungen zur jüdischen Gemeinde im Westen der Stadt herzustellen. So lernte sie Heinz Galinski kennen, freundete sich mit seiner Frau Ruth an. «Das alles war für mich auch ein Auseinandersetzungsprozess mit der Politik der SED, mit der Verantwortung, die sie auf sich geladen hat. Deshalb dann auch das Engagement für jüdisches Leben und gegen jedwede Form von Antisemitismus», sagt sie. Was Israel betreffe, stellt sie ihre eigene wie die Position ihrer Partei so dar: «Es gibt keine bedingungslose Solidarität mit politischen Entscheidungen der jeweils aktuellen israelischen Regierung. Das ist auch nicht notwendig.» Man müsse zum Existenzrecht Israels stehen und gleichzeitig nach einer Friedenslösung für die Region suchen. Erschüttert war Petra Pau von einem Besuch in einem privaten Wohnhaus in Israel. «Als erstes wurde uns ein Bunker gezeigt, falls etwas passiert. Ein Bunker in der Wohnung! Oder ein Bunker auf dem Spielplatz und auf dem Schulhof.» Das müsse man in der Art und Weise, wie man sich über Israels Politik äußert, immer mitdenken. Das fordert sie auch von ihren Parteifreunden.

Kritiker werfen Ihrer Partei vor, sich mit dem israelbezogenen Antisemitismus nicht genügend auseinandergesetzt zu haben?

Das halte ich für viel zu kurz gegriffen, zum Teil auch für eine Entlastungsstrategie. Dieses Thema eignet sich nicht für parteipolitische Scharmützel. Man muss diese Auseinandersetzung führen, weil — mein Gott, ja — mir begegnen auch in der Unionsfraktion solche Leute.

In der Unionsfraktion? Die steht offiziell auf der Seite Israels?
Natürlich begegnet mir so etwas dort auch. Wenn Sie die öffentlichen
Äußerungen nehmen, die werden ja nach Ressorts abgearbeitet. Wer
äußert sich dann dazu? Nur die zuständigen Außenpolitiker oder
Fraktionsvorsitzenden reden in einer Bundestagsdebatte.
Wenn Sie mittags in der Bundeskantine sitzen, hören Sie von ande-
ren Fraktionsmitgliedern also gelegentlich auch Äußerungen, die von
den öffentlich geäußerten Positionen abweichen?
Das kann schon vorkommen. Ansonsten gibt es, mit Ausnahme der
AfD, quer durch die demokratischen Parteien im Bundestag sehr en-
gagierte Menschen. Das gilt auch für Mitglieder der Bunderegierung,
Angela Merkel schließe ich ausdrücklich mit ein. Es gibt aber auch
eine ganze Menge von nicht so sensibilisierten Menschen.

Mit den «weniger Sensibilisierten» haben auch wir unsere Erfahrungen gemacht. Da schimpft eine Runde in einem Dachauer Stra-
ßencafé darüber, dass der Großteil des Steuergeldaufkommens in
Deutschland nach Israel gehe. Da reibt ein Pressefotograf in München einem Überlebenden der Shoah hin, dass doch Israel die Palästinenser nicht anders behandele als früher die Nazis die Juden – und
auch die Frage, wo in Israel denn bitteschön die Gaskammern stünden, bringt den Mann offenbar nicht zum Nachdenken. Oder der
Linkspartei-Wähler, der gerne Vorträge über den «Apartheid-Staat»
hält, in den er noch nie den Fuß gesetzt hat. Petra Paus Mitarbeiter
aus dem Bundestag mischt sich plötzlich energisch ein:

Das sind aber westdeutsche Linke!

Mit der Meinung, der israelbezogene Antisemitismus sei vor allem ein Problem der West-Linken, steht er nicht allein. Petra Pau
kennt ihre Geschichte. Manche haben ihr Verhältnis zu Israel und
die daraus resultierenden Entscheidungen nicht reflektiert, wie sie
sagt. Sie selbst habe solche Auseinandersetzungen bereits im Berliner
PDS-Landesverband geführt, noch bevor es zu einer gesamtparteili-
chen Diskussion kam.

Wie würden Sie heute die Haltung der Linken bezüglich des israelbe-
zogenen Antisemitismus generell beschreiben?
Ich könnte mich jetzt zurücklehnen und sagen, wir haben eindeutige

programmatische Positionen und auch anlassbezogene Beschlüsse.
Trotzdem ist ein solches Thema nicht abgeschlossen. Mit einem Be-
schluss ist man nicht gefeit vor Äußerungen oder, ich sage es mal
freundlich, Unbedachtheiten. Das gilt sowohl für die Linke als auch
für andere Parteien, gesellschaftliche Gruppen, Kirchengemeinden
und so weiter. Was unsere Partei betrifft, halte ich uns zugute, dass
wir diese Auseinandersetzung führen und sie sich im Parteiprogramm
niederschlug.

Sie haben aber viele Politiker, auch auf regionaler Ebene, die immer
wieder mit solchen Äußerungen auffallen, oder auf antiisraelischen
Demos mitmarschieren.

Ich sehe nicht sehr viele, sondern einzelne. Auch einige Wiederho-
lungstäter. Es ist aber nicht das alles bestimmende Problem.

Ihre Wähler verneinen oft, dass es in der Partei ein Antisemitis-
mus-Problem gibt, sagen, sie seien Antizionisten. Dabei sprechen sie
von einem Apartheid-Staat Israel. Wie gehen Sie damit um?

Ich bin seit 1998 immer direkt gewählt worden, kenne natürlich nicht
alle meine Wähler. Ich weiß aber sehr wohl, dass mich Menschen we-
gen meiner antirassistischen und sonstigen Positionen gewählt haben.
Es mag aber auch einige geben, die haben mich trotz dieser Position
gewählt. Mit denen bin ich manchmal im herzhaften Streit.

Viel offener kann sich die Spitzenpolitikerin einer Partei nicht
äußern, als es Petra Pau getan hat. Aber so ist sie nun mal: Sie redet
das Problem nicht weg. Sie projiziert den Antisemitismus auch nicht
auf politische Gegner, die, allen voran die Unionsparteien, Judenfeindlichkeit nur auf Seite der Linken sehen wollen, aber nicht den
in ihren eigenen Reihen. Wir verstehen, warum diese Politikerin innerhalb jüdischer Gemeinden so große Wertschätzung erfährt. Sie
steht in ihrer Partei nicht allein. Politiker wie der Berliner Kultursenator Klaus Lederer, Gregor Gysi oder Bodo Ramelow, den der
Vorsitzende der Erfurter Jüdischen Gemeinde in einem Gespräch
mit uns einen Freund nannte, und andere Linke positionieren sich
klar gegen Antisemitismus, auch den israelbezogenen.

BDS: Mit Hass für noch mehr Hass

Sie feiern. Vom Dach ihres VW-Busses, der vor der Berliner Kulturbrauerei parkt, hängt eine palästinensische Fahne, aus dem Lautsprecher tönt arabische Musik. Die BDS-Aktivisten umarmen sich, lachen fröhlich und reden aufgeregt durcheinander, soeben gelang ihnen ein Coup: Sie sprengten eine Veranstaltung des Berliner Pop-Kultur-Festivals. Schon in den Jahren zuvor rief das weltweite Netzwerk zum Boykott des Festivals auf, weil ein paar israelische Künstler von ihrer Botschaft einen Zuschuss für die Reise- und Unterkunftskosten erhalten hatten. Diesmal wieder. Sechs britische Künstler sagten ihre Teilnahme ab. Über Nacht tauchten in der ganzen Stadt Plakate mit der Aufschrift «Pop-Kultur. Sponsored by Apartheid» auf. Die Veranstalter reagierten mit einer Podiumsdiskussion über Boykott am heutigen Mittwochabend.

Es ist der 15. August 2018, trotz des Sommerwetters ist der Kinosaal 5 bis zum letzten Platz gefüllt. Auf dem Podium sitzt der Berliner Kultursenator Klaus Lederer von der Linkspartei, ein überzeugter Boykott-Gegner und Kritiker antisemitischer Umtriebe in den eigenen Reihen, die israelische Schriftstellerin Lizzie Doron, die sich um eine Annäherung von Israelis und Palästinensern bemüht, und die Moderatorin Shelly Kupferberg. Schnell wird klar, dass die Regie dieses Abends jemand anders führt. Im ganzen Saal sitzen, strategisch verteilt, Aktivisten der Boycott, Divestment und Sanctions (BDS)-Kampagne. Im Fünf-Minuten-Takt schnellen sie nacheinander von ihren Sitzen hoch, strecken Plakate nach oben und schreien Lederer und Doron auf Englisch und Deutsch nieder. «Your discussion kills my family!» «Herr Lederer, Sie unterstützen die Bombardierungen in Gaza!» «Deine Hände sind voller Blut!» «Shame on you, Israel is an apartheid state!» Klaus Lederer reagiert betont gelassen, bezeichnet den Apartheid-Vorwurf als «absurd» und wirft der BDS-Kampagne «strukturellen Antisemitismus» vor. Das ist das Stichwort für den israelischen Filmemacher Udi Aloni, der auf die Bühne rennt und sich vor dem Kultursenator aufbaut. Er lasse sich als Jude nicht von einem Deutschen Antisemitismus vorhalten, schreit er erbost. Die Veranstaltung mündet in einem Tumult. Eine junge Frau im beigen Safarikleid, die vier, fünf Stühle weiter in unserer Reihe sitzt, springt auf. Sie wirft Dutzende von Flugblättern in die Menge, Israel sei ein rassistischer, kolonialer Apartheid-Staat, steht darauf. Im ganzen Saal werden Buh-Rufe laut, mehrere Besucher versuchen, den wütenden Störern Einhalt zu gebieten und schreien sie an. Als ein BDS-Aktivist eine Israel-Fahne mit israelfeindlicher Inschrift hochhält, kommt es zu Handgreiflichkeiten. Dann betritt ein junger Mann die Bühne. Er sei ein politischer Aktivist aus Gaza, stellt er sich auf Englisch vor und beschimpft Lederer als Antisemiten und Kriminellen. Siebzig Freunde von ihm seien von israelischen Soldaten angeschossen worden, sagt er, nur deshalb, behauptet er, weil sie Olivenbäume pflanzen wollten. Lizzie Doron geht auf ihn zu. Die 66-jährige Bestseller-Autorin ergreift in ihren Büchern Partei für die palästinensische Seite und wirbt für Verständigung. Sie verstehe seinen Schmerz und seine Wut, sagt sie tröstend zu dem jungen Mann. Als sie ihn in einer mütterlichen Geste umarmen will, stößt er sie heftig zurück. Nach einer Stunde Hass und Gebrüll beendet die Moderatorin die Veranstaltung. Was für ein verrückter Abend. Wir atmen tief durch.

Draußen sprechen wir einen jungen, schüchtern wirkenden Mann mit Brille und langen Haaren an, der neben dem VW-Bus steht. Wir erfahren, dass er in Israel lebte, aus Weißrussland stammt und vor einiger Zeit nach Berlin gezogen ist. Er sei aus «politischen Gründen» hier, sagt er zögernd, mehr will der BDS-Aktivist nicht verraten. «Wir sind dem Aufruf unserer palästinensischen Freunde zu dieser Veranstaltung gefolgt», ergänzt ein älterer Deutscher, der sofort zu uns geeilt ist. Weitere Fragen gehen ihm offenbar zu weit, er verweist uns auf Iris Hefetz vom Vorstand des Vereins «Jüdische Stimme für einen gerechten Frieden in Nahost». Die Israelin und Wahl-Berlinerin mit ergrauten, lockigen Haaren ist gut gelaunt und hält uns offenbar für Sympathisanten: «Es ist ein game-changing», frohlockt sie. Sie sei «halb arabischer Abstammung», erzählt sie uns, mit Beginn der zweiten Intifada habe sie Israel verlassen, im September 2000, nachdem der Oslo-Friedensprozess gescheitert war. Radikale Palästinenser verübten Terroranschläge auf Einrichtungen und Zivilisten in Israel. Verurteilt sie solche Terroranschläge auf Zivilisten etwa nicht? Die Psychotherapeutin weicht aus. Acht Monate später wird der Verein «Jüdische Stimme für einen gerechten Frieden in Nahost» trotz starker Proteste vom Zentralrat der Juden mit dem Göttinger Friedenspreis ausgezeichnet. Die Kritik richtete sich gegen die Nähe des Vereins zur Boykottbewegung BDS. Stadt, Universität und Sparkasse gingen zur Preisverleihung zwar auf Abstand, die Auszeichnung wurde trotzdem vergeben. Iris Hefetz erklärt uns, dass sie bis zum Jahr 2008 gegen BDS war, dann aber hätten 98 Prozent der Israelis den Krieg befürwortet. Es war die Militäroperation «Gegossenes Blei» gegen die Hamas im Gazastreifen, die schwersten Luftangriffe seit dem Sechstagekrieg. Die israelische Regierung begründete sie mit dem anhaltenden Raketenbeschuss von Wohngebieten durch die Terrorgruppe Hamas.

Hat Ihnen Lizzie Doron nicht leidgetan? Sie ist doch eine Gegnerin der israelischen Siedlungspolitik?

Schon. Aber das war nicht persönlich. Sie wurde von der israelischen Botschaft gesponsert. Das Problem ist: Israel sponsert, um zu zeigen, was es für tolle Künstler hat, und nebenbei schießt es.

Der BDS-Bewegung wird Antisemitismus vorgeworfen. Wo wäre für Sie die Grenze zwischen der Kritik an israelischer Politik und Antisemitismus?

Zum Beispiel, wenn Judentum mit Israel verwechselt wird. Und es gibt Antisemitismus, der durch die AfD salonfähig geworden ist.

Dem kann man zustimmen. Aber auch nichtjüdische Boykott-Aktivisten machen doch häufig Juden und Jüdinnen in der Diaspora für die Politik des israelischen Staates haftbar. Von entsprechenden Erfahrungen berichtete uns zum Beispiel Ruben Gerczikow. Der Vizepräsident der Europäischen und der Deutschen Studierendenunion wurde während seiner Studienzeit in Wien von BDS-Aktivisten attackiert. Er sei gerade auf dem Weg zur Synagoge gewesen und trug seine Kippa. BDS-Anhänger, die in der Nähe demonstrierten, riefen ihm «Kindermörder» hinterher. «Dabei war ich gar nicht als ein israelsolidarischer Mensch zu erkennen gewesen. Das passierte allein aufgrund der Tatsache, dass ich Jude bin.» Der gebürtige Frankfurter berichtete uns auch, dass jüdische Studenten an den Universitäten in Großbritannien, Spanien und in den USA von den BDS-Sympathisanten bedrängt und belästigt werden. Österreichische Universitäten verwehren mittlerweile Organisationen, die sich der BDS-Bewegung angeschlossen haben, den Zutritt zu ihren Räumen. Auch an Universitäten in Deutschland versucht die israelfeindliche Kampagne Fuß zu fassen. Der bekannteste Vorfall ereignete sich 2017 an der Berliner Humboldt-Universität. Drei Aktivisten unterbrachen einen Vortragsabend mit einer liberalen Knesset-Abgeordneten und einer Shoah-Überlebenden, die sie als «Kindermörder» beschimpften. Diana Broner, Vorstandsmitglied der Dortmunder Jüdischen Gemeinde, bekam es während ihres Studiums an der Technischen Universität ebenfalls mit dem Antizionismus zu tun – «denn so nennt man es ja heutzutage», merkt sie ironisch an. Auf dem jährlichen Sommerfest, einem «Fest der Kulturen», präsentieren die jüdischen Studenten einen Israel-Stand. Als vor einem Jahr auch ein palästinensischer hinzukam, kippte die Stimmung. «Es trifft dich plötzlich so eine aggressive Welle…Da rennt jemand vorbei und schreit ‹kauft nicht bei Juden›», sagt sie. Im Juni 2019 verabschiedete ein breites Bündnis aus parteinahen Studentenverbänden, der Jüdischen Studierendenunion Deutschland und anderen Hochschulgruppen eine Resolution, in der sie BDS verurteilten. Nur die Studentenvereinigung der Linkspartei, «Die Linke. SDS», machte nicht mit, die AfD-Jugendorganisation wurde erst gar nicht gefragt.

BDS-Anhänger bestreiten vehement, dass ihr Engagement auf Judenfeindlichkeit beruht. Auch Roger Waters, einer der prominentesten BDS-Unterstützer und der musikalische Kopf von Pink Floyd. Er ließ auf seinen früheren Tourneen einen großen Luftballon in Form eines Schweins mit einem aufgemalten Davidstern und dem Dollarzeichen auf der Bühne hochsteigen. Kann man eine solche Aktion etwa anders als judenfeindlich nennen? Auf Kritik reagierte Waters übrigens mit dem bei Antisemiten beliebten Kronzeugen-Argument: Er habe zahlreiche jüdische Freunde, sagte der

Musiker, könne daher kein Antisemit sein. Auch vor Nazi-Symbolen scheut die BDS-Kampagne nicht zurück. Im Mai 2019 rief sie zum Boykott des Eurovision Song Contest in Tel Aviv auf. Das offizielle Kampagne-Logo zeigte einen Stacheldraht, in dessen Mitte ein Herz, das in zwei SS-Runen zersprang. Nicht einmal die BDS-Sektion in Deutschland distanzierte sich davon. Im Gegenteil: Ohne jede Hemmung warb sie damit auf ihrer Webseite für den Festivalboykott. Unter den Anhängern war auch «Die Jüdische Stimme für gerechten Frieden.»[21] Kurze Zeit später stimmte im Bundestag eine große Mehrheit für einen gemeinsamen Anti-BDS-Antrag von CDU/CSU, SPD, FDP und Grünen. Sie forderten die Bundesregierung auf, der BDS-Bewegung und den BDS-nahen Organisationen öffentliche Unterstützung und finanzielle Förderung zu entziehen. Argumentationsmuster und Methoden der BDS seien antisemitisch, hieß es in dem Antrag. Wie immer, wenn es in Deutschland um den Nahostkonflikt und Israel geht, erhitzten sich die Gemüter: Darf man Israel nicht kritisieren? Der Beschluss beschränke das Recht auf die freie Meinungsäußerung! Palästinensische NGOs, die den BDS-Aufruf unterzeichnet haben, seien durch den Beschluss von der deutschen Finanzierung ausgeschlossen, monierten einige Bundestagabgeordnete um den Grünen-Politiker Jürgen Trittin. Organisationen, die das Existenzrecht Israels nicht infrage stellen, könnten weiter mit finanziellen Mitteln rechnen, beruhigte sein Parteifreund Volker Beck. Sogar honorige Wissenschaftler gerieten in Streit. In einem gemeinsamen Appell an die Bundesregierung verlangten 240 jüdische und israelische Wissenschaftler, BDS nicht mit Antisemitismus gleichzusetzen. Das sei eine falsche, inakzeptable Vermischung und eine Bedrohung für die freiheitlich-demokratische Ordnung in Deutschland, kritisierten die Unterzeichner, darunter Amos Goldberg von der Hebräischen Universität in Jerusalem oder der Tel Aviver Soziologe und Geschichtsprofessor Moshe Zuckermann. Ihrem Aufruf schlossen sich 16 Nahostexperten von deutschen Universitäten an. Sie räumten zwar ein, dass bei einer Sammlungsbewegung wie BDS nicht ausgeschlossen werden könne, dass einzelne Unterzeichner oder Aktivisten von Judenhass motiviert seien. Die Bewegung, behaupten die Wissenschaftler, spreche sich aber gegen Antisemitismus aus. Eine andere Gruppe von Wissenschaftlern aus dem In- und Ausland nannte den Anti-BDS-Beschluss hingegen «überfällig». An die Adresse der deutschen Nahostexperten schrieben die Unterzeichner, unter ihnen Deutschlands führende Antisemitismusforscher wie Monika Schwarz-Friesel, Samuel Salzborn oder Julia Bernstein: «Indem Sie sich um Argumente für die politische Legitimierung von BDS bemühen, fördern Sie – ganz sicher ohne Absicht – antisemitische Kräfte in der gesamten Gesellschaft. Gerade Wissenschaftler, die sich mit dem Nahen Osten befassen, sollten sich dieser Gefahr bewusst sein.» Das eigentliche Ziel von BDS sei die Dämonisierung und letztendliche Beseitigung des jüdischen Staates.[22]

Laut offizieller Selbstdarstellung geht die BDS-Gründung auf einen Aufruf von 171 palästinensischen Nichtregierungsorganisationen im Jahr 2005 zurück. Die weltweit operierende Bewegung ist ziemlich heterogen und vertritt verschiedene Interessen. Nicht wenige Anhänger sympathisieren mit Terrorgruppen wie Hamas oder Hisbollah. Natürlich ist nicht jeder Kampagne-Unterstützer ein Antisemit. Neben palästinensischen Organisationen und Einzelpersonen engagieren sich in der Kampagne auch jüdische Israelis. Der 31-jährige israelische Theater- und Hörspielregisseur Noam Brusilovsky erzählt uns, dass er einige in Berlin lebende Landsleute kennt, die BDS aktiv unterstützten. Er selbst bewege sich in «sehr linken bis antizionistischen Kreisen». Den Anti-BDS-Beschluss des deutschen Bundestages nennt der Absolvent der renommierten Ernst Busch-Hochschule für Schauspiel in Berlin «abartig» und «eine Zumutung», weil er nach seiner Meinung eine freie Diskussion unterbinde, die zu einer Demokratie gehöre. Manche israelischen BDS-Aktivisten gehen so weit, dass sie Israel das Recht auf Existenz streitig machen. Etlichen nichtjüdischen Anhängern sind solche regierungskritischen, wütenden Israelis hoch willkommen nichts ist schöner, als für die eigenen Ressentiments jüdische Bestätigung vorweisen zu können – das war schon im klassischen Antisemitismus so. Die BDS-Kampagne agiert in einem antisemitischen Diskurs, davon ist Doron Rabinovici überzeugt. Der Schriftsteller und Historiker empfiehlt, bei israelfeindlichen Äußerungen generell auf den Kontext zu achten. «Natürlich sagen arabischsprachige Leute, dass Israel ein Problem im Nahen Osten ist», sagt er uns während eines Treffens in Wien. «Man muss, wenn man das zum Beispiel als Palästinenser sagt, nicht unbedingt ein Antisemit sein. Das hat einen anderen Kontext, als wenn das jemand in Wien sagt.» Für Aya Zarfati kommt es auch auf die Leidenschaft an, wie Kritik formuliert wird. Die zierliche Israelin mit der Bubikopf-Frisur kam 2010 im Rahmen der Aktion Sühnezeichen nach Deutschland, studierte in Berlin Geschichte und arbeitet heute in der Bildungsabteilung des Gedenkortes Haus der Wannsee-Konferenz. Wir sprechen mit ihr im Café des Berliner Jüdischen Museums:

Die Kritik an Israel wird hier mit einer derart harten Obsession betrieben! Ich stehe ja selbst der israelischen Regierung kritisch gegenüber, deshalb war es mir am Anfang gar nicht so bewusst. Aber wenn ein Deutscher mit der gleichen Intensität an die Sache herangeht ... Fühlen Sie sich dann unwohl?

Ja, schon.

Würden Sie sagen, dass sich hinter der obsessiven sogenannten Israelkritik antisemitische Ressentiments verbergen?

In vielen Fällen.

Können Sie uns ein Beispiel nennen, wann Ihnen das bewusst geworden ist?

Ich habe früher hier, im Jüdischen Museum, erwachsene Gruppen geführt. Mein Schwerpunkt waren jüdische Kultur und Tradition. Einmal habe ich über den Shabbat gesprochen, als ein Mann, er könnte zwischen 30 und 40 gewesen sein, zu mir sagte: Ja, am Shabbat darf man nichts machen. Aber mit den Palästinensern kämpfen, das darf man schon!

Wie gehen Sie damit um?

Ich glaube, dass ich damit besser umgehen kann als deutsche Juden. Ich bin in einer Mehrheitsgesellschaft groß geworden, habe ein Bewusstsein von der Mehrheit und eine starke Identität.

Was halten Sie von der BDS-Kampagne?

Ich habe nichts gegen Boykott an sich. Er ist ein hartes Mittel der Demokratie, aber immer noch ein legitimes. Wenn ich weiß, dass etwas aus den Siedlungsgebieten kommt, will ich es auch nicht kaufen.

Der BDS-Bewegung geht es aber nicht nur darum?

Genau. Es geht um viel, viel mehr. Und da bin ich auf jeden Fall dagegen. Man kann die israelische Regierung kritisieren, dabei aber nicht alle israelische Staatsbürger in einen Topf werfen. Es gibt in Israel eine Zivilgesellschaft, und die ist sehr aktiv. Und wenn man das Existenzrecht Israels in Frage stellt, ist das ganz klar antisemitisch.

Bei der Betrachtung der BDS-Gründungsdokumente stellt man fest, dass die Ziele der Boykott-Kampagne in ihrer Konsequenz tatsächlich die Liquidierung Israels als jüdischen Staates bedeuten. Von einer Zweistaatenlösung ist darin kein Wort zu lesen. «Ich bin völlig und kategorisch gegen eine Zweistaatlichkeit, weil dies zwei Nationen mit gleichen moralischen Ansprüchen auf das Land voraussetzen würde», erklärte Omar Barghouti, einer der Gründer der Bewegung, in einem Interview für die Online-Publikation «Electronic Intifada».[23] Seit Jahren bemüht sich BDS schon um die Delegitimierung des jüdischen Staates. BDS-Aktivisten bezeichnen Israel als einen kolonialen Apartheidstaat, blenden dabei die historischen Gründe seiner Entstehung völlig aus. Sie verschweigen, dass die etwa 1,8 Millionen arabischen Israelis, das sind etwa 20 Prozent der Gesamtbevölkerung, in Israel alle demokratischen Rechte besitzen, Militärdienst nur auf eigenen Wunsch leisten müssen, in der Knesset ihre politische Vertretung haben und als wahlberechtigte Bürger über ein politisches Instrument verfügen, sich gegen ihre – zweifellos vorhandene – Alltagsdiskriminierung zu wehren. Von einer staatlich organisierten Apartheid kann also keine Rede sein. Der 92-jähriger Shoah-Überlebende Abba Naor zeigt Verständnis für die Lage der palästinensischen Bevölkerung – aber keineswegs für Menschen, die das Existenzrecht Israels in Frage stellen:

Man kann nicht Jahr für Jahr Druck auf ein Volk ausüben. Die Völker haben ein Recht auf Freiheit. Ich würde schreien vor Wut, müsste ich Schikanen wie die Bewohner des Westjordanlands beim

täglichen Grenzübertritt zur Arbeit hinnehmen. Wir brauchen die
Zwei-Staaten-Lösung.

Die Not der palästinensischen Flüchtlinge und deren Nachkommen in arabischen Ländern prangern die BDS-Anhänger übrigens nicht an, ihr Zorn richtet sich nur gegen Israel. Nur Jordanien gewährte den arabischen Flüchtlingen aus Palästina staatsbürgerliche Rechte, in allen anderen arabischen Staaten gelten sie, ihre Kinder und Enkelkinder als staatenlos und werden systematisch diskriminiert. Kuwait warf 1991 fast alle im Land lebende Palästinenser, insgesamt 450 000 Menschen, aus dem Land, nachdem Arafat im Zweiten Golfkrieg Partei für Saddam Hussein ergriffen hatte. Trotz ihrer Beteuerungen, dass man gegen Antisemitismus sei, hört man von führenden BDS-Befürwortern nie Kritik an dschihadistischen Attentaten auf Juden und jüdische Einrichtungen in Europa und in den USA. Es empört sich auch niemand, wenn Juden in der Diaspora für die israelische Politik verantwortlich gemacht und beleidigt werden. Um ihre Ziele zu erreichen, setzt die Kampagne auf den Boykott von Produkten und Dienstleistungen, die aus Israel stammen. Das erweckt gerade in Deutschland die Erinnerung an das «Kauft nicht bei Juden» der Nazis. Der Boykott betrifft nicht nur Waren aus den Siedlungsgebieten, wie die Aktivisten vorgeben, sondern auch die aus dem Kerngebiet. Unter den Boykottaufrufen leiden arabische wie jüdische Israelis, darunter auch regierungskritische Intellektuelle, Wissenschaftler und Künstler, die für die Zweistaaten-Lösung eintreten. Sieht so eine friedensorientierte Politik aus? Bei uns blieb vor allem ein Eindruck haften: Hass, der noch mehr Hass gebiert.

Dem ehrbaren Antizionisten geht es, wie er nicht müde wird zu behaupten, um den Kampf gegen den Rassismus. Der Zionismus ist für ihn eine Form des Rassismus. Das, was man den anderen Völkern also zugesteht – ein Recht auf eine nationale Heimstatt –, wird dem jüdischen Volk verwehrt. Die Shoah-Forscherin Deborah Lipstadt sieht darin eine Form von Antisemitismus, «wenn auch nicht unbedingt in seiner Absicht, so doch in seiner Wirkung». Die Resolution Nr. 3379 der Vollversammlung der Vereinten Nationen vom

10. November 1975: «Der Zionismus ist eine Form des Rassismus und der rassistischen Diskriminierung.» Die Resolution wurde mit 72 gegen 35 Stimmen angenommen, es gab 32 Enthaltungen. Die Vertreter der arabischen Staaten, der Sowjetunion und der Ostblockstaaten vor allem stimmten dafür. Die Resolution wurde am 16. Dezember 1991 von der UN-Generalversammlung mit 111 zu 25 Stimmen bei 13 Enthaltungen zurückgenommen. Sieben Jahre später bezeichnete UN-Generalsekretär Kofi Annan die Resolution als einen «Tiefpunkt» in der Geschichte der Vereinten Nationen. «Die Antithesen der einstigen Judenfrage», zitiert Henryk Broder den deutschjüdischen Literaturwissenschaftler Hans Mayer, «wurden ins Weltpolitische erweitert. Aus dem bisherigen isolierten jüdischen Außenseiter inmitten einer nichtjüdischen Bevölkerung wurde ein jüdischer Außenseiterstaat inmitten einer nichtjüdischen Staatengemeinschaft.»[24] Der Antizionismus war ein jüdisches Phänomen und hatte sich, wie die Historikerin Shulamit Volkov schreibt, als Reaktion auf das Anwachsen der jüdischen Nationalbewegung entwickelt. «Der Kampf tobte zwischen den Zionisten, einer kleinen aber lautstarken Minderheit, und den Anti-Zionisten, die alle übrigen wesentlichen Strömungen des Diaspora-Lebens vor 1914 verkörperten: die liberalen, die sozialistischen und die orthodoxen Juden in Ost- und Westeuropa.» Nichtjuden im Kaiserreich interessierte dieser Streit nicht. «Die einzigen, die sich gelegentlich in die Diskussion einschalteten, waren seltsamerweise die Antisemiten, die scheinbar mit den Zionisten einer Meinung darin waren, dass die Hoffnung auf volle Assimilation trügerisch sei und eine echte Emanzipation zwangsläufig scheitern müsse.» Antisemitismus ist also nicht deckungsgleich mit Antizionismus. Nur: «Es gibt jene Spielart des Antisemitismus, die sich ideologisch und politisch auf den Antizionismus oder eine scharfe israelfeindliche Phraseologie stützt oder manchmal dahinter verschanzt.» Und: «Gleichwohl erinnert die Funktion dieses Antizionismus in der Gesamtkultur der Linken an die Rolle, die der Antisemitismus in der rechten Kultur im späten 19. Jahrhundert gespielt hat.» Er ist zum Erkennungszeichen der Zugehörigkeit zu einem bestimmten subkulturellen Milieu geworden,

zum endgültigen Beweis der «Hingabe an die Sache», den Antikolonialismus, und mündet fast zwangsläufig in die Negation Israels. Juden sind wieder einmal zum Symbol für das geworden, was man am Westen gehasst und verabscheut hat – die «anti-israelische, antizionistische und judenfeindliche Kampagne ist zum Dreh- und Angelpunkt» des kulturellen Krieges der unterdrückten Völker gegen den Westen geworden.[25]

Die internationale BDS-Kampagne verfolgt drei zentrale politische Ziele: Die Befreiung allen besetzten arabischen Landes gehört dazu, ebenso das Recht palästinensischer Flüchtlinge und deren Nachkommen auf Rückkehr in ihre Heimat. In ihrer Formulierung bleiben die BDS-Gründer absichtlich vage. Handelt es sich um die Gebiete, die im Sechstagekrieg 1967 erobert worden sind oder um das ganze Staatsgebiet, «from the river to the sea, Palestine will be free», wie der Schlachtruf vieler BDS-Aktivisten lautet? Das würde das Ende Israels als jüdischem Staat bedeuten, ebenso wie die Forderung nach der Rückkehr palästinensischer Flüchtlinge und ihrer Nachkommen, das sind mittlerweile fünf bis sieben Millionen Menschen weltweit. Für den 2018 verstorbenen israelischen Friedensaktivisten Uri Avnery war vor allem dieser Punkt ein Grund, warum er gegen BDS war. Es sei ungefähr so realistisch, als ob man von den weißen Amerikanern verlangen würde, dorthin zurückzukehren, wo ihre Vorfahren herkamen und das Land seinen ursprünglichen Besitzern zurückzugeben, kritisierte der Gründer der israelischen Friedensinitiative Gush Schalom, die als erste israelische Organisation zu einem Boykott der Produkte aus israelischen Siedlungen aufrief. «Es würde die Abschaffung des Staates Israel und die Gründung des Staates Palästina vom Mittelmeer bis zum Jordanfluss bedeuten, ein Staat mit einer arabischen Mehrheit und einer jüdischen Minderheit. Wie kann dies ohne einen Krieg mit einem nuklear bewaffneten Israel erreicht werden? Wie kann das mit Frieden in Verbindung gebracht werden?», schrieb er 2016 auf seiner Webseite. Avnery, der jeglicher Sympathien für die israelische Regierungspolitik gänzlich unverdächtig war, glaubte, dass die Mehrheit der BDS-Sympathisanten keine Antisemiten, sondern Idealisten seien. Gleichzeitig warnte er: «Für einen waschechten Antisemiten der alten Schule ist BDS heute die einzige sichere Kanzel, von der sie ihre abscheulichen Prinzipien predigen können, und zwar unter dem Mantel des Antizionismus und des Anti-Israelismus.»[26]

Gerne hätten wir Iris Hefets noch mehr Fragen dazu gestellt. Aber sie versteht inzwischen, dass uns die aggressive Aktion im Kinosaal der Kulturbrauerei gar nicht gefallen hat. Als wir sie noch darauf ansprechen, dass die Forderung nach einem Staat für die Palästinenser das eine ist, aber die Hamas und andere militante Gruppierungen doch das Existenzrecht Israels bestreiten, fragt sie in scharfem Ton zurück: «Was meinen Sie mit Existenzrecht Israels?» Das Gespräch ist beendet. Für Lizzie Doron ist genau diese Einstellung problematisch: «Ein Boykott ohne Gespräche kann gefährlich sein», warnt sie am Tag nach der gescheiterten Diskussionsrunde in einem 3SAT-Kulturzeit-Interview, sichtbar erschüttert von der Hasswelle, die ihr von den BDS-Aktivisten entgegengeschlagen war.

Mit zweierlei Maß

«Der Dialog ist wichtig», betont Ido Porat, Hebräisch- und Geschichtslehrer an der Chabad Lubawitsch-Schule in Berlin. Wir besuchen den Israeli und seine Frau Birgit, eine jüdische Wienerin, am Abend in ihrer Wohnung in Berlin-Moabit. Auf dem Boden liegt Spielzeug, wir müssen leise sprechen, die beiden Kinder des Paares schlafen. Der Absolvent Europäischer Studien in Jerusalem spricht aus eigener Erfahrung. Bevor er nach Berlin kam, war er als Vertreter des Jugendverbandes der linken israelischen Meretz-Partei im deutschen Willy-Brandt-Begegnungszentrum in Jerusalem tätig. Zusammen mit anderen politischen Aktivisten organisierte er Workshops für deutsche, palästinensische und israelische Jugendliche, deren Ziel es war, progressive, an einer friedlichen Lösung des Nahostkonflikts interessierte Kräfte zusammenzubringen und gegenseitige Vorurteile zu überwinden. Nur eine Kommunikation und Begegnungen auf Augenhöhe können alle weiterbringen, davon ist er überzeugt. Das geht aber nur, wenn man im Blick auf den Nahost-konflikt jede einseitige Perspektive überwindet. Die sieht der Enkel-sohn eines Berliner jüdischen Anwalts, der 1935 aus Nazideutschland fliehen musste, auch auf der deutschen Seite. Er erzählt uns von sei-nen Begegnungen mit Jusos und Vertretern der Friedrich-Ebert-Stif-tung in Israel. Sie hätten stets nur Israels Rolle im Nahostkonflikt kritisiert, wohnten aber in West-Jerusalem und hätten Angst gehabt, ins arabisch geprägte Ost-Jerusalem zu gehen. «Und am Wochen-ende fuhren sie ans Meer nach Tel Aviv», ergänzt ihn Birgit, die nach ihrer Alija eine Zeit lang in Jerusalem lebte. Auch die deutsche För-derungspraxis für Friedens -und Bildungsprojekte ist für Ido nicht nachvollziehbar:

Ich habe schon früher kritisiert, dass Deutschland und die EU zu viele Programme fördern, die nur pro-palästinensisch sind, wie Power for Women. Das ist zwar schön und gut, das Problem ist aber, dass sich dabei Israelis und Palästinenser gar nicht begegnen. Stattdessen müsste man sagen: Wollt Ihr Geld von uns? Kein Problem, aber trefft Euch am Ende auch mit israelischen Frauen, in Ramallah oder wo-anders. Den anderen kennenlernen, das bringt Frieden. Es muss um gemeinsame Projekte gehen, das ist leider nicht der Fall.

Aber können solche Projekte das jahrzehntelange Misstrauen zwi-schen jüdischen Israelis und Palästinensern beseitigen?

Es kommt darauf an, was das Ziel ist. Wenn es Weltfrieden sein sollte, dann schafft man es nicht. Wenn es um das Kennenlernen und um Zusammenarbeit geht, schon. Selbst, wenn man damit nur ein Kind erreicht: Vielleicht sieht dieses Kind dann die Realität anders als in den Medien zu Hause.

Wir wollen von Ido wissen, was er als regierungskritischer, linker Israeli von der Boykottkampagne BDS hält. Sie habe als eine idealis-tische Bewegung begonnen, die Leute an ihrer Spitze wollen Israel aber nichts Gutes, meint er. Deshalb sollte sie nach seiner Meinung gestoppt werden – vor allem in Deutschland:

Ich finde es positiv, wenn man boykottiert, ich selbst habe auch die Siedlungen boykottiert. Ich kann es aber nicht leiden, wenn Deut-sche, die Israel kritisieren, dann ans Meer in die Türkei oder in den

türkischen Teil Zyperns fahren, weil es dort billiger ist. Das passt ein-
fach nicht. Man kann beide Länder kritisieren, damit habe ich kein
Problem. Warum boykottierte man nicht die Fußball-WM in Russ-
land, das davor die Krim annektiert hatte? Oder die WM in Katar,
wo Arbeiter an den Baustellen wegen dieser WM sterben? Wenn das
Ziel der Kritik nur Israel ist, sehe ich darin schon eine Tendenz zum
Antisemitismus. Nicht bei allen BDS-Anhängern ist das so. Aber bei
Leuten, die in der Führung sind, sehe ich das schon.

Warum machen dann auch jüdische Israelis bei der Kampagne
mit?

Weil viele denken, dass es einen gemeinsamen Staat geben soll. Es sind
in der Regel junge Leute, deren Hass auf Israel sie verhärtet hat. Ich
glaube übrigens auch, dass man in Israel besser leben könnte, wenn
Israel Gaza und die Westbank verlassen und Palästinenser frei leben
lassen würde. Das glaube ich wirklich. Aber wenn Israelis mit BDS
kooperieren, ist das nicht gut, denn BDS benutzt sie nur.

Im Laufe des Abends kommt das Gespräch auf die deutsch-israelische Beziehung. Was hält er von der deutschen «Israelkritik»?
Seine Antwort überrascht uns etwas. Er sei in den letzten Jahren viel
kritischer geworden, sagt er. In den linken Kreisen, in denen er aufgewachsen ist, war die Unterstützung Israels stets mit den Konservativen assoziiert, die jede Kritik an Israel mit Antisemitismus gleichgesetzt hatten.

Heute muss ich sagen: Sie haben Recht. Weil nur Israel kritisiert
wird, andere Länder nicht.

Wie erklärst Du Dir das?

Ich denke, dass in Deutschland Israel ein ungelöstes Thema ist. Wegen
dem, was passiert ist. Ich glaube auch, dass viele Deutsche es mit ihrer
Kritik gut meinen, aber von den Medien nicht genügend Informati-
onen bekommen. Mich stört diese Einseitigkeit. Es müssen beide Sei-
ten vertreten werden. Ich bin schon immer gegen Netanyahu gewesen
und habe kein Problem mit Kritik. Die Politik-Talk-Shows, die ich
mir im israelischen Fernsehen anschaue, sind alle Anti-Netanyahu.
Aber sie bringen beide Seiten des Konflikts. Hier ist es anders. Die
Menschen hier verstehen oft nicht die Komplexität des Nahostkon-

flikts, wissen nicht, welche Probleme die arabische Gesellschaft hat, welche die israelische.

Aufklärung darüber wäre auch die Aufgabe der Presse in Deutschland. Aber so ganz gelingt das nicht immer. «Nein. Aber melde Dich, wenn die Israelis zurückschlagen.» Es war 1974, als der WDR-Journalist Peter Finkelgruen mit seiner Frau gerade zu Besuch in Israel war, als im nordisraelischen Ort Ma'alot Terroristen von der Demokratischen Front zur Befreiung Palästinas eine Schule besetzten. 31 Geiseln kamen dabei ums Leben, davon 21 Schüler. Der junge Journalist rief seine Kölner Redaktion an, ob sie von ihm einen telefonischen Bericht wollten. Der diensthabende Redakteur verneinte, die bessere Story war in seinen Augen ein Gegenschlag der israelischen Armee. Die Linguistin und Antisemitismusforscherin Monika Schwarz-Friesel von der TU Berlin analysiert mit ihrem Forscherteam seit Jahren die deutsche Medienberichterstattung über Israel. Es herrsche eine große Einseitigkeit, zum Teil auch im öffentlich-rechtlichen Fernsehen, sagt sie.[27] Kaum ein Land werde so oft kritisiert wie Israel, in den Artikeln ließen sich ungewöhnlich viele NS-Vergleiche finden.[28] 2004 veröffentlichte das Duisburger Institut für Sprach- und Sozialforschung eine Studie über die deutsche Berichterstattung zur Zweiten Intifada. Dafür sah sich ein Team von Sprachwissenschaftlern mehr als 400 Artikel in den wichtigsten deutschen Printmedien an und kam zu dem Schluss, dass sich darin mehrfach antisemitische Anspielungen und Ressentiments finden lassen. Die Wissenschaftler warnten: «Die Ereignisse in Israel, so wie sie im Mediendiskurs gedeutet und bewertet werden, reproduzieren einen in Deutschland vorhandenen Antisemitismus und verfestigen ihn…Gleichwohl muss davon ausgegangen werden, dass ein Teil der Leser*innen die Kritik auch als eine Kritik an *jüdischer* Politik und *Jüdischsein* generell rezipiert.»[29] Dass ihre Sorge berechtigt war, bestätigt die 2016 erschienene Studie der Friedrich-Ebert-Stiftung «Gespaltene Mitte – feindselige Zustände?» 40 Prozent der Befragten stimmten demnach dem Satz zu: «Bei der Politik, die Israel macht, kann ich gut verstehen, dass man etwas gegen Juden hat.» Zu einer breiteren medialen Debatte führten die genannten Studien leider nicht. Wundert sich dann jemand, wenn laut einer Forsa-Umfrage von 2009 fast die Hälfte der befragten Deutschen Israel für ein «aggressives Land» hält? Die deutsche Kommunikationswissenschaftlerin Gisela Dachs, die mehr als 20 Jahre für die «Zeit» aus Israel berichtete, kritisiert in Bezug auf die Berichterstattung auch die «gleichförmige und plakative Bildsprache». In der Medienberichterstattung spielen Bilder eine zentrale Rolle: Sie wecken Interesse an dem Thema, beeinflussen unsere Wahrnehmung und unsere Meinung. Die meisten Medien bedienen sich der gleichen Presseagenturen, in denen sich außer Siedlern, Religiösen und Soldaten kaum Bilder aus dem israelischen Alltag finden lassen. «Israel ist ein Reizthema», sagt die Journalistin, die heute an der Hebräischen Universität in Jerusalem lehrt. Die Nachfrage nach Nachrichten aus dem Land sei nach wie vor groß, der israelisch-palästinensische Konflikt erreiche längst schon deutsche Straßen, Spielplätze und Klassenzimmer. Umso wichtiger sei es, darüber präzise und ausgewogen zu berichten: «Es ist ein Konflikt mit zwei Seiten. Journalisten sollen Beobachter sein – und nicht Richter, Aktivisten oder Politikberater.»[30]

Nur ein paar Schlagzeilen: «Schächter», «Auge um Auge, Zahn um Zahn», «Durst nach Blut und Tränen», «Israel leidet an seinem Kreislauf der Rache», «Israel nimmt Rache» – wo andere Länder ihre Grenzen und ihre Bevölkerung gegen Feinde und Terroristen schützen, wird Israel als aggressiv und rachsüchtig dargestellt. Kurzum: Mit diesem Land stimmt etwas nicht. Das vermitteln einem schon die Karikaturen israelischer und anderswo lebender Juden – Hakennase, Krake (im Naziblatt «Stürmer» hielt der Krake die Weltkugel im Würgegriff), wulstige Lippen und andere antisemitische Versatzstücke, die in das kollektive Gedächtnis eingegangen sind. Sie verletzen Juden und Jüdinnen und lassen auf eine bedrückende Geschichtsvergessenheit bei jenen schließen, die doch eigentlich informieren und analysieren wollen. Den Vorwurf, ein großer Teil der deutschen Print- und elektronischen Medien berichte einseitig über Israel und den israelisch-palästinensischen Konflikt, hören wir auf unserer Reise immer wieder.

Ido Porat sieht die deutsche Vergangenheit als einen Grund für die einseitige Berichterstattung. Kaum jemand in diesem Land kann neutral über Juden, Antisemitismus oder Israel sprechen. Auch wir Journalisten bilden keine Ausnahme, schließlich sind auch unsere Familienbiografien in irgendeiner Form mit den deutschen Verbrechen verstrickt, und auch wir sind in einer Gesellschaft aufgewachsen, in der seit Jahrhunderten die Judenfeindschaft tradiert worden ist. Verschiedene Studien zeigen, dass auf den Konflikt zwischen Israelis und Palästinensern die Menschen hierzulande weitaus emotionaler reagieren als auf andere Konflikte auf diesem Globus. Gefühle von Hass, Wut und Empörung sind auf den Nahostkonflikt bezogen besonders intensiv, während andere kriegerische Konflikte in der Region oft ignoriert werden. Das alles müssten Journalisten, die darüber berichten, vor Augen haben.

Die Arroganz der späten Geburt

Um BDS und Israel geht es auch zehn Monate später bei einer öffentlichen Diskussion in München. Der Ankündigungstext verspricht eine spannende Veranstaltung: «Die Meinungsfreiheit in Gefahr. Eine Diskussion, für die städtische Räume verweigert werden! Veranstaltungen über die völkerrechtswidrige israelische Besatzungs- und Siedlungspolitik sind in München kaum mehr möglich.» Wie unser Begleiter Victor, erwarten wir auch diesmal einen konfliktgeladenen Abend. Der 29 Jahre alte Erzieher sagt nicht so gerne, dass er jüdisch ist. Das behalte er lieber für sich, erklärt er uns, während er eine seiner selbstgedrehten Zigaretten raucht. Das liegt daran, dass die meisten Nichtjuden sofort befangen reagierten, in die eine wie die andere Richtung, nicht normal bleiben könnten. Wie neulich, als er einer Mitbewohnerin in der Wohngemeinschaft erzählte, dass er Jude sei. Die junge Frau überschüttete ihn sofort mit Sympathiebekundungen, wie faszinierend sie das finde und brachte ihm einen Teller mit Kuchen. Victor lacht. «Das ist doch verrückt, aber der Kuchen hat gut geschmeckt.» Und dann gibt es noch die andere Fraktion, die keinen Kuchen bringt, sondern in besorgtem bis aggressivem Tonfall sofort auf Israel zu sprechen kommt. «Ich habe keine Lust, mich ständig für israelische Politik rechtfertigen zu müssen.»

Es ist Ende Juni 2019, trotz der Hitzewelle drängen mehr als 300 Besucher in die Münchner Freiheizhalle. Vorwiegend sind es ältere Besucher, viel graues und weißes Haar, etliche schieben Rollatoren vor sich her. Am Eingang des Saals steht ein schwarzer Sarg, an dem in großen, weißen Buchstaben zu lesen ist: «Rathausbeschluss (13.1.2017) unterbindet die freie Meinungsäußerung. Art. 5 Grundgesetz». Der Hintergrund: Der Münchner Stadtrat hat mit großer Mehrheit beschlossen, für Veranstaltungen, die sich mit der BDS-Kampagne befassen, diese unterstützen oder für sie werben, künftig keine öffentlichen Räume mehr zur Verfügung zu stellen. Der Beschluss begründet ausführlich, warum die Kampagne als antisemitisch anzusehen ist und beruft sich dabei auf die «Arbeitsdefinition Antisemitismus», die im Mai 2016 auf einer Konferenz in Bukarest von der International Holocaust Remembrance Alliance (IHRA) ausgearbeitet worden ist. 34 Mitgliedsländer nahmen bisher die Definition an, darunter Deutschland. Die IHRA versteht unter Antisemitismus «eine bestimmte Wahrnehmung von Juden, die sich als Hass gegenüber Juden ausdrücken kann. Der Antisemitismus richtet sich in Wort oder Tat gegen jüdische oder nichtjüdische Einzelpersonen und/oder deren Eigentum sowie gegen jüdische Gemeindeinstitutionen oder religiöse Einrichtungen.» Der Definition folgen elf Beispiele, die helfen sollen, Antisemitismus zu erkennen. Ausgehend von dem «3-D-Test» des ehemaligen israelischen Ministers Natan Sharansky, dem zufolge es sich um Antisemitismus handelt, wenn der Staat Israel dämonisiert, delegitimiert oder ein Doppelstandard angelegt wird, fällt auch die sogenannte Israelkritik unter diese Definition. Vorwürfe gegenüber Juden, sie würden sich dem Staat Israel mehr verpflichtet fühlen als ihren jeweiligen Heimatländern, das Aberkennen des Rechts des jüdischen Volkes auf Selbstbestimmung, Vergleiche der aktuellen israelischen Politik mit der Politik der Nazis oder kollektives Verantwortlichmachen von Juden für

Handlungen des Staates Israel haben eben nichts mit einer rationalen Kritik zu tun. Sie offenbaren vielmehr antisemitische Ressentiments. Nach Auffassung der Veranstalter des heutigen Abends, der Humanistischen Union Bayern und einiger linken Bürgerrechts- und Friedensbündnisse, steht der Münchner Beschluss jedoch im klaren Widerspruch zu den Grundrechten auf Meinungs- und Versammlungsfreiheit. So sieht es der pensionierte Richter am Bayerischen Verwaltungsgerichtshof, Peter Vonnahme, der zusammen mit dem «taz»-Journalisten Andreas Zumach und der israelisch-deutschen Künstlerin Nirit Sommerfeld vom Bündnis für Gerechtigkeit zwischen Israelis und Palästinensern auf dem Podium sitzt. Er sei tief besorgt über die Entwicklung des Grundrechts auf freie Meinungsäußerung, vor allem, wenn es um «das Spannungsfeld zwischen legitimer Kritik am Staat Israel und dem verwerflichen Antisemitismus» gehe, sagt Peter Vonnahme. Dann legt er dramatisch nach: «Wir sollten nicht schweigend zusehen, wenn sich heute in Städten, Universitäten und kirchlichen Einrichtungen ein Kartell des Schweigens bildet.» Das Publikum applaudiert begeistert. Die Meinungsfreiheit sei gefährdet, weil Kritik am Staat Israel in Deutschland tabuisiert sein soll? Victor und wir schauen von unserem Stehtisch am Rande des Saals auf die Menge. Was bewegt diese Menschen? Warum nehmen sie an diesem heißen Sommertag die Strapaze auf sich, in die Freiheizhalle zu kommen und «Israelkritik» als eine Frage von Meinungsfreiheit auszugeben? Da gibt es kein Tabu. Israel wird ständig kritisiert – in den Medien, in Talkshows, auf Podiumsdiskussionen, an Stammtischen, in Universitäten, in den Kirchen. Wo bitte schön ist da ein Kartell des Schweigens? Auch deutsche Politiker – aller Parteien – üben seit den 1950er Jahren immer wieder harsche Kritik an Israel, was in unzähligen Interviews und Bundestagsprotokollen nachgelesen werden kann. Einer der bekanntesten Fälle war der FDP-Politiker Jürgen Möllemann, der Verständnis für palästinensische Selbstmordattentate artikulierte und 1978 Israels Ministerpräsidenten Begin einen «Kriegsverbrecher» nannte. Das schadete ihm nicht, auf der Karriereleiter kletterte er sogar bis zum Vizekanzler hoch. 2002, wenige Tage vor der Bundestagswahl, ließ Möllemann in seiner Funktion als NRW-Landesvorsitzender an Millionen Haushalte Wahlflyer verschicken, in denen er den israelischen Ministerpräsidenten Ariel Scharon und Zentralrats-Vize Michel Friedmann zum wiederholten Mal als Hindernis für einen Frieden im Nahen Osten darstellte. Im selben Jahr behauptete der damalige Grüne NRW-Landtagsabgeordnete Jamal Karsli, dass die israelische Armee Nazi-Methoden anwende und Trinkwasser vergifte. Es gebe «eine Konzentration von Tausenden Palästinensern in großen Lagern, denen Nummern eintätowiert werden», schwadronierte er. Den früheren Bundesarbeitsminister Norbert Blüm (CDU) brachte das israelische Vorgehen gegen die Palästinenser einst derart in Rage, dass er in einem Brief an den israelischen Botschafter Schimon Stein dessen Land einen «hemmungslosen Vernichtungskrieg» vorwarf. Mit dieser Meinung stand er nicht allein. 2004 stimmten 68 Prozent der Befragten laut einer Umfrage der Aussage zu: «Israel führt einen Vernichtungskrieg gegen die Palästinenser.»[31] Wer da von einem «Kartell des Schweigens» spricht, muss realitätsblind sein oder will unter Berufung auf das Grundrecht der Meinungsfreiheit seine Ressentiments ausleben – ohne sich den Vorwurf des Antisemitismus gefallen lassen zu müssen. Nicht wenige Debatten in Deutschland vermitteln den Eindruck, dass der Vorwurf als wesentlich schlimmer als der Antisemitismus empfunden wird. Die Meinungsfreiheit ist gefährdet? Die schon erwähnten hassvollen, beleidigenden und diskriminierenden Kommentare in sozialen Netzwerken, auf Plakaten und Slogans mit volksverhetzenden und Holocaust relativierenden Inhalten während Demonstrationen, die Neigung vieler Gerichte, sie als freie Meinungsäußerung durchgehen zu lassen – das alles zeigt, dass die Grenzen der Meinungsfreiheit hierzulande regelmäßig überschritten werden. Trotzdem bekundeten laut einer aktuellen Umfrage des Allensbacher Instituts für Demoskopie 58 Prozent der Befragten, dass sie sich nicht trauen würden, in der Öffentlichkeit «über einige Themen» zu sprechen.[32] Ist Kritik an Israel hierzulande mit einem Tabu belegt? Nein. Die Leiterin des Zentrums für Antisemitismusforschung an der TU Berlin, Stefanie Schüler-Springorum, sieht in dem Tabu-Argument schon einen Teil des antisemitischen

Diskurses. Für die Expertin hat die Fixierung weiter Teile der Öffentlichkeit auf Israel «seltsame Züge, auch und insbesondere in der Linken», wie sie in einem «Welt»-Interview sagte. «An sich ist ja ehrenwert, sich auch um repressive Politik in fremden Ländern zu kümmern. Bei der alleinigen Beschäftigung mit Israel mischen sich politische Motive mit der Tatsache, dass Israel ein jüdischer Staat ist.»[33]

Aber zurück zum Abend, von dem wir berichteten. Als Nirit Sommerfeld zum Münchner Beschluss die rhetorische Frage stellt, warum man in München und anderen Städten 2017 dazu komme, einen Beschluss gegen Antisemitismus und nicht etwa gegen Rassismus, Fremdenfeindlichkeit, Ausgrenzung von Migranten oder Flüchtlingen zu fassen, klatschen die Friedensaktivisten und Bürgerrechtler erneut Beifall. «Warum kommt jetzt das Thema Antisemitismus in den Vordergrund?», greift Moderator Lothar Zechlin, Professor für öffentliches Recht an der Universität Essen, ihre Frage auf und beantwortet sie gleich selbst: «Offenbar gibt es jetzt mehr Antisemitismus, Viktor Orbán und so ...» Auch diesmal kommt aus dem Publikum kein Widerspruch. Antisemitismus als Problem der Anderen? Scheinheiliger geht es kaum. In Deutschland ereignen sich laut Polizeistatistik täglich mindestens fünf Attacken auf Juden, jüdische Jugendliche sind in ihrem Schulalltag regelmäßig mit antisemitischen Witzen, Chats, Beleidigungen und Drohungen konfrontiert, wenn sie ihr Jüdisch-Sein offen zeigen. Doch statt darüber zu diskutieren, scheinen sich Anwesende hier vor allem Sorgen um ihr, polemisch ausgedrückt, Grundrecht auf Israelkritik zu machen. Der Publizist Andreas Zumach, der gern mit seinem Anwalt droht, sollte ihn jemand falsch zitieren, zieht in seinem Redebeitrag über die international anerkannte «Arbeitsdefinition Antisemitismus» der IHRA her. Er nennt sie ein Ergebnis einer «ungeheuren Manipulation». Wer der große Manipulator sein sollte, sagt er nicht. Man kann also nur spekulieren. Meint er etwa die USA? Deutschland? Oder Israel? Natürlich ist Andreas Zumach kein Antisemit, das Gegenteil zu behaupten, würde vermutlich gleich seinen Rechtsanwalt auf den Plan rufen. Er mache sich nur Sorgen, gerade wegen der besonderen Verantwortung Deutschlands, hat er in einem älteren Zeitungsinterview gesagt. Wir belassen es also bei den Worten seines früheren «taz»-Kollegen Deniz Yücel: «Diesem winzigen Flecken Erde, dem Staat der Überlebenden, hast du am allerwenigsten Ratschläge zu erteilen. Du am wenigsten.»[34] Deniz Yücel meint damit nicht Zumach persönlich, sondern die Deutschen, die passionierten Israelkritiker unter ihnen.

Victors versteinerte Gesichtszüge verraten seine Gefühlslage. Tage später spricht er mit uns über den Abend in der Freiheizhalle. «Es war gruselig und ging mir tagelang nach. Gut, dass meine Mutter nicht dort war», sagt er leise. Das denken wir auch. Hanna Bander, seine Mutter, hat sich in ihrem Leben schon genug Mist anhören und viele Beleidigungen einstecken müssen – einfach deshalb, weil sie Jüdin ist. Fast eineinhalb Jahre später: Der bayerische Verwaltungsgerichtshof kippt den Stadtratsbeschluss. Die Stadt München muss ihre Räume für Veranstaltungen mit BDS-Bezug öffnen.

Kurze Gebrauchsanleitung für «Israelkritik»

Darf man also israelische Politik nicht kritisieren? Selbstverständlich darf man das, in Israel selbst üben Menschen täglich Kritik an ihrer Regierung, die Medien ebenfalls. Kritik gehört zu einer demokratischen Gesellschaft. Allein der Begriff «Israelkritik» zeigt jedoch, wie stark Israel im Fokus der öffentlichen Aufmerksamkeit steht. Man stelle sich nur vor, in Israel würde man mit völliger Selbstverständlichkeit den Begriff «Deutschlandkritik» verwenden, statt die Politik Merkels zu kritisieren. Wie wäre wohl die Reaktion hierzulande? Man muss nicht mit allem einverstanden sein, was israelische Politiker tun, sie sind nicht unfehlbar und treffen Entscheidungen, die man als falsch, ungerecht und kritikwürdig empfinden kann. Aber ganz egal, wie man zur israelischen Politik gegenüber den Palästinensern steht: Es gibt einen Unterschied zwischen Kritik und Voreingenommenheit. In Deutschland wird der demokratische Staat Israel, der seit seiner Gründung 1948 sein Staatsterritorium gegen umliegende Staaten verteidigen muss, mehr kritisiert als alle Diktaturen dieser Welt zusammengerechnet. In Umfragen in Deutschland wird Israel stets als eines der unbeliebtesten Länder der Welt genannt. Seine Unbeliebtheit wird nur von extremen arabisch-islamischen Staaten übertroffen.[35] Fast jeder zweite Deutsche hat eine schlechte Meinung über Israel, unter den 18- bis 29-jährigen sind es sogar 54 Prozent. Umgekehrt sieht nur ein Viertel der jüdischen Israelis Deutschland kritisch.[36] Obwohl das allgemeine Wissen über den komplexen israelisch-palästinensischen Konflikt in der Bevölkerung eher gering ist, fühlen sich viele Deutsche bemüßigt, die israelische Regierung in oberlehrerhafter Manier zu maßregeln. Wenn es um Israel geht, werden oft andere moralische Standards gesetzt. Selbst linke, regierungskritische Israelis reagieren inzwischen auf Kritik aus Deutschland allergisch. Ausgerechnet die Nachkommen jener, die den Mord an europäischen Juden geplant und umgesetzt haben, wollen ihnen jetzt selbstgerecht moralisch die Leviten lesen. Warum gab es und gibt es in deutschen Großstädten zwar immer wieder antiisraelische Proteste, aber keine, oder vergleichsweise wenige, gegen die russische Annexion der Krim, die Verhaftung von kritischen Journalisten in der Türkei oder die Verbrechen des Assad-Regimes? Entscheidend ist auch die Art und Weise der Kritik. Eine hoch emotionale, bisweilen aggressiv vorgetragene Kritik hat viel mehr mit eigenen Projektionen und dem Wunsch nach einem Schlussstrich zu tun, die der Wiener jüdische Psychoanalytiker Zwi Rix mit dem Satz umschrieb: «Die Deutschen werden uns Auschwitz niemals verzeihen.» Warum haben so viele Deutsche das Bedürfnis, «die Israelis» mit «den Nazis» gleichzusetzen? Wer eine solche Gleichsetzung macht, ignoriert die Präzedenzlosigkeit der Shoah als Zivilisationsbruch. Noch nie in der Geschichte hat ein Staat versucht, alle Angehörige einer Minderheit ausnahmslos zu ermorden, von Babys bis zu Greisen, und dafür einen kompletten bürokratischen Apparat aufgebaut. Ein solcher Vergleich dient auch dazu, sich dem allgemeinen Gefühl von Schuld oder Verantwortung, dem Schamgefühl für die deutsche Geschichte zu entziehen. «Die Juden» sind eben auch nicht besser als die Nazis. Hinzu kommt: Wer «die Juden» für die Politik

Israels verantwortlich macht, folgt im Grunde der gleichen Argumentationslogik wie Verschwörungsideologen, die «die Juden» – oder in der modernen Form Israel – für das Böse in der Welt verantwortlich machen.

Eine Kritik an Israel ohne antisemitische Anleihen ist möglich, aber schwierig. Nur jeder zehnte Deutsche ist laut Umfragen in der Lage, eine solche Kritik zu äußern. Paul Spiegel, 2000 bis zu seinem Tod im April 2006 Präsident des Zentralrats der Juden in Deutschland, fragt in seinem Buch «Was ist koscher?»: «Darf man Israel kritisieren? Ja, aber nur dann, wenn man das Existenzrecht des Staates nicht anzweifelt. Nur dann, wenn man sich auch die andere, die palästinensisch-arabische Seite ansieht.» Jan Riebe, Experte der Berliner Amadeu Antonio Stiftung, schlägt vor, die Frage, wann Israelkritik antisemitisch sei, umgekehrt zu stellen: Wann ist sie es nicht? Sein Vorschlag: Wenn sie nicht Israelkritik genannt wird, sondern sich ernsthaft mit realen Problemen der dort lebenden Menschen beschäftigt. Wenn Juden nicht gleichgesetzt werden mit Israel, sondern als eigenständige Menschen betrachtet werden, die möglicherweise eine enge Bindung an Israel haben oder auch nicht. Wenn diejenigen, die sich mit Israel beschäftigen, zumindest bereit sind zu reflektieren, was das mit ihren eigenen Traditionen oder gar ihrer Familiengeschichte zu tun hat.[37] Wer also israelische Politik kritisiert, sollte sich, empfiehlt der Antisemitismusexperte, fragen:

1. Was sind meine Beweggründe für die Kritik?
2. Kritisiere ich Israel anders als andere Staaten, und wenn ja, warum?
3. Beschäftigt mich der Nahostkonflikt mehr als alle anderen Konflikte, und wenn ja, warum?
4. Bin ich bereit, meine Position zu Israel aufgrund von Fakten zu revidieren?

4. Der Krankheitsherd:
Erkundungen in der gesellschaftlichen Mitte

Gesehen auf einer Parkbank am Berliner Weissen See im Januar 2007

Allein in der bayerischen Provinz

Nun ist doch noch alles gut geworden. Auf dem Nachbargrundstück stehen bunt bemalte Gartenzwerge. Mit festgefrorenem Lächeln in ihren glänzenden Keramikgesichtern schauen sie auf die Menschenansammlung vor der Synagoge in Hainsfarth. Die 1500-Seelen-Gemeinde liegt im schwäbischen Landkreis Donau-Ries, fast schon eine Idylle, fernab der Neonazi-Aufmärsche und den «Juden ins Gas»-Rufen auf Demonstrationen in deutschen Großstädten. Hier ist man unter sich. Die letzten der jüdischen Dorfbewohner, vor dem Krieg die Hälfte der Einwohnerschaft, wurden 1942 in die Todeslager deportiert. Geblieben ist der jüdische Friedhof am Rande des Dorfes. Und ein einzigartiges Gebäudeensemble: Die Synagoge aus dem Jahr 1860 in der ehemaligen «Judengasse» wurde 1996 restauriert. Das Haus der jüdischen Schule und die Überreste einer Mikwe, des rituellen Tauchbads, sind gerade saniert worden. Es ist der 28. Juli 2019. Die Sonne scheint. Ein schöner Tag. Zu den Festgästen sagt ein Kommunalpolitiker im vollen Synagogenhaus einen Satz, der uns aufhorchen lässt. «Wir brauchen uns nicht zu schämen. Wir haben die Geschichte aufgearbeitet. Nicht nur von Deutschland sind Verbrechen, Völkermorde ausgegangen.» Die Zuhörer, manche tragen Tracht, finden das richtig. Synagoge renoviert, alles wieder gut. Schon im Februar 1945 beobachtete der Kriegskorrespondent Osmar White diesen Drang nach psychischer Entlastung. Bei einer Filmvorführung über das KZ Bergen-Belsen in einem Kriegsgefangenenlager in Norddeutschland pfiffen und schrien die Wehrmachtssoldaten: «Was ist mit den hungernden Indianern? Und mit den Bergarbeitern im Kongo?»[1] Wir schauen rasch zu Sigi A. hinüber. Die Vorsitzende der «Freunde der Synagoge Hainsfahrt», die einzige Jüdin im Verein, sitzt in einer Stuhlreihe auf der anderen Seite. Ihr forschender Blick ist auf den Redner gerichtet. Sie atmet ruhig. Immer, wenn sie sich aufregt, bekommt sie einen Hustenanfall, ein Gefühl von Enge in der Brust.

Ungewöhnlich ist die Äußerung des Kommunalpolitikers nicht, so unpassend sie an diesem Ort, einer ehemaligen Synagoge, auch ist. Aber nicht nur dort. Die Schlussstrich-Mentalität ist weit verbreitet. Gut 65 Prozent sind es laut einer Umfrage leid oder ärgern sich gar darüber, dass den Deutschen heute noch die Verbrechen an den Juden vorgehalten würden. Die Wissenschaft definiert das als sekundären Antisemitismus, eine subtile Form der Judenfeindschaft nicht trotz, sondern wegen Auschwitz. Die Abwehr von Schuld und Erinnerung geht einher mit dem Ressentiment, dass die Juden heute Vorteile aus der Shoah ziehen wollten (45,2 Prozent). In dem Projekt «Gruppenbezogene Menschenfeindlichkeit» hatten die Bielefelder Wissenschaftler verschiedene Facetten des Antisemitismus abgefragt, darunter fünf des sekundären. «Fast 89 Prozent derjenigen, die sich selbst politisch ‹genau in der Mitte› einordnen, stimmen min-

destens einer Facette zu», schreiben die Forscher in ihrer Studie.[2] Vor
ein paar Wochen ging ein Dorfbewohner Sigi A. vor der Synagoge
barsch an: «Das Klump hätte man gleich abbrennen müssen.» Man
stelle sich vor, jemand würde das einem Katholiken über eine Kirche
ins Gesicht sagen. Und was heißt überhaupt «gleich»? Er meinte
doch nicht etwa das Novemberpogrom 1938, als einige junge, «namentlich nicht bekannte Parteianhänger», wie es in der Chronik
heißt, das Gebäude stürmten, den Thoraschrein aufbrachen und
ausraubten. Bei damals nur knapp 900 Einwohnern sollen die Namen der Täter unbekannt geblieben sein? Das Schweigen hält bis
heute an. Aber nicht bei allen: Der Gründer des Freundeskreises und
frühere Bürgermeister Max Engelhardt, Vater des heutigen, wollte
die Synagoge unbedingt erhalten. Er gab nicht nach, trotzte allen
Beschimpfungen, auch denen, die ihm in dem idyllischen Ort mit
Mord gedroht haben sollen.

Vor 1933 gab es etwa 2800 Synagogen und Gebetshäuser in
Deutschland, heute sind es nur noch 140, die genutzt werden. Die
104 jüdischen Gemeinden, die ethnisch, kulturell und religiös viel-
fältig sind, zählen mehr als 96 000 Mitglieder. Das deutsche Judentum ist in der Shoah beinahe komplett ausgelöscht worden, mitsamt
seiner reichen Tradition. Es ist die Aufgabe der Mehrheitsgesellschaft, das deutsch-jüdische Kulturerbe zu erhalten. Aber so sehr
fühlt sich Sigi A. von ihr nicht unterstützt. In den vergangenen Jahren führte sie einen einsamen Kampf. Bürgermeister Klaus Engelhardt steht dem Verein zwar aufgeschlossen gegenüber, sieht sich
aber Zwängen ausgesetzt. Die einzige Gaststätte im Ort wird bald
schließen, er wolle in der Alten Jüdischen Schule auch eine Art
Wirtshausbetrieb unterbringen, sagt er uns vor dem Feuerwehrge-
rätehaus, in dem die Festgesellschaft Kuchen und Kaffee zu sich
nimmt. Die ehemalige jüdische Schule soll als Treffpunkt für die
Vereine im Dorf genutzt werden. Dagegen hat Sigi A. nichts einzu-
wenden. Nur: «Die Synagoge verpflichtet uns, das Geschehene nicht
vergessen zu lassen.» So denken nicht alle. Als 2015 die Überreste der
Mikwe entdeckt wurden, stritt der Gemeinderat zuerst lange darüber, wie man damit umgehen solle. Im Januar 2018, kurz vor einer

Entscheidung, wurde die Mikwe über Nacht einfach zugeschüttet. Der Freundeskreis der Synagoge alarmierte die Presse und rettete im letzten Moment das rituelle Tauchbad. Der Kampf um das jüdische Erbe in Hainsfahrt verlangt Sigi A. viel Kraft ab, der Mangel an Empathie setzt ihr zu. Sie sei überempfindlich, weil sie Jüdin ist, flüsterte uns vor dem Festakt eine Frau ins Ohr zu. 41 Prozent der Befragten einer Studie des Jüdischen Weltkongresses von 2019 meinten, Juden redeten zu viel über die Shoah. Ihnen gefalle die Opferrolle, das bekommen Juden in Deutschland oft zu hören. Und auch uralte antijudaistische Vorurteile leben in den Köpfen weiter. Vor zwei Jahren führte Sigi A. ein älteres Ehepaar aus Franken über den kleinen jüdischen Friedhof von 1850 mit noch 290 erhaltenen Grabsteinen. Ein paar Tage später rief der Mann bei ihr an. «Da wurde jüdisches Parfüm verstreut», beschwerte er sich. Seine Frau sei davon krank geworden, und wenn sie nicht wieder gesund werde, könne Sigi was erleben. Jüdisches Parfum? Im Mittelalter dichtete die katholische Kirche den Juden an, sie würden einen üblen, schwefelartigen Geruch verbreiten, weil sie mit dem Teufel paktierten. Sigi schaut uns traurig an.

Im Jahr 2000 siedelte Sigi A. von Frankfurt am Main, wo sie bei einer deutschen Fluggesellschaft arbeitete, nach Nördlingen um. Sie ist heute die einzige Jüdin in der schwäbischen Stadt, deren jüdische Geschichte bis ins 13. Jahrhundert zurückreicht.

Anfangs dachte ich, ich bin eine unter vielen. Ein Mensch. Aber mit den Jahren bekam ich das Gefühl, ich stehe alleine da. Sogar nach so langer Zeit habe ich hier keine Freunde.

Wie reagiert Deine Umgebung darauf, wenn Du sagst, dass Du Jüdin bist?

Dann kommt meistens: Damit habe ich nichts zu tun. Das war eine andere Generation. Dabei werfe ich doch keinem die Shoah vor. Das würde ich nie tun. Ich will an das jüdische Leben erinnern.

Wie ist es für Dich als Jüdin in der bayerischen Provinz?

Offenen Antisemitismus erlebe ich eher selten. Es sind mehr die spitzen Bemerkungen, das Gerede hinter meinem Rücken, das mir Dritte zutragen. Oder bei einem Treffen mit Bekannten. Ich erwähne Juden, das Dritte Reich, da wird eine ganz wütend. Sie könne das nicht mehr hören, ruft sie aus. Alle schweigen. Mir steigen die Tränen in die Augen. Keiner hat sie zurechtgewiesen. Das steckt mir noch heute in den Knochen. Das hat mich verletzt.

Sigi A. ist es leid: das Unwissen, die Gefühlskälte, die Ressentiments und die Einsamkeit. In ihrer Rede während des Festakts sagt sie aber auch: «Wir haben es geschafft.» Sie sei von Dankbarkeit erfüllt und von Wehmut über das jüdische Leben, das vergangen ist. «Ich höre die Schüler auf Hebräisch buchstabieren.» Sie blickt zur ehemaligen jüdischen Schule hinüber. Einige Festgäste folgen ihrem Blick. Doch die Stimmen der Kinder hört nur sie allein.

Fremde im eigenen Land

Eine Bekannte, nennen wir sie Else, ist verblüfft. In zwanzig, dreißig Jahren, sagt sie, sei ihr Antisemitismus nicht untergekommen. Das hören wir von vielen nichtjüdischen Deutschen. Und jetzt behaupten wir, sagt Else, dass der Judenhass in Deutschland nach 1945 nie verschwunden war und in der Mitte der Gesellschaft weit verbreitet ist. «Ich habe am Arbeitsplatz, in der Schule, im Studium, in der Familie niemals eine judenfeindliche Äußerung gehört.» Wir lebten offenbar, meint sie, in verschiedenen Welten. Über Terrorakte gegen Juden und jüdische Einrichtungen liest man in den Zeitungen. Einzelfälle eben, wie die Politik nicht müde wird, zu betonen. Verrückte gibt es in jeder Gesellschaft. Was ist aber mit denjenigen etwa, die 2012 die Beschneidung jüdischer Jungen anprangerten? Sie seien keine Judenfeinde, verteidigten nur das Kindeswohl, behaupteten sie. In keinem anderen Land als Deutschland, das die historische Verantwortung für den Mord an eineinhalb Millionen jüdischer Kinder trägt, wurde dieser Streit derart vehement geführt, die Forderung nach einem gesetzlichen Verbot der jahrtausendealten, religiös motivierten Beschneidung von Jungen derart leidenschaftlich vertreten. Auch wider alle ärztliche Erkenntnis, der zufolge die gesundheitlichen Vorteile des medizinischen Eingriffs seine etwaigen

Risiken bei weitem überwiegen. Aber darum ging es ja nicht. Im Verlauf der Debatte tauchten im Internet rasch krude antisemitische Beschimpfungen auf, wurden Juden als notorische Kinderquäler stigmatisiert. Einige nichtjüdische Freunde kündigten deshalb den Hannoveranern Rebecca und Konstantin Seidler gleich die Freundschaft auf. Als Jude in Deutschland braucht man, so formulierte das ein Gesprächspartner, «ein dickes Fell». Körperliche Angriffe, unverhüllte Drohungen gehören zur Normalität jüdischen Lebens in diesem Land. Hinzukommen, und auch das ist seelisch belastend, die sogenannten Mikroaggressionen im Alltag, oder, als ihre Kehrseite, ein fragwürdiger, anbiedernder, mal naiver, mal kalkulierter Philosemitismus, der einfach nur nervt. «Also, wenn man einen Juden liebt, pauschal liebt, und alle Juden sind dann Moses Mendelssohn, und alle Juden sind intelligent, und alle Juden sind dann irgendwie begabt (…) – dann überkommt es mich kalt. Und ich muss sagen, dass es mich mittlerweile anekelt», erklärte der israelische Soziologe Moshe Zuckermann 2012 im Deutschlandfunk.[3] Da fragt eine gebildete Dame Rebecca Seidlers Mutter Katarina: «Darf ich Sie mal berühren?» Und schon streicht sie mit der Hand über ihren nackten Oberarm. Sie wollte einfach mal «das Jüdische spüren». Oder der Anrufer in der Rechtsanwaltskanzlei, der nur Katarina Seidler sprechen will, obwohl sie für ein ganz anderes Fachgebiet zuständig ist. «Ja, aber wir haben gelesen, dass Frau Seidler eine Jüdin ist, und die haben die besten Anwälte.»

Die Dortmunderin Diana Broner wehrte immer den Einfluss diskriminierender Erfahrungen auf ihr Selbstbild ab. In der Schulklasse verwaltete sie die Abiturkasse, was ihr die Bemerkung eines Schülers eintrug, sie als Jüdin könne ja mit Geld gut umgehen.

Ich habe es hinter mir gelassen. Die einen wurden gehänselt, weil sie übergewichtig oder homosexuell waren, ich wiederum deshalb, weil ich Jüdin bin.

Das Klischee vom reichen Juden ist seit Jahrhunderten tief in unserem Denken verwurzelt. Nur so offen, wie das einmal geäußert werden konnte, sagt man das heute lieber nicht mehr, will man doch nicht als Antisemit gelten. Da helfen Codes, die «Finanzeliten» oder «die Rothschilds», und der Adressat der Rede weiß Bescheid. Ein Wohnungseigentümer erhöht den Mietpreis: «Sie haben es doch», sagt er zu den jüdischen Mietern. Die Berlinerin Marie, die lieber anonym bleiben will, hört am Arbeitsplatz eine Kollegin hinterherrufen: «Was soll diese jüdische Hast?» Ein Bekannter auf Wohnungssuche schimpft auf die Vermittlungsagentur: «Judenmakler!» Ein Nachbar der Seidlers verbietet seinen Kindern, mit den ihren einen Flohmarkt zu veranstalten, auf dem sie Kastanien verkaufen. Zu diesem unschuldigen Spiel fällt ihm ein: «Das ist nichts für meine Kinder, den Ihren liegt das ja im Blut.»

Vier Jahre lang hat der 27 Jahre alte Hannoveraner Monty Ott seine Kippa auf der Straße getragen. Jetzt nicht mehr.

Das war für mich eine sehr prägende Zeit. Du gehst an eine Trambahnhaltestelle oder in ein Café, und die Menschen hören auf zu reden. Sie gaffen dich an. Sie geben dir das Gefühl, ein Aussätziger zu sein.

Was geht denen im Kopf um?

Ich würde das noch nicht als Antisemitismus im Sinne eines geschlossenen Weltbildes bezeichnen. Manchen Leuten fällt es schwer, mit Juden umzugehen. Zum Beispiel die Uni-Dozentin, die mir im Seminar sagen wollte, ich solle nicht auf dem Laptop mitschreiben.

Wie das?

Sie kannte meinen Namen nicht, sagte zuerst ‹der jüdische Mitstudierende›, dann ‹der Kommilitone mosaischen Glaubens›. Du sitzt da und denkst dir, wenn du mich schon darauf reduzierst, dann sag doch bitte wenigsten das Wort Jude. Aber das hat sie sich nicht getraut.

Das hat schon etwas von einem Spießrutenlauf. Auf der weiteren Ebene schlägt das in aggressive Sprüche um und schließlich in offene Gewalt.

Auch die hat Monty erlebt, aber es reichte ihm schon so.

Auf Dauer wurde mir klar, dass ich täglich angespannt herumlief, mehr gestresst war als durch den beruflichen Alltag. Immer wieder ist etwas passiert, bis ich an den Punkt gelangte, an dem ich einfach nicht mehr konnte. Manchmal wünschte ich, in der Menge zu verschwinden.

Eine Sache ist Monty jedoch sehr wichtig: Jüdisches Leben ist für ihn mehr als die Opferrolle, mehr als Antisemitismus und die Shoa:

«Sichtbarkeit, Teilhabe, Vielfalt – dafür engagiere ich mich heute. Ich habe diese Erfahrungen gemacht, und sie prägen mich. Deshalb möchte ich daran mitwirken, dass wir in einer Gesellschaft leben, in der man ohne Angst verschieden sein kann. Es wird viel zu selten über diese inspirierenden Menschen geredet, über widerständige, queere, kämpferische Jüdinnen und Juden. Ich habe das Glück, viele von ihnen zu kennen, das macht mir Mut.

«Die hiesigen Juden sind für die Mehrheitsgesellschaft keine Deutschen, sondern nur noch Juden. «Die Wahrnehmung von Juden ist von Fremdheit bestimmt», sagt uns Marina Chernivsky in ihrem Berliner Büro. Sie kennt das aus der Westukraine, wo sie geboren wurde. «In meiner Kindheit habe ich mich häufig gefragt: Was ist an uns so anders? Ich erinnere mich sehr gut daran, dass ich gehänselt wurde. Es gab offenen Antisemitismus. Ich habe versucht, mich zu vergleichen, doch ich fand nichts.»[4] 1990, sie war damals 14 Jahre alt, wanderte ihre Familie nach Israel aus. Nach dem Studium von Psychologie, Verhaltenswissenschaften und Soziologie kam sie 2001 nach Deutschland, um hier weiter zu studieren. Sie arbeitete in der zweiten unabhängigen Expertenkommission Antisemitismus des Bundestages mit, gibt die Zeitschrift «Jalta – Positionen zur jüdischen Gegenwart» mit heraus und initiierte das «Kompetenzzentrum für Prävention und Empowerment» der Zentralwohlfahrtsstelle der Juden in Deutschland, das sie auch leitet. «Tradierte Bilder von Juden, gepaart mit antisemitischen Deutungsmustern, bestimmen die Wahrnehmung von und die Beziehung zu Juden und Jüdischem. In einer postnationalsozialistischen Gesellschaft wie Deutschland ist diese Art der Rezeption besonders relevant», sagt sie. Sie mögen nicht in jedem Fall feindlich sein, aber freundlich und aufgeschlossen sind sie auch nicht. «Eine Verkäuferin sieht meinen Davidstern und fragt mich, wo ich herkomme. So etwas kann schnell umschlagen, in aggressivere Töne. Antisemitismus beginnt mit grenzüberschreitenden Fragen, sprachlichen Entgleisungen, Verschwörungsideen und reicht bis hin zur Gewalt.» Viele Betroffene suchen das Kompetenzzentrum auf und erzählen von ihren antisemitischen Erfahrungen im Alltag. Die Geschichten ähneln sich, egal, zu welcher Zeit und an welchem Ort sie sich abspielen. Es muss nicht immer bedrohlich sein, übt aber doch eine emotionale Gewalt aus. Der Theaterregisseur Noam Brusilovsky kennt das.

Wie erlebst Du die deutsch-jüdischen Beziehungen der Gegenwart?

Es gibt diese deutsche Verklemmtheit, die ich eigentlich lustig finde. Aber ich merke, dass es dahinter eine Wunde gibt. Wenn aber die AfD Wahlen gewinnt, oder ich dieses ‹Man darf ja wohl noch sagen› höre, ist mir nicht zum Lachen.

Wie erklärst Du Dir das?

Als Israeli fühle ich, Juden müssen eine bestimmte Rolle ausfüllen, den Deutschen bestätigen, dass es hier ein jüdisches Leben gibt. Das ist sozusagen, die ‹Vergangenheitsbewältigung›. Dann die Anspielungen, wie von der Kommilitonin, die bei der Aufführung meines Stückes meinte: ‹Der Abend kommt nur gut an, weil du Jude bist›. Ich leide jedoch viel mehr unter dem Rassismus. Ich bin schlimm dran: als Ausländer, Jude, Schwuler, Linker. Als Ausländer hörst du immer: ‹Geh dahin, wo du hergekommen bist›.

Der nette, ältere Mann hat aufmerksam den Erklärungen Katarina Seidlers bei einer Führung durch die Synagoge und das Gemeindezentrum in Hannover gelauscht. Begegnungen, so hofft man, können Vorurteile abbauen. Dann nimmt er sie zur Seite, senkt die Stimme und rät ihr, ihren Davidstern zu verstecken. «Sie müssen das nicht so nach außen tragen. Da müssen sie sich nicht wundern, wenn Sie Probleme bekommen.»

Eine Umfrage folgt der anderen, ihre Ergebnisse schwanken je nach Fragestellung und methodologischer Grundlage. 1976 kam der Soziologe Alphons Silbermann zu dem Ergebnis, dass 15 bis 20 Prozent der Deutschen ausgeprägt antisemitisch und weitere 30 Prozent latent antisemitisch eingestellt sind.[5] Eine ganze Reihe interviewter jüdischer Deutscher war damals davon überzeugt, dass sich in der Bundesrepublik die Einstellung gegenüber Juden und dem Judentum nach 1945 nicht geändert hatte. «Die Sicherheitsbehörden (…) haben in letzter Zeit einen Anstieg antisemitischer Vorfälle registriert – Friedhofsschändungen, Schmierereien an öffentlichen Gebäuden, Gewaltandrohungen und Mordanschläge auf jüdische Mitbürger. Es ist ein besorgniserregender Trend, dessen Gefährlichkeit – wie der Anschlag auf das jüdische Restaurant in Berlin gezeigt hat – nicht unterschätzt werden darf.» Was wie eine Beschreibung der gegenwärtigen Situation klingt, stammt aus einem Artikel von 1982.[6] Am 16. Januar 1982 war ein israelisches Lokal in Berlin-Wilmersdorf Ziel eines nie aufgeklärten Bombenanschlags, 14 Personen wurden dabei schwer verletzt, ein kleines Mädchen starb. «Offizielle Stellen und Politiker aller Couleur verharmlosen eher, wiegeln ab, ergehen sich in schönen Reden», schrieb der Verfasser des Artikels, Julius H. Schoeps. Damals lebten in der Bundesrepublik ungefähr 30 000 Juden und Jüdinnen, durch den Zuzug aus Ländern der ehemaligen Sowjetunion in den neunziger Jahren wuchs die Zahl auf knapp 100 000, die in den jüdischen Gemeinden organisiert sind, hinzu kommen etwa 50 000, die keine Mitglieder sind.

37 Jahre später betreten wir an einem heißen Augusttag das Büro von Professor Julius H. Schoeps in Berlin. Der hochgewachsene Mann mit weißem Haarschopf sitzt in legerer Freizeitkleidung barfüßig an seinem Schreibtisch und begrüßt uns mit ausgebreiteten Armen. Der Politikwissenschaftler und Historiker gründete das Moses Mendelssohn Zentrum für europäisch-jüdische Studien an der Universität Potsdam und ist der Doyen der Erforschung der deutsch-jüdischen Geschichte. Vor allem aber ist der Nachfahre des Philosophen Moses Mendelssohn (1729–1786) ein Repräsentant des untergegangenen deutschen Judentums in der Tradition von Heinrich Heine und Ludwig Börne. Er wurde 1942 im schwedischen Exil seiner Eltern geboren und lebt seit 1948 in Deutschland. «Was wollen Sie wissen? Im Grunde ist zum Thema Antisemitismus alles gesagt worden», meint er und schaut uns über seine Lesebrille hinweg an. «Das Problem ist der latente Antisemitismus», sagt Julius H. Schoeps. Die relativ konstanten 30 Prozent beunruhigen ihn. Antisemitismus ist für ihn «eine Form der kollektiven Bewusst-

seinserkrankung». Die Krankheit kommt in Wellen, sagt er. Gegenwärtig befinden wir uns auf dem Scheitelpunkt einer aufsteigenden Welle. «In bestimmten Situationen, durch ungeschickte Äußerungen eines Politikers, es kann auch ein Film sein oder sonst etwas, bricht die dünne Eisdecke auf.» 1978, als im deutschen Fernsehen die US-amerikanische Serie «Holocaust – Die Geschichte der Familie Weiss» zum ersten Mal gezeigt wurde, saß Julius H. Schoeps in den Kulissen des WDR, zusammen mit 20 Studenten, die die Anrufe aus der Bevölkerung ausgewertet haben. «Das war äußerst interessant, da brach es offen aus.» In jener Woche, als der Film lief, kam es zu 17 Friedhofsschändungen in Deutschland. «Aber damals waren es einzelne Täter», sagt Julius H. Schoeps, «jetzt kommt es verstärkt zu antisemitischen Übergriffen, und zwar verstärkt aus der Mitte der Gesellschaft. Fragen Sie nicht, wie oft ich bei irgendwelchen Anlässen mir anhören muss, ‹Ja, die Juden. Sie sind es doch, die uns die Probleme bereiten.› Es sind Äußerungen, die plötzlich zu hören sind, wohlgemerkt von wohlsituierten, gutbürgerlichen Menschen.»

Mindestens fünf Attacken werden auf hier lebende Jüdinnen und Juden täglich verübt, zumeist von Rechtsextremen und Neonazis.[7] Der Expertenkreis Antisemitismus der Bundesregierung weist darauf hin, dass die Dunkelziffer wesentlich höher liegt. Ester Limburg-Klaus, Vorsitzende der Jüdischen Gemeinde in Erlangen, hat für die Zukunft des jüdischen Lebens wenig Hoffnung.

Die Entwicklung sehe ich sehr pessimistisch. Die Augen und Ohren der Menschen sind zugeklebt. Wir warnen seit zehn Jahren. Dann heißt es, wir würden dramatisieren. Die Politik beschwichtigt. Ich habe in Paris gelebt, und so, wie es jetzt ist, war es dort vielleicht vor zwanzig Jahren. Es wird aber nicht gehört, was wir sagen, und man schaut weg.

Wer sind die Lacher, die in der Menge vor dem Haus eines jüdischen alten Ehepaares in Hemmingen bei Hannover stehen? Rebecca Seidler hat sie beobachtet, als sich im Mai 2019 etwa 300 Menschen zu einer Solidaritätskundgebung versammelten. An die Haustür hatten die Täter, die eine Fußmatte entzündet hatten, in großen, roten Lettern das Wort Jude gesprüht, auch auf den Holzzaun des nahegelegenen Schrebergartens des Paares. Rebecca Seidler, die das Paar, beide über 80 Jahre alt, betreut, weist uns auf eine Besonderheit hin. Die Täter könnten aus der Nachbarschaft stammen, denn das Paar ist nicht bekannt, übt keine Funktion in der jüdischen Gemeinde aus, sein Name steht auch nicht am Gartentor. «Es hat sich vor Ort eine Schweigekultur entwickelt, es wird mit ihnen wenig gesprochen.» Ihre Mutter Katarina Seidler sieht das allgemein so: «Ich denke, dass es den Leuten relativ egal ist. Wenn ich über Vorfälle in meinem relativ kleinen, nichtjüdischen Bekanntenkreis spreche, kommt manchmal die Reaktion: ‹Ach, das ist jetzt echt blöd für Euch. Wir haben damit nicht so viel zu tun, finde ich nicht gut, aber was soll man machen?› Dieses Achselzucken …» Dieser Mangel an Empathie findet sich auch in Einrichtungen, wo man es nicht vermuten würde. So flüchtete eine Frau mit jüdischem Hintergrund aus einer Therapiegruppe im Bielefelder Stadtteil Bethel, weil die Therapeuten von ihr eine Aussprache mit einer anderen Patientin mit rechtsextremem Hintergrund verlangten. Ein Sprecher der Jüdischen Hochschulgruppe Bielefeld schildert uns diese unglaubliche Geschichte, die sich im Herbst 2020 zugetragen hat. Antonia und Lu (Namen geändert) hatten sich an die Therapeuten gewandt, weil ihnen an dem Gruppenmitglied Nazisymbole aufgefallen waren, Tätowierungen mit der Odal-Rune, die von der verbotenen Wiking-Jugend benutzt wurde, außerdem eine Schwarze Sonne, in der rechtsextremen Szene Ersatz für das verbotene Hakenkreuz und ein Erkennungszeichen. Die Frau trug auch einen Aufnäher der britischen Band Skrewdriver, die sich in den 1980er Jahren offen zum Nationalsozialismus bekannte hatte. Das machte den beiden Frauen Angst, vor allem Antonia, deren Vorfahren von den Nazis verfolgt und in der Shoah ermordet worden waren. Die Therapeuten zeigten Verständnis. Sie sprachen mit der Frau, die behauptete, aus der Szene ausgestiegen zu sein. Sie distanzierte sich davon, erklärte aber, sie habe noch einzelne Kontakte. Antonia und Lu mochten das nicht glauben, denn ein wirklicher Ausstieg aus der Neonaziszene kann so, wie das alle Experten bestätigen würden, nicht laufen. Wer sich lossagen will, muss alle Kontakte abbrechen und wird auch seine Tattoos nicht mehr tragen wollen, schon gleich keine Aufnäher, die leicht zu entfernen wären. Antonia und Lu hatten weiter Angst, dass diese angebliche «Aussteigerin» Informationen über sie an gewaltbereite Neonazis weitergeben könnte. Antonia und Lu sollten doch in einer der nächsten Gruppensitzungen sich mit ihr aussprechen, die «Aussteigerin» würde sich von ihren Symbolen distanzieren und sie künftig verdecken. Das war nicht nur ein Angebot: Wenn Antonia und Lu dazu nicht bereit wären, sollten sie die Gruppe verlassen. Die Psychotherapeuten mögen ja fachliche Gründe dafür haben, dass sie mit der «Aussteigerin» weiter zusammenarbeiten wollten – ihre Ignoranz und Borniertheit gegenüber Nachkommen von Überlebenden der Shoah lassen sich damit nicht erklären. Antonia und Lu verließen die Gruppe und beendeten vorzeitig die Therapie. Für die Jüdische Hochschulgruppe Bielefeld ist es, wie ein Sprecher sagt, inakzeptabel, dass Patienten vor die Wahl gestellt werden, entweder die Therapie zu beenden oder sich einer möglichen Bedrohung durch Neonazis auszusetzen. Wir denken, dass dieser Vorgang ein erhebliches Defizit an Wissen und Kenntnis im Umgang mit Rechtsextremismus offenbart, denn sonst könnte man nicht auf die Idee kommen, jüdisch-stämmige Patienten mit Menschen in einer Therapiegruppe zusammenzuspannen, die in der Nähe der nationalsozialistischen Ideologie mit ihrem Vernichtungswillen gegenüber Juden stehen oder standen.

Die Gedankenlosigkeit ist weit verbreitet. Nicht einmal die Hälfte der befragten nichtjüdischen Deutschen äußerte sich laut einer Studie des Jüdischen Weltkongresses (WJC) besorgt über die zunehmende Gewalt gegen Juden. Die Studie wurde zweieinhalb Monate vor dem Anschlag auf die Synagoge in Halle am 9. Oktober 2019 vorgestellt.

Der Blogger Chajm Guski würde sich von der nichtjüdischen Mehrheitsgesellschaft mehr Empathie wünschen:

Es ist irgendwie menschlich zu sagen, ich will mich nicht mit Problemen auseinandersetzen. Ob sich das speziell gegen Juden richtet, weiß ich nicht. In Deutschland geht es wohl schon ein bisschen ellenbogig

ab, da fehlt es an Herzlichkeit. In Prag zum Beispiel bieten die Fahr-
gäste einer alten Dame in der Trambahn ihren Platz an. Das ist Aus-
druck einer gewissen Grundempathie für die Situation des Anderen.
Das würde ich mir wünschen.

Und was den Antisemitismus betrifft?

Damit müsste man sich trotz meinem Verständnis für die eigene
Komfortzone auseinandersetzen, weil der Antisemitismus an den
Fundamenten der Gesellschaft sägt.

Machen Sie sich deshalb Sorgen?

Klar, ich habe zwei Kinder, Familie und weiß nicht, wo die Reise
hingeht. Vor ein paar Wochen dachte ich, jetzt müssen wir bald los.
Aber man darf nicht in Panik verfallen.

Seinem Sohn, der Anfang 20 ist, hat Chajm Guski geraten, «etwas
Jüdisches wie Zahnarzt» zu studieren, damit er im Fall des Falles in
seinem Beruf nicht auf die deutsche Sprache angewiesen ist. Er
meint damit die Wahlerfolge der AfD, die antisemitischen Vorfälle
in dieser Partei. Aber nicht nur die.

Verschwörungsmythen in Zeiten von Corona

«Es werden Jahrhunderte vergehen, aber aus den Ruinen unserer
Städte und Kunstdenkmäler wird sich der Hass gegen das letzten
Endes verantwortliche Volk immer wieder erneuern, dem wir das alles zu verdanken haben: dem internationalen Judentum und seinen
Helfern!», schrieb Adolf Hitler in seinem politischen Testament im
April 1945. Die Nationalsozialisten legten den Krieg, den sie selbst
entfesselt hatten, «den jüdischen Weltverschwörern» zur Last. Wie
verbreitet antisemitische Verschwörungsmythen sind, merkt man
vor allem in wirtschaftlichen und gesellschaftlichen Krisen, wenn
Menschen nach Halt und einfachen Erklärungen suchen. Viele Verschwörungsmythen um das Coronavirus haben einen antisemitischen Kern, der mal offen formuliert, mal hinter Codes versteckt gehalten wird. Da tragen Teilnehmer der sogenannten Hygiene-Demos
den gelben Stern mit der Aufschrift «ungeimpft» oder Transparente

mit der auf Auschwitz bezogenen Aufschrift «Impfen macht frei» – eine klassische Täter-Opfer-Umkehr, in der sich der «sekundäre» Post-Shoah-Antisemitismus offenbart. Sie relativieren die Shoah und verhöhnen die Opfer des Massenmordes. Die politischen Maßnahmen gegen die Ausbreitung des Virus werden mit Nazimethoden verglichen, die Demonstranten inszenieren sich als Opfer, als «die neuen Juden» oder als Widerständler in der Tradition von Sophie Scholl oder Anne Frank. Den allermeisten Verschwörungserzählungen liegt eine antisemitische Struktur zugrunde, die jahrhundertealte Wahnvorstellung von Juden oder als jüdisch wahrgenommenen geheimen Kreisen und Personen, die als Strippenzieher allen Übels gelten. In Deutschland werden nach den USA und Frankreich die meisten antisemitischen Äußerungen im Zusammenhang mit der Corona-Pandemie ins Netz gestellt. So heißt es in einem vertraulichen Bericht des israelischen Außenministeriums.[8] Die Juden, so wird phantasiert, wollten durch das Virus die Weltherrschaft erlangen. Anhänger von Verschwörungserzählungen vermuten im Hintergrund Machenschaften des «Finanzkapitals», reicher Familien wie den «Rockefellers» und «Rothschilds», des amerikanischen Philanthropen jüdischer Herkunft George Soros oder des Nichtjuden Bill Gates, den die meisten sowieso für einen gut getarnten Juden halten. Diese «Bösewichte» täuschen angeblich eine Gefahr durch Covid 19 vor, um Profit aus einem Impfstoff zu schlagen, die Weltbevölkerung zu dezimieren und eine neue Weltregierung zu etablieren. Das ist keine harmlose Spinnerei, denn wenn sich die Verschwörungsmythen zu einem festen Weltbild verdichten, sind sie extrem gefährlich und bedrohen die liberale Demokratie und die offene Gesellschaft. In der europäischen Geschichte mussten Juden stets als Sündenböcke herhalten: für die Pest und andere Seuchen – kurzum für «unser» Unglück, wie das Nazi-Hetzblatt *Stürmer* den Massen eintrichterte. Auch die Attentäter von Hanau, Halle und Christchurch glaubten an finstere Geheimgesellschaften, die jüdische Weltverschwörung oder an die in rechten Kreisen populäre Verschwörungsidee des «großen Austauschs», wonach die weiße Mehrheitsbevölkerung mittels eines geheimen Plans durch die muslimische ausgetauscht werden soll. Der Rechtsextremismus erfährt in der Corona-Krise einen Mobilisierungsgrad wie selten zuvor, warnen Experten, Hass- und Gewalttäter fühlen sich von der Gesellschaft bestätigt. Auf den «Hygiene-Demos» stehen «besorgte Bürger» und «Querdenker», die sich selbst in der politischen Mitte verorten, Seite an Seite mit Rechtsextremen, vereint in einem dualen Weltbild und in dem Glauben an einen Kampf zwischen Gut und Böse. Noch bedrohlicher als die Proteste auf der Straße ist ihre Verbindung im Netz, in dem rechte Influencer, darunter Prominente aus der Unterhaltungsindustrie, Esoteriker, Hebammen, Beauty-Bloggerinnen, Blogger oder der vegane Koch Attila Hildmann im Zusammenhang mit der Pandemie die junge Generation beeinflussen. So überraschend, wie manche tun, ist das aber alles nicht. Schon 2011 stimmten laut einer EMNID-Umfrage 40 Prozent der Deutschen der Aussage zu, dass es «eine Art geheime Weltregierung gibt». 2020 veröffentlichte die Konrad-Adenauer-Stiftung eine repräsentative Umfrage zu diesem Thema: Demnach halten 30 Prozent der Bevölkerung Verschwörungserzählungen für wahrscheinlich richtig oder sicher richtig.[9]

Es kommt aus der Mitte

Antisemitisches Gedankengut scheint in der Mitte der Gesellschaft angekommen zu sein, so oder ähnlich kommentierten Zeitungen und Medien die Ergebnisse einer Studie des Jüdischen Weltkongresses vom Oktober 2019, wonach jeder vierte Deutsche antisemitisch denkt. Auch unter der sogenannten Elite, berufstätigen Hochschulabsolventen mit einem Einkommen von mindestens 100 000 Euro im Jahr, meinen 28 Prozent, Juden kontrollierten die Wirtschaft, und 26 Prozent, Juden hätten zu viel Macht in der Weltpolitik.[10] Fast die Hälfte schreiben «den Juden» zu, sie verhielten sich loyaler zu Israel als zu Deutschland. Auch aus der Politik kommen Warnungen, dass der Judenhass die bürgerliche Mitte erreicht habe. Wir halten diese Perspektive für verdreht. Antisemitismus hat nicht «die

Mitte erreicht», sich nicht in sie «hineingedrängt», ist nicht in ihr «angekommen». Der Wissenschaftler Sebastian Wehrhahn stellt das Bild vom Kopf auf die Füße: «Ich glaube, das Problem ist nicht, dass Antisemitismus und Rechtsextremismus in der Mitte ankommen, sondern dass sie aus der Mitte kommen.» Der gleichen Ansicht ist auch die Antisemitismusforscherin Monika Schwarz-Friesel: Der Judenhass kam immer aus der gebildeten Mitte, denn dort saßen und sitzen die verantwortlichen geistigen Täter, und er hat diese nie verlassen.»[11] Die Politik wähnt sich fortschrittlich, unsere ganze Gesellschaft ist ja so aufgeklärt, so viel wurde getan… Und doch bleibt die simple Frage: Warum aber ist dann der Judenhass nicht überwunden worden? Vielleicht, weil es eine «Floskelkultur ohne Konsequenzen» ist, wie Monika Schwarz-Friesel meint.[12] In ihr sieht die Wissenschaftlerin das eigentliche Hauptproblem der Politik im Kampf gegen den aktuellen Antisemitismus. «Der Antisemitismus im Alltag reproduziert und multipliziert die kulturell noch immer tief verankerte Judenfeindschaft. Sie folgt bis heute dem Muster, die Schuld für alles Übel in der Welt den Juden anzudichten.» Auch rechtsextreme Terrorakte gegen Juden entspringen letztlich dem Bodensatz an judenfeindlichem und völkischem Denken in der Mitte.

Das will man so offen (noch) nicht zeigen. «Bei der AfD ist das offensichtlich», sagt die Thüringer Linke-Abgeordnete Martina Renner. «Durch eine zur Schau gestellte Freundlichkeit und ebenso taktisch motivierte wie vorgebliche Ablehnung von Antisemitismus will man von den antisemitischen Ausfällen vieler ihrer Mandats- und Funktionsträger ablenken.» Der Politikerin fehlt eine wirkliche, analytische Auseinandersetzung mit der Frage, welche Verantwortung liegt bei der Mitte, zum Beispiel bei den christlichen Organisationen oder auch in den Reihen der demokratischen Parteien. «Da können wir alle durchgehen, meine setzt da keine Ausnahme.» Wie kann es sein, dass einer wie Martin Hohmann, der wegen einer antisemitischen Rede aus der CDU rausflog, heute wieder im Bundestag sitzt, diesmal für die AfD? 2003, in seiner Rede zum Tag der deutschen Einheit, forderte Hohmann eine Verringerung der Zahlungen an NS-Zwangsarbeiter und Shoah-Opfer und warf die Frage auf, ob es sich bei den Juden nicht auch um ein Tätervolk handele. «Dass das niemand empört, finde ich empörend», sagt Martina Renner. «Deshalb habe ich das Gefühl, die Politik macht etwas, weil sie weiß, sie muss was machen. Aber ob das Problem wirklich verstanden worden ist, weiß ich nicht.» Einer wie Hohmann findet in dieser Republik eine politische Heimat und ausreichend viele Wähler. Einer wie Martin Walser hat mit seinem antisemitischen Roman «Tod eines Kritikers» beachtliche Verkaufszahlen erzielt – bei Leuten, so Sebastian Wehrhahn, die «auch immer wieder gerne auf sich aufmerksam machen, etwa indem sie Briefe an Juden und jüdische Gemeinden im Land schreiben».[13] Eine Ausstellung des Jüdischen Museums in Berlin dokumentierte unter dem Titel «Wir sind keine Antisemiten» Briefe und E-Mails aus dem Bauch der Republik – Tendenz der Hassbotschaften: «Wenn ein Volk über 50 Jahre, fast täglich, zum ‹lieb sein› gezwungen wird, muss man sich nicht wundern, wenn es irgendwann aus diesem Zwang ausbricht.»

Und wie es herausbricht: «Rachsüchtige, Intriganten, mitleidlose Menschen, Nutznießer des Holocaust, Landräuber, Menschen ohne Moral, arrogante und einflussreiche Provokateure»… Juden werden als ekelhaft, als anders und als Feinde der Menschheit beschimpft. Das sind nur ein paar Beispiele aus einer Studie der Technischen Universität Berlin von 2013. Unter der Leitung der Kognitionswissenschaftlerin Monika Schwarz-Friesel analysierten die Wissenschaftler verbalantisemitische Attacken in einem Riesenkorpus von Texten im Internet, in E-Mails und Briefen an jüdische und israelische Institutionen und in Kommentaren zur Medienberichterstattung über den Nahostkonflikt der vergangenen zehn Jahre. «Verschwindet endlich aus unserer Welt, ihr jüdischer Abschaum!», heißt es da in einer E-Mail von 2005 an den Zentralrat der Juden in Deutschland. Der Israelischen Botschaft Berlin wird im November 2006 auch Bescheid gestoßen: «Bald wird Israel vernichtet – alle Juden müssen sterben, damit diese Welt Ruhe findet.» Aus 370 000 Texten dokumentierten die Autoren «Die Sprache der Judenfeindschaft im 21. Jahrhundert».

Wir reden hier, um das noch einmal klarzustellen, nicht von einem Randphänomen, sondern von der gutbürgerlichen Mitte, die in ihrer Mehrheit natürlich Gewalt ablehnt und von Auschwitz entsetzt ist. Wir reden von Akademikern, darunter Lehrern, Journalisten, Juristen und Ärzten, von Studenten und Gymnasialschülern, die 60 Prozent der untersuchten Texte verfassten und die häufig, bevor sie ihre Hasstiraden anstimmen, betonen, dass sie keine Antisemiten seien. Anders als noch vor zwanzig Jahren scheuen sie sich nicht mehr, ihre Namen und Adressen zu offenbaren. Die Judenfeindschaft als kulturelles Phänomen ist nicht vergangen, auch der moderne Antisemitismus, der sich sozial anerkannt im «Antizionismus» artikuliert, basiert auf den jahrhundertealten Stereotypen. Das erfahren unsere Interviewpartner tagtäglich als psychische Gewalt, die in der Konstruktion des Juden als des Anderen, Fremden und Bösen wurzelt. Deutsche und Protestanten oder Deutsche und Katholiken – auf so eine Gegenüberstellung würde wohl jeder erstaunt reagieren. Aber die Konstruktion Deutsche und Juden ist im Denken tief verankert. Das sieht Martina Renner als Kernproblem an. «Das findet sich in solchen Sätzen, die natürlich gut gemeint sind, wie froh man ist, wie sehr Jüdinnen und Juden die deutsche Kultur geprägt und positiv beeinflusst haben. Was ist das für ein Bild! Hier gibt es die deutsche Kultur, dort die Juden, die einen Beitrag geleistet haben. Sie sind immer die anderen. Selbst bei denen, die bestimmt nicht rechts sind, wirkt dieses Bild nach, diese Konstruktion des Eigenen und des Anderen. Das kriegt man hier nicht weg, nicht in kurzer Zeit, weil es nicht nur in der Politik, in den Bildungsinstitutionen, sondern auch in den Familien seit Generationen tradiert wird.» Rebecca Seidler stellt das auch für einen «großen Teil der liberalen, progressiven Presse» fest. Da gebe es, sagt sie, engagierte, wunderbare Artikel, aber grundsätzlich im Duktus, dass Juden nicht Deutsche seien. Dazu nennt uns Julius Schoeps ein Beispiel aus dem akademischen Bereich.

Als ich noch in Potsdam an der Uni war, ging es um eine Lehrveranstaltung, die ich in Geschichtswissenschaften anbieten wollte. Da sagte ein Kollege, ähm, jüdische Geschichte ist nicht Teil der deut-

*schen Geschichte. Ich habe gesagt, die deutsch-jüdische Geschichte ist
integraler Bestandteil der deutschen Geschichte. Also, das läuft auf einer ganz subtilen Ebene.*

*Würden Sie also sagen, dass unter Akademikern Antisemitismus ver-
breitet ist?*

*Aber wie, aber wie! Das ist heftig an den Universitäten. Nur redet
darüber keiner.*

Einer hat laut und deutlich geredet. Der Schriftsteller Martin Walser verbreitete 1998 in seiner Dankesrede für den Friedenspreis des
deutschen Buchhandels antisemitische Ressentiments. In der Frankfurter Paulskirche sprach er vor 1200 Gästen aus der politischen und
kulturellen Elite der Bundesrepublik von der dauerhaften «Präsenta-
tion unserer Schande». Er bezeichnete das Holocaust-Mahnmal in
Berlin als «fußballfeldgroßen Albtraum», sprach von der «Monu-
mentalisierung der Schande» und von Auschwitz als Moralkeule. Als
sich Jahre später Björn Höcke (AfD) in einer Rede daraus bediente,
war die bürgerliche Mitte empört. In der Paulskirche war die Reaktion der Zuhörer eine andere gewesen. Das Publikum stand auf und
applaudierte frenetisch. Nur der Wittenberger Theologe Friedrich
Schorlemmer, einer der Protagonisten der Opposition in der DDR,
erhob sich nicht. Auch Ignatz Bubis, Vorsitzender des Zentralrats der
Juden in Deutschland, und seine Frau, eine Dachau-Überlebende,
blieben sitzen und erlebten die Einsamkeit der Juden in Deutschland. «Das heißt doch, es ist noch da, und die Leute, die vor zwanzig
Jahren in der Paulskirche aufgestanden sind, sind auch noch da. Sie
haben aber begriffen, es ist im Augenblick nicht opportun, das öffentlich zu machen. Ich bin mir aber nicht sicher, ob es nicht in zehn
Jahren wieder opportun sein könnte», sagt Sebastian Wehrhahn.

Manchmal liegen die Nerven blank, wie im Jahr 1981, als der is-
raelische Regierungschef Menachem Begin Bundeskanzler Helmut
Schmidt anging, weil der Sozialdemokrat eine «moralische Verant-
wortung der Deutschen für die Palästinenser» postuliert hatte. Den
Streit analysierte der *Spiegel* am 11. Mai unter der entlarvenden
Schlagzeile: «Deutsche und Juden: Kniefall wiederholen?» Die
Gleichsetzung von Israel und Juden zieht sich durch den ganzen Ar-

tikel, der Schuldabwehr spiegelt und den Wunsch der Politiker, dass mit der Aufrechnung von Schuld und Sühne einmal Schluss sein müsse. «So etwas hatte der Kanzler schon lange nicht mehr erlebt. Wo er sich letzte Woche blicken ließ, schlug ihm Beifall entgegen. Seine eigenen Leute scharten sich um ihn, die Gegner von der Opposition boten ihm Hilfe an. Und, ein Ereignis besonderer Art: Welche Zeitung er auch aufschlug, überall gab es nur Sympathiebeweise (…)». Den Schlussstrich haben einzelne Politiker in all den Jahren – und quer durch alle demokratischen Parteien – zu ziehen versucht. «Aber damals waren es einzelne», sagt Julius H. Schoeps, «jetzt verstärkt es sich und kommt aus der Mitte der Gesellschaft. Fragen Sie nicht, wie oft ich bei Gesellschaften auf Leute stoße… plötzlich bricht es aus ihnen heraus.» Der Sozialwissenschaftler Konstantin Seidler, der als Bildungsreferent tätig ist, bringt es auf den Punkt: «Wenn man sich mit der deutschen Nationalität positiv identifizieren möchte, muss man das Jüdische zwangsläufig als Angriff oder Provokation wahrnehmen.» 60 Prozent der Deutschen sind stolz auf ihre Nation, mehr als 80 Prozent fühlen sich deutsch. Das Bewusstsein der historischen Schuld sei zwar noch sehr präsent. Die Mehrheit der Deutschen möchte sich davon aber nicht mehr einschränken lassen, meinen die Autoren einer Studie. Quer durch alle Altersgruppen und Schichten wächst der Wunsch nach einem stärkeren «Wir-Gefühl».[14] Den Vorsitzenden der Jüdischen Gemeinde Rostock, Juri Rosov, stimmt das nachdenklich. Oft werde er gefragt, erzählte er uns, warum er mit seiner Familie ausgerechnet nach Deutschland gekommen sei. «Ich habe immer geantwortet, dass jemand, der an einer Krankheit litt, nach ihrer Überwindung immun dagegen ist. Ich habe falsch gedacht.»

Um den heutigen Antisemitismus zu verstehen, lohnt ein Blick auf die genannte Stunde null. Die Aufrechnung des Leids, der Mythos von den Deutschen als Opfer, die Leugnung der Schuld und das große Schweigen begannen in der Niederlage Deutschlands. «Mindestens 60 Prozent meiner Klassenkameraden glauben noch immer an den Nationalsozialismus», erklärte im Jahr 1946 ein 16-jähriger

Berliner Schüler dem als amerikanischer Soldat nach Deutschland zurückgekehrten Klaus Mann. Über die Filme über Konzentrationslager sagte der Schüler voller Verachtung: «Das ist doch alles nur Propaganda.»[15] Der Hass auf die Juden war geblieben, nur war es später nicht opportun, ihn öffentlich zu äußern. Die Publizistin Susanne Kerckhoff hat im Jahr 1948 die geistig-moralische Verfassung der Besiegten beschrieben, die sich vor jeder Verantwortung drücken und die Last der Schuld abwälzen wollten. «Der Nationalsozialismus ist eine Pest, eine Seuche, ansteckend, immer wieder in schwärenden Beulen vorbrechend! Ein Großteil der Entnazifizierten atmet begeistert diese Pest ins Volk, hat sie in keiner Weise überstanden.»[16] Diese Befindlichkeit mag Bundeskanzler Konrad Adenauer vor Augen gehabt haben, als er in seiner ersten Regierungserklärung, im September 1949, für den Massenmord an den europäischen Juden gerade mal einen Halbsatz übrig hatte. «Wir halten es für unwürdig und für an sich unglaublich, dass nach alle dem, was sich in nationalsozialistischer Zeit begeben hat, in Deutschland noch Leute sein sollten, die Juden deswegen verfolgen, weil sie Juden sind.»[17] Er meinte damit Hakenkreuzschmierereien, Schändungen von Friedhöfen und Synagogen, Übergriffe und offene Beleidigungen, die seit 1948 zunahmen. Die gescheiterte Entnazifizierung, die Integration unzähliger, auch führender Nazis in Politik, Wirtschaft, Medizin, Wissenschaft und Kultur ist bekannt. Bonn kümmerte sich vor allem um das Ansehen des neuen Staates im Ausland. Dem Umfrageinstitut in Allensbach zufolge äußerten im Jahr 1949 53 Prozent der befragten Deutschen antisemitische Einstellungen. Die Bundesregierung war jedoch weniger darüber besorgt als über die Reaktionen der Auslandspresse. «Damals, in den fünfziger Jahren, ging es darum, dass die BRD in das Konzert der Völker als ebenbürtiges Land aufgenommen werden sollte», sagt Julius H. Schoeps. Und wieder wurden Juden, in diesem Fall die Displaced persons in den Lagern, für den Hass auf sie verantwortlich gemacht. Der Landesverband des bayerischen Einzelhandels forderte von der Regierung den «unfairen jüdischen Handel» einzuschränken – Kaufleute, ehrbare Mitglieder der Gesellschaft, keine Rechtsextremen, dachten und sprachen wieder oder besser gesagt weiter so.[18] Alles lange her. Aber nicht vorbei.

Ein Blick auf die literarische Amnesie: «Hatten die Häftlinge Hunger? Den haben wir auch. Haben die Häftlinge gefroren? Das tun wir auch. Häuften sich die Toten vor den Krematorien? Wenn es so weitergeht, werden sie das bald wieder tun. Waren die Häftlinge eingesperrt? Das sind Tausende von Kriegsgefangenen auch», schrieb der Schriftsteller Wolfgang Borchert, gefeierte Stimme des deutschen Selbstmitleids in der Niederlage. Sein Entsetzen über die bombenzerstörten Städte brachte der Kriegsheimkehrer zum Ausdruck. Anklage führte er gegen den Tod von Wehrmachtssoldaten, vom Schicksal der Juden, an deren Auslöschung die Wehrmacht mitgewirkt hatte, hingegen lesen wir in seinem Werk so gut wie nichts. Die meisten Werke nichtjüdischer Nachkriegsautoren sparten den Zivilisationsbruch der Shoah aus. Oder sie beschrieben die jüdischen Figuren in ihren Romanen in den bekannten stereotypen Bildern. Da tritt in «Sansibar oder der letzte Grund» (1957) von Alfred Andersch eine «Fremde mit einem schönen, zarten, fremdartigen Rassegesicht» auf. Das «fremdartige Rassegesicht» gehört der Jüdin Edith Levin, die auf der Flucht vor der Gestapo ist. In Anderschs Roman «Efraim» über einen deutschen Juden, der aus dem Londoner Exil nach Berlin zurückkehrt, lässt er der fiktiven Figur sagen, was er sich selbst nicht auszusprechen getraut hätte: «Wer mir Auschwitz erklären möchte, ist mir verdächtig.» Die 2020 verstorbene Schriftstellerin und Germanistin Ruth Klüger hat in ihrem Aufsatz «Gibt es ein ‹Judenproblem› in der deutschen Nachkriegsliteratur?»[19] viel Erhellendes dazu geschrieben. Anderschs Roman erschien 1967. Die Frankfurter Auschwitzprozesse und der Eichmann-Prozess in Jerusalem hatten bereits stattgefunden. Fast zwanzig Jahre später der Skandal um Rainer Werner Fassbinder, der in seinem sozialkritischen Theaterstück «Der Müll, die Stadt und der Tod» antisemitische Klischees, ohne sie zu brechen, auf die Bühne bringt. Die geplante Aufführung in den Frankfurter Kammerspielen wird aber von Demonstranten, vor allem Mitgliedern der Jüdischen Gemeinde, verhindert.

Klaus Mann lebte zu diesem Zeitpunkt längst nicht mehr. Er hatte sich mit 42 Jahren am 21. Mai 1949 in Cannes das Leben genommen, tief enttäuscht von seiner Heimat. «Mag die deutsche Krankheit auch nicht für alle Zeiten unheilbar sein, so ist doch gegenwärtig eine Heilung noch lange nicht in Sicht», hatte er in einem Aufsatz 1946 über die Stimmung und Atmosphäre in der deutschen Hauptstadt geschrieben.

Im März 2019 ist Klaus von Dohnanyi, langjähriger Bürgermeister der Hansestadt Hamburg, Gast einer ZDF-Talkshow. Der 90 Jahre alte Sozialdemokrat, der aus einer Familie von Widerstandskämpfern gegen das Hitlerregime stammt, bezeichnet die Beschäftigung mit dem Antisemitismus als eine Art Fetisch. Er beklagt, dass Politik und Medien zu oft an die Nazizeit erinnern und darüber die wirklichen Probleme des Landes aus dem Blick geraten würden. Dann idealisiert er die Deutschen der Nazizeit: Demnach führte nicht ihr Antisemitismus zum Aufstieg der NSDAP, auch hätte kaum jemand etwas von der Shoah gewusst und viele Menschen den verfolgten Juden geholfen.[20] Von mehr als 3000 Helfern sind die Namen bekannt. Selbst wenn man diese Zahl verdoppelt, verdreifacht oder auch verfünffacht – bei einer Gesamtbevölkerung von damals ungefähr 78 Millionen bleiben die Helfer eine verschwindende Minderheit. Walsers Friedenspreisrede verteidigte Dohnanyi als «die Klage eines Deutschen – allerdings eines nichtjüdischen – über den allzu häufigen Versuch anderer, aus unserem Gewissen eigene Vorteile zu schlagen, es zu missbrauchen, ja, zu manipulieren». Im Klartext heißt das: Die Juden machen aus allem Geld, auch aus dem schlechten Gewissen der Deutschen. Von Dohnanyi gibt es noch einen anderen Satz zur deutschen Geschichte: «Allerdings müssten sich natürlich auch die jüdischen Bürger in Deutschland fragen, ob sie sich so sehr viel tapferer als die meisten anderen Deutschen verhalten hätten, wenn nach 1933 ‹nur› die Behinderten, die Homosexuellen oder die Roma in die Vernichtungslager geschleppt worden wären. Ein jeder sollte versuchen, diese Frage für sich selbst ehrlich zu beantworten.»[21] So zynisch schallt es aus der Mitte der Gesellschaft. Überhaupt muss man sich hüten, die «Mitte», der Begriff ist auch nur ein politisches Konstrukt, als den gesellschaftlichen Ort zu verstehen, in dem Humanität und Aufklärung herrschen, auch wenn das von der Politik so suggeriert wird. Woher kommen die Rechtsextremen? Sie sind nicht von einem anderen Stern gefallen.

In Berlin fragen wir die Schriftstellerin Olga Grjasnowa, wie sie Antisemitismus in der Mitte der Gesellschaft erlebt.

In meiner Schulzeit in Hessen hörte ich viele Sprüche gegen Juden, von den Biodeutschen, auch von polnischen Einwanderern. Ich glaube nicht, dass Antisemitismus gewachsen ist, er war schon immer da, jetzt aber sagen die Leute, was sie denken. Sie haben keine Scheu mehr.

Jetzt spricht man von einem importierten Antisemitismus.

Das ist das Leichteste, wenn man sagt, ich bin ja kein Antisemit, das sind nur die. Einfacher geht es nicht. Deutschland gefällt sich in der Opferrolle, das hat vor zehn, fünfzehn Jahren angefangen, auf einmal waren die Deutschen die Opfer.

Wagner, Luther, Judensau

Deborah Lipstadt, die renommierte Antisemitismusforscherin aus den USA, unterteilt Antisemiten in mehrere Typen: den Extremisten, den Steigbügelhalter, den Salon-Antisemiten und den ahnungslosen Antisemiten. Bisweilen sind die Übergänge fließend. «Wir erkennen und verabscheuen die Extremisten…Wenn wir uns allerdings zu sehr auf sie konzentrieren, verzerren wir das Gesamtbild, da sie nicht die einzigen sind, die darauf aus sind, Schaden anzurichten», warnt sie. Um Antisemit zu sein, muss man nicht gleichzeitig ein Nazi sein. Der größte Schaden gehe nicht immer von aggressiven, unverblümten, erklärten Judenhassern aus, sondern von ganz normalen Menschen, die ihre antisemitischen Ansichten durch eine Art kultureller Osmose erworben haben. «Mehr noch als die Extremisten sorgen sie dafür, dass der Antisemitismus lebt und gedeiht, und geben ihn an kommende Generationen weiter.»[22] Dow Aviv, Co-Vorsitzender der Jüdischen Gemeinde Gießen, erzählt uns von einem Ehepaar, beide Lehrer, das zum orthodoxen Judentum konvertiert ist. Die Frau wurde deshalb von Kollegen gemobbt. Sie hatte mit Schülern ihrer Klasse ein Theaterstück eingeübt, dessen Aufführung von der Schulleitung trotz ihrer Bitten auf den höchsten jüdischen Feiertag, Jom Kippur, gelegt wurde. Schließlich verließ das Paar die Stadt und zog mit seinen drei Kindern nach Berlin um. Dow Avivs Frau, sie sind seit zehn Jahren verheiratet, wurde von Bekannten angefeindet, als ihre bevorstehende Hochzeit bekannt wurde. Wie könne sie nur einen Juden heiraten, fragten sie auch Menschen aus akademischen Kreisen. «Sie waren etwas fassungslos», schildert sie. Weder die Bildungselite noch die breite Bevölkerung hat sich – von Ausnahmen abgesehen – jemals klar gemacht, wie tief der Antisemitismus in unsere Kultur verwoben ist. Das aber wäre die Voraussetzung für ein grundlegendes Umdenken, wenn man denn dem Judenhass den Boden entziehen wollte. Nach einem Wort des Schriftstellers Theodor Fontane – «Unter Tränen wachse ich aus meinem Antisemitismus heraus» – müsste die Mehrheitsgesellschaft bereit sein, eine schmerzhafte Auseinandersetzung mit ihrem Selbstbild zu führen. Nehmen wir als Beispiel die Verehrung von Richard Wagner, der ja bekanntlich ein extremer Antisemit war. Das wurde lange verharmlost, inzwischen lässt sich sein Judenhass nicht mehr herunterspielen, sogar eine Inszenierung thematisierte ihn. Jedes Jahr wallfahren die Bundeskanzlerin, andere Politiker und Prominente zu den Bayreuther Festspielen. Die einen meinen, man müsse zwischen Werk und Schöpfer unterscheiden, andere widersprechen dem und wollen auch in seinen Opern antisemitische Inhalte gefunden haben. «Warum klammern sich die Deutschen so an Wagner? Sind sie doch Antisemiten geblieben?», fragte uns vor ein paar Jahren der inzwischen verstorbene Israeli Uri Chanoch, damals Vorsitzender der Vereinigung ehemaliger Dachau-Häftlinge in Kaufering/Landsberg und selbst ein großer Opernliebhaber. Man muss die Musik Wagners nicht verbieten, aber warum dieser Hype um Bayreuth? Für das in den Feuilletons als Höhepunkt gefeierte alljährliche gesellschaftliche und künstlerische Spektakel zahlt der Bund

2,3 Millionen Steuergeld, ebenso viel der Freistaat Bayern. Würden auch Opernfestspiele eines ausgewiesenen Rassisten derart subventioniert? Womöglich schon, aber das macht es nicht besser. Wo bleibt, analog zur Dekolonialisierungs-Kampagne, eine zur Deantisemitisierung in diesem Land? Wagner und der Kult um ihn wären ein Ansatzpunkt. Der Bayreuther Kreis formulierte 1880 ein Gesuch mit ungefähr 225 000 Unterschriften, das die vollständige Vertreibung der Juden aus dem öffentlichen Dienst und dem Unterricht forderte. Auch der Fall Wagner zeigt: Der Zivilisationsbruch der Shoah hat nach 1945 keinen tiefgreifenden Wandel im kollektiven deutschen Bewusstsein verursacht.

Unsere Lesung in Leipzig läuft gut. Ein volles Haus, freundliche, interessierte Menschen. Einige diskutieren mit uns kenntnisreich über Antisemitismus und Nationalismus in Polen, Ungarn und der Ukraine, dann unterläuft uns ein Fehler. In Leipzig, einer der bedeutendsten Städte der Reformation, nennt einer von uns Martin Luther einen Antisemiten. Einen Moment lang Stille, dann bricht es los. Protestierende Stimmen, ein Teil des Publikums verteidigt den großen Reformator, andere schließen sich unserem Urteil an. Irgendwann ebbt die heftige Diskussion ab. Nach der Lesung kommt ein älterer Herr zu uns, um uns aufzuklären: «Sie verstehen das nicht richtig.» Luther sei kein Antisemit gewesen, dass müsse man im geschichtlichen Kontext sehen. Er habe den Juden doch nur übelgenommen, dass sie ihn in seinem Kampf gegen das Papsttum nicht unterstützt hätten. Auch wenn es nicht falsch wäre, was er sagt, würde Luthers Enttäuschung nicht seinen bösartigen Antisemitismus entschuldigen. In «Von den Juden und ihren Lügen» (1543) warf er «den Fremdlingen» Hostienschändung, Ritualmorde an christlichen Kindern und Brunnenvergiftung vor. In seiner späten Schrift gegen die Juden argumentierte Luther nicht nur mit den Phantasmen des christlichen Antijudaismus. «Kein Zweifel kann indes daran bestehen, dass diese Schrift – mit Ausnahme der Gaskammern – von der Verbrennung von Synagogen über die Zwangsarbeit bis hin zur Vertreibung eine Blaupause all jener verbrecherischen Maßnahmen enthält, die das nationalsozialistische Deutschland

Europas Juden antat», schrieb der Erziehungswissenschaftler Micha Brumlik 2015.[23] Die Evangelische Kirche in Deutschland tut sich schwer mit ihrem Gründervater. Zwar hat die Synode sich von seinen judenfeindlichen Aussagen klar distanziert, aber wie soll man mit seiner Person umgehen? Die frühere Bischöfin Margot Käßmann, Luther-Botschafterin im 500. Reformationsjahr, nannte seine Hetzschriften «einen entsetzlichen Irrweg». Sie meinte aber auch: «Ich bewundere Martin Luther.» Der EKD-Ratsvorsitzende Heinrich Bedford-Strohm sieht in Luthers «unhaltbaren und kruden Thesen über das Judentum» «Verirrungen», die ihm «Anlass zu Trauer und Scham» seien. So ehrlich die Empörung sein mag, fast reflexhaft folgt darauf der Versuch zur Selbstberuhigung, der bitteren Wahrheit irgendwie auszuweichen. Auf einem Irrweg wandelte Martin Luther gewiss nicht. Er schritt auf der Hauptstraße des abendländischen Denkens voran, die mit der Abspaltung des Christentums vom Judentum ihren Ausgang nahm und in der Konstruktion der Juden als Gottesmörder, als das Grundübel der Welt, bereits den Erlösungsantisemitismus im Keim barg. Das setzte sich nach der Überwindung der theologischen Weltinterpretation fort in den Gedankengebäuden großer Philosophen wie Georg Friedrich Wilhelm Hegel, der den Juden «die Köpfe abschneiden» wollte, wie Johann Gottlieb Fichte oder den Aufklärer Voltaire, für den die Juden das «abscheulichste Volk» waren. Der Anti-Judaismus ist trotz der Werte von Freiheit, Gleichheit und Brüderlichkeit, wie sie in der Französischen Revolution formuliert wurden, «keine archaische oder irrationale Kammer im weiten Gebäude des westlichen Denkens, sondern eines der grundlegenden Werkzeuge beim Bau dieses Gebäudes?», wie es der Historiker David Nirenberg in seinem Buch «Anti-Judaismus. Eine andere Geschichte des westlichen Denkens» analysiert hat. Von den frühen Christen und Muslimen, den katholischen spanischen Herrschern, den protestantischen Reformern, allen voran Martin Luther, übernahmen auch große Aufklärer die Denkfigur des Juden als Feindbild des menschlichen Fortschritts. Und das Gift vernebelt Denken und Wahrnehmen noch heute. Was macht man also zum Beispiel mit Luther – mit all den Denkern, die sich der «kollektiven Bewusstseinskrankheit», wie Julius H. Schoeps es nennt, ergeben haben?

Wenn wir davon ausgehen, dass der Antisemitismus der integrale Bestandteil der christlich-europäischen Kultur ist, was kann man tun? Soll ich hergehen, aus der Literatur wie bei Wilhelm Busch die antisemitischen Stellen streichen? Das kann ich machen, aber dann ist es nicht mehr das uns liebgewordene Paar Max und Moritz. Ich gehe noch ein Stück weiter: Wenn ich alle antijüdischen Passagen aus dem Neuen Testament streiche, ist es dann, so müssen wir uns fragen, noch das Neue Testament?

Und was macht man mit den Luther-Statuen? Sollen sie niedergerissen werden, wie das die weltweite Protestbewegung «Black lives matter» mit den Denkmälern für Rassisten, Kolonialherren und Sklavenhalter fordert? Oder soll man Luther auf den Kopf stellen, wie das der Historiker Jürgen Zimmerer gegen die Heroisierung der Rassisten fordert, damit «man die Sehgewohnheiten bricht» und so eine Auseinandersetzung herbeigezwungen wird?[24] An der fehlt es in diesem Land. In Wien wird hingegen über eine Statue des einstigen Bürgermeisters Karl Lueger gestritten. Der Politiker prägte bis 1910 die Landeshauptstadt als Modernisierer, war aber zugleich ein Antisemit, den Adolf Hitler als ein Vorbild ehrte. Kritiker schrieben auf das Denkmal, das auch ein Anziehungspunkt für Rechtsextreme ist, das Wort «Schande» – und würden es am liebsten abreißen. Die evangelische und katholische Kirche tut sich schon schwer, die «Judensau»-Skulpturen zu entfernen. Etwa 20 bis 30 dieser Schmähplastiken, die Angaben schwanken, finden sich noch an den Fassaden von Gotteshäusern wie in Regensburg, Goslar, Nürnberg oder am Kölner Dom und in Wittenberg. «Es ist hie zu Wittenberg an unserer Pfarrkirchen eine Sau in Stein gehauen;… hinter der Sau steht ein Rabbin, der…bückt und guckt mit großem Fleiß der Sau unter dem Pirzel in den Talmud hinein, als wollt er etwas Scharfs und Sonderlichs lesen und ersehen», ergötzte sich Luther. Lange vorbei? Antisemiten schänden jüdische Friedhöfe heute mit Schweineköpfen. 1998, zweieinhalb Wochen nach Walsers Friedenspreisrede, trieben Unbekannte ein Schwein über den Alexanderplatz in

Berlin. Sie hatten auf das Tier den Davidstern gemalt und den Namen des Vorsitzenden des Zentralrats der Juden, Ignatz Bubis, geschrieben. Im Januar 2020 wurde bekannt, dass ein jüdischer Fahrer der Fahrbereitschaft des Bundeskanzleramts von Kollegen wiederholt als «Judensau» und «Kanake» beschimpft worden war. Eine Klage gegen die Wittenberger Judensau scheiterte in zwei gerichtlichen Instanzen, die Täter vom Alexanderplatz wurden nie ermittelt und der geschmähte Fahrer – nicht die anderen – soll versetzt worden sein.[25]

Der gegenwärtige Antisemitismus baut auf der 2000 Jahre alten Geschichte der Judenfeindschaft auf. «Das gesamte abendländische Denken, könnte man meinen, wurzelt in diesem eingefleischten Wahn, in dieser Besessenheit – wenn nicht des Christentums, so doch der Kirche, ob katholisch oder evangelisch –, die nur einen Inhalt hat: die Juden», schreibt Georges Arthur Goldschmidt.[26] Der Judenhass konstruiert sich immer wieder aufs Neue eine Legitimation – den «Wucherjuden und Gottesfrevler», den «artfremden», den «gesunden Volkskörper» verderbenden Juden und den «Nazijuden», dessen Staat «den Weltfrieden gefährdet». Und was Weltverschwörungserzählungen betrifft: Die erste uns bekannte ist die Erzählung von den Juden als Mörder Christi. Die Kirchen schrecken noch heute davor zurück, die große Zahl antisemitischer Verse des Neuen Testaments als das zu erklären, was sie sind: hasserfüllte Lügen. Aber, die Wochen der Brüderlichkeit, die interreligiösen Dialoge, die kritischen Theologen und Priester und das Zweite Vatikanum im Jahr 1965, das für den Aufbruch zu einem neuen Verhältnis der katholischen Kirche zum Judentum steht – gewiss, doch die religiös fundierten Vorurteile blieben. Der Heidelberger Ulrich Duchrow, Jahrgang 1935, ein für die Menschenrechte wirkender Theologe, hat im rheinland-pfälzischen *Evangelischen Kirchenboten* die «zwei katastrophalen Folgen» des Antijudaismus und des Antisemitismus im 20. Jahrhundert benannt: die Ermordung von sechs Millionen Juden in der Shoah – und, verkürzt gesagt, die Gründung des Staates Israel im Jahr 1947/1948. Die Ausgabe des *Kirchenboten* mit seinem Beitrag widmete sich dem Verhältnis von Christen und Juden.[27]

Eine Lehrkraft und gläubige Katholikin sagte zu uns in einer Diskussion über den Judenhass heute: «Ich glaube, die Tragödie des jüdischen Volkes liegt an seinem schlechten Karma, weil es Christus getötet hat.» Noch 1998 hatte die Kommission der Römischen Kurie für die religiösen Beziehungen zum Judentum erklärt: «Die Shoah war das Werk eines typischen modernen neuheidnischen Regimes. Sein Antisemitismus hatte seine Wurzeln außerhalb des Christentums …» Da sind die Laien weiter: «Lange hat es gedauert, bis die katholische Kirche anerkannt hat, dass die jahrhundertealte christliche Judenfeindschaft dem völkischen Antisemitismus der Nationalsozialisten den Boden bereitet hat», so das Zentralkomitee deutscher Katholiken zum Holocaust-Gedenktag am 27. Januar 2020.

Schöne Reden, wenig Taten

«Alle öffentlichen Antisemitismus-Debatten der letzten Jahre haben gezeigt, dass Teile der deutschen Gesellschaft ein massives Wahrnehmungs- und Akzeptanzproblem hinsichtlich der Realität und des Ausmaßes der aktuellen Judenfeindschaft haben», stellt Monika Schwarz-Friesel fest. Entsprechende Erfahrungen haben alle unsere Gesprächspartner gemacht. Es wird viel verhandelt. Ist das schon Antisemitismus? Nicht eher eine Grauzone? Kann man da nicht noch mal darüber diskutieren? Auch wenn Betroffene verbale Übergriffe bei der Polizei anzeigen wollen, heißt es nicht selten, na ja, das ist jetzt vielleicht ein bisschen beleidigend, aber doch kein Antisemitismus! Überhaupt scheint Antisemitismus in diesem Land eine Sache der Empfindung zu sein. Wann immer ein Streit darüber entbrannt ist, ob nun eine Äußerung, eine Aktion, ein Artikel oder ein Satirebeitrag als judenfeindlich zu bewerten ist oder nicht, wird darauf verwiesen, dass manche es so empfinden mögen, andere aber eben nicht. Mit etwas Glück findet man auch noch einen jüdischen Kronzeugen, der bestätigt, dass der umstrittene Text oder die Äußerung doch gar nicht judenfeindlich seien. Dann zieht – bis zum nächsten Übergriff – wieder Ruhe ein, für diejenigen, die sich antisemitisch geäußert haben. Es sei denn, jemand beharrt auf einer Auseinandersetzung.

«Wenn man auf einen antisemitischen Vorfall hinweist, dann erlebt man, dass der Vorwurf des Antisemitismus viel schlimmer wahrgenommen wird als der Antisemitismus selbst. Derjenige, der Antisemitismus benennt, ist sozusagen der Nestbeschmutzer, er ist derjenige, der nervt, der stört und er wird zum Problem», sagt Rebecca Seidler.

So, wie an der Hochschule für angewandte Wissenschaft und Kunst in Hildesheim. Der Religionspädagogin Rebecca Seidler wurde dort für das Wintersemester 2015/2016 ein Lehrauftrag über jüdisches Leben in Deutschland angeboten, gedacht als Gegenüberstellung zu einem seit zehn Jahren laufenden Seminar über die soziale Lage der Jugendlichen in Palästina. Dieses Pädagogik-Seminar hatte es in sich. Nichts über Jugendarbeitslosigkeit, die Zusammenhänge von Jugend und Hamas, die Auswirkungen des Konflikts mit Israel … «Es gab nur Texte gegen Israel, wobei immer die Rede von ‹den Juden› war. Also, dass die Juden etwa mit den Organen palästinensischer Opfer handeln würden, zutiefst antisemitische Texte, unkommentiert und ohne Quellenkritik, dem wissenschaftlichen Standard einer deutschen Hochschule völlig widersprechend.» Die Amadeu Antonio Stiftung in Berlin erstellte ein Gutachten: Texte und Inhalte sind antisemitisch. Damit ging der Kampf erst richtig los. Präsidentin Christiane Dienel reagierte mit einer geradezu grotesken Stellungnahme: Ihre Kinder hätten jüdische Namen, sie könne gar nicht antisemitisch sein – was ihr auch niemand vorgeworfen hatte –, sie habe jüdische Freunde und sei schon mal in Israel gewesen. Dann aber fuhr die Hochschulpräsidentin eine Kampagne gegen Rebecca Seidler, warf ihr in der Presse Rufschädigung vor, sprach von «einflussreichen Kreisen», die die Hochschule ruinieren wollten. Was soll man dazu sagen? Wir denken an die Forderungen der Politik nach mehr Zivilcourage, gegen den Antisemitismus aufzutreten. Rebecca Seidler aber stand allein. Nur unter Polizeischutz konnte sie an einer von ihr initiierten Podiumsdiskussion mit Vertretern der Hochschule, des Zentralrats und der Deutsch-Israelischen Gesellschaft als Gast im Publikum teilnehmen. Davor war sie übel bedroht worden: «Wir werden Dich dort kriegen, Free Palestine, Zionistenschlampe, wir machen Dich mundtot.» Die Politik wiegelte ab. Das niedersächsische Wissenschaftsministerium veranlasste ein weiteres Gutachten vom Zentrum für Antisemitismusforschung an der TU Berlin. Das aber bestätigte das erste. Der Hochschulsenat ließ die Präsidentin fallen, auch die Dekanin verlor ihr Amt, unterrichtet aber heute noch an der Hochschule.

Wie sehen Sie die Rolle der Politik?, fragen wir Rebecca Seidler.

Ich bin von ihrer Reaktion sehr enttäuscht. Es gab einzelne, die mich unterstützt haben. Aber die damalige SPD-Landesregierung gab mir das Gefühl, dass ich die Nestbeschmutzerin einer niedersächsischen Bildungseinrichtung bin. Das ist bitter gewesen.

Damit wurden Sie konfrontiert?

Auf Veranstaltungen von dem einen oder anderen SPD-Funktionär, die Präsidentin der Hochschule war auch in der SPD und wurde natürlich von ihren Genossen unterstützt. Die SPD-Grüne-Regierung stand auf Seiten der Hochschule. Von der CDU bekam ich Unterstützung, weil sie der politische Gegner ist, wäre es umgekehrt gewesen, wären die Reaktionen sicher umgekehrt gelaufen. Da mache ich mir nichts vor.

Und wie reagierte ihr persönliches Umfeld?

Am meisten haben mich Reaktionen verletzt wie: So wie Du dich verhältst, musst Du dich nicht wundern, dass es Antisemitismus gibt. Andere hatten Mitleid mit der Präsidentin der Hochschule. Jetzt verliert die ihren Job nur wegen Dir, hast Du mal darüber nachgedacht, sagten sie. Aber auch nichtjüdische Bekannte halfen mir. Ich habe herausgefunden, wer meine wahren Freunde sind.

Die Kontinuität des Antisemitismus wird in der Politik kaum thematisiert, so wie man den Rechtsextremismus jahrzehntelang kleingeredet hat. Deshalb klingen viele Statements von Politikern zu aktuellen Gewalttaten leer, fast heuchlerisch, bestenfalls hilflos, wenn immer rasch versichert wird, dass Judenhass in unserer Gesellschaft keinen Platz habe. Wenn dem so wäre, dann hätte es Halle und andere Anschläge nicht gegeben. Der Appell der Buchenwald-Häftlinge – «Nie wieder!» – gehört heute zum Standardrepertoire jeder politischen Rede auf Gedenkveranstaltungen, ist aber zu einer folgenlosen Floskel geworden. Dann ist es aber auch gut, man tritt befriedigt von der Gedenkbühne ab und kehrt in den politischen Alltag zurück. Aus dem berichtet uns Katarina Seidler, seit 1997 Vorsitzende des Landesverbandes der jüdischen Gemeinden in Niedersachsen mit etwa 1300 Mitgliedern.

Gerade letzte Woche sprach ich mit einem hochrangigen Vertreter der Politik wegen einer zusätzlichen Personalstelle für die Sicherheit. Und da bekam ich zur Antwort, na ja, Frau Seidler, wir haben in der katholischen Kirche manchmal auch so ein Gerangel. Das sind dann die Momente, wo es mir die Sprache verschlägt. 2015 sagte mir ein Minister, nachdem ich die Gefährdung durch Judenhass von muslimischer Seite erläutert hatte, Frau Seidler, das ist doch alles nur in Ihrem Kopf.

Dann ist das in der Politik noch nicht angekommen?

Es ist schon bei einigen angekommen. Bei der Reaktion der Politik spielt aber auch der Blick des Auslands auf Deutschland eine ganz wesentliche Rolle.

Juden und Jüdinnen müssen bei Behörden und der Polizei belegen, dass Übergriffe antisemitisch motiviert waren, als würde nicht der Blick in irgendeine beliebige Tageszeitung genügen. Man will aber nicht mit jedem über seine eigenen demütigenden Erfahrungen sprechen, gerade wenn es die eigenen Kinder oder Enkelkinder betrifft. Außerdem fehlt das Vertrauen. Wenn ein Anrufer bei der Liberalen Gemeinde «Heil Hitler!» ins Telefon brüllt und die Polizei von einem «dummen Jungenstreich» spricht und es dabei belässt, obwohl sie die Telefonnummer nachverfolgen kann, ist das frustrierend. In Städten wie München stehen Übergriffe inzwischen mehr im Blickfeld der Öffentlichkeit. Auf den Brandanschlag bei Hannover habe die Politik nicht reagiert, aber aus der Zivilgesellschaft gab es, so Konstantin Seidler, einige tolle Leute, die Solidarität bekundet hätten. «Wir suchen händeringend nach Verbündeten», sagt Rebecca Seidler. Ihre Mutter meint: «In der Politik gibt es viele schöne Reden, wollte man danach urteilen, ist alles in Ordnung. Ich bin aber froh, dass die Reden noch so gehalten werden. Das kann sich auch ändern, da muss man sich nur die AfD anschauen. Dann haben wir ganz verloren.»

Es geht aber nicht nur um die AfD. Der klassisch antisemitischen Aussage «Die Juden haben auf der Welt zu viel Einfluss» stimmten laut einer Allensbach-Studie von 2018 15 bis 20 Prozent der Anhänger aller parlamentarischen Parteien zu. Bei der AfD waren es gar 55 Prozent, bei der Linken 20 Prozent, bei der FDP- und CDU/CSU jeweils 19 Prozent, bei den Grünen 17 und bei der SPD 16 Prozent. Ähnlich dürfte das bei den Politikern selbst sein. Jeder fünfte Abgeordnete der CDU/CSU-Fraktion wandte sich 2003 gegen den Ausschluss von Martin Hohmann oder enthielt sich der Stimme, obwohl er Juden als «Tätervolk» bezichtigt und in nationalsozialistischer Diktion vom «jüdischen Bolschewismus» gesprochen hatte.

Die Abwehr der Schuld, der Versuch, einen Schlussstrich zu ziehen, das zieht sich seit 1945, auch wenn es eine Gegenströmung gab und gibt, als rote Linie durch die deutsche Politik. Der Jenaer Historiker Jacob S. Eder hat Bundeskanzler Helmut Kohl und seinem Umfeld einen sekundären Antisemitismus attestiert.[28] Der CDU-Politiker hatte erfolglos versucht, auf das im Jahr 1993 eröffnete Holocaust-Museum in Washington Einfluss zu nehmen, damit die geplante Ausstellung von den deutschen Verbrechen an den Juden auf die allgemeinen Menschheitsverbrechen im 20. Jahrhundert ausgeweitet wird. Kohl, in dessen Umfeld schon mal das Wort von den «Holocaust-Eiferern» fiel, befürchtete eine Beschädigung des Ansehens Deutschlands in der Welt. Gegen das Holocaust-Mahnmal in Berlin stimmten am 25. Juni 1999 etwa 60 Abgeordnete von CDU und CSU – Michel Friedmann, damals Mitglied des Zentralrats der Juden in Deutschland und selbst Parteimitglied, sprach von einem «Armutszeugnis». Bayerns Ministerpräsident Markus Söder sieht in der AfD einen zentralen Faktor für das Wiedererstarken des Judenhasses. Richtig. Aber eine Aufarbeitung der Geschichte seiner Partei, die über Dekaden hinweg am rechten Rand des Wählerpotentials gefischt hat, würde auch Denkwürdiges zutage fördern. Etwa die CSU-Funktionäre, die wie die Rechtsextremen von DVD, NPD und Republikanern Sturm liefen gegen die Ausstellung über die Verbrechen der Wehrmacht im Vernichtungskrieg gegen die Sowjetunion. Der frühere innenpolitische Sprecher Hermann Fellner erklärte 1985 im Bundestag in der Debatte um die Entschädigung für ehemalige Zwangsarbeiter, «dass die Juden sich schnell zu Wort melden, wenn irgendwo in deutschen Kassen Geld klimpert.» Seit 2016 verurteilt das Grundsatzprogramm der CSU den Antisemitismus immerhin explizit.

Kann so ein Problembewusstsein für Judenhass entstehen? Julius Schoeps bezweifelt das.

Nein. Überhaupt nicht. Null. Die meisten haben ja gar keine Ahnung, diffuse Vorstellungen im Kopf. Da verbinden sich traditionelle Vorurteile mit politischen Einstellungen, zum Beispiel von Israel als dem Bösen.

Aber die Politik erklärt doch, dass sie etwas tut …

Was tut sie denn? Man schafft Antisemitismusbeauftragte, die gibt es jetzt überall, allein in Berlin drei oder vier verschiedene, bei den Juristen, bei der Polizei ….Davon halte ich nicht sehr viel, auch wenn ich Felix Klein durchaus schätze, aber seine Warnung, Juden sollten möglichst keine Kippa tragen – das ist genau die falsche Antwort.

Aber die Unabhängige Expertenkommission …

In der ersten war ich drin. Es wurde alles gesagt, aber die Politik hat das zur Seite geschoben.[29]

Dann die von 2015, diesmal ohne ein jüdisches Mitglied?

Das war eine Unverschämtheit. Das ist, als ob über Probleme von Frauen nur Männer reden würden. Der Blickwinkel der jüdischen Bevölkerung ist ein anderer als der der nichtjüdischen.

Es wurden aber auf die Kritik hin zwei jüdische Vertreter nachnominiert, der neue Bericht liegt vor …

Und da steht drin, was wir auch im ersten Bericht geschrieben hatten.

Unsere Gesprächspartner sind schon zu oft von politischen Repräsentanten enttäuscht worden. Sie begrüßen die Berufung von Antisemitismusbeauftragten auf der Bundesebene und inzwischen auch in den meisten Ländern, kritisieren aber, dass diese kaum Befugnisse haben. Manchen missfällt, dass es keine Juden sind. Rebecca Seidler und ihr Mann Konstantin finden das gut. Warum sollen immer Juden auf Antisemitismus hinweisen und zu seiner Bekämpfung aufrufen, ganz so, als wären sie für das Problem der Mehrheitsgesellschaft zuständig? «Wir sind doch nicht die Heiler», sagt Rebecca Seidler. Auch der Blogger Chajm Guski will nicht den «Antisemitismusonkel» spielen, das machte er uns schon vor unserem Treffen in einer Mail klar: «Vielleicht verstehen Sie, was ich meine», schrieb er uns. Es gebe ja viele interessantere Themen, spannende Fragen wie die nach der jüdischen Identität, mit denen er sich intensiv beschäftigt. Da gäbe es einen kulturellen Reichtum zu entdecken, über die wirkliche Rolle des Judentums im Europa des 20. Jahrhunderts zu erzählen, das der tschechische Schriftsteller Milan Kundera als den «Schöpfer seiner geistigen Einheit» sieht. Antisemitismus ist ein großes, aber nicht das einzige Problem für die jüdischen Gemeinden, viele kämpfen mit Geldmangel, Überalterung, die Sterberate ist mittlerweile höher als die Geburtenrate. Außerhalb der großen Städte wie Berlin, Frankfurt oder München fehlt es meistens an der Infrastruktur für ein jüdisches Leben. Die Gemeinden haben eine ungeheure Integrationsleistung erbracht, als in den neunziger Jahren Zigtausende aus den ehemaligen Ländern der Sowjetunion nach Deutschland kamen. Noch sind nicht alle Folgen dieses Zuzugs bewältigt. Das alles wird von der nichtjüdischen Mehrheit aber kaum wahrgenommen. «Die meisten Deutschen wissen überhaupt nichts über das Judentum», sagt die Jura-Studentin Anna Kosar von der Jüdischen Hochschulgruppe in Köln. Sie kann nicht verstehen, warum in deutschen Schulen so gut wie nichts über das Judentum gelehrt wird. Die zierliche junge Frau, die in ihrer Freizeit Geige spielt, glaubt an eine jüdische Zukunft in Deutschland – noch. «Es wird ein anderes Judentum sein. Gerade die Jungen gründen viele Gruppen, vernetzen sich, engagieren sich in den Gemeinden. Andererseits droht der Antisemitismus, diese Entwicklung zunichte zu machen. Ich habe Angst, dass es stärker wird.» Ihr Vertrauen in die

Politik schwindet zusehends. Sie vermisst «wirkliche Taten», die Berufung von Antisemitismusbeauftragten allein reiche nicht aus. Anna überlegt sich inzwischen zweimal, ob sie sich als Jüdin outet, was für sie vor einigen Jahren noch überhaupt keine Frage war.

Neues Selbstbewusstsein, alte Ängste

2016 erschien in der *Zeit* ein bemerkenswerter Artikel der Berliner Schriftstellerin und Zeitungskolumnistin Mirna Funk: «Wir leben den Juden». Die damals 35 Jahre alte Urenkelin des deutschjüdischen Schriftstellers Stephan Hermlin listete darin eine Reihe von Bekannten und Freunden auf, alle erfolgreiche Kreative und Intellektuelle, und beschrieb deren und ihr eigenes Lebensgefühl so: «Wir haben also Wut und weniger Angst. Wut, die wir rauslassen müssen und wollen, Wut, die wir in unsere Kunst einfließen lassen, Wut, die man uns ständig in diesem Land absprechen will. Weil: Ist doch alles ewig her. Aber für uns eben nicht.» Diese Wut richtet sich gegen nichtjüdische Deutsche, die angeblich alles über die toten Juden wissen, aber nichts über die lebenden, die jüdische Vielfalt und deutsch-jüdische Kultur ignorieren. Die nicht verstehen, wie tief die Vergangenheit die jüngere jüdische Generation prägt, gleichzeitig aber eine Quelle für ihr künstlerisches Schaffen ist. Der Text zeichnet das Gruppenportrait einer Generation, die heute «weniger Schlösser an der Tür, dafür mehr Baseballschläger daneben» hat. So erklärte ihr einmal, schrieb Mirna Funk, der befreundete Lyriker und Buchautor Max Czollek den Unterschied zwischen der zweiten und der dritten Generation der Überlebenden der Shoah. Sind die Jüngeren tatsächlich radikaler im Denken und furchtloser? Bei unserem Treffen in Erlangen nickt der 29-jährige Erzieher Victor zustimmend.

Ja, ich glaube schon. Es ist ein persönlicher Prozess, man ist irgendwie emanzipierter, nimmt diese Opferrolle nicht mehr an.

Die ältere Generation, wie Victors in Polen geborene Mutter Hanna, empfindet anders.

Für mich gilt das nicht. Kein Baseballschläger. Lieber zwei Schlösser.

Ich glaube, es hängt auch damit zusammen, dass ich den Ostblock in mir habe. Man hält den Mund, duckt sich, passt auf, dass keiner etwas merkt.

Auch Diana Broner betont das neue jüdische Selbstbewusstsein. Die 28-jährige Lehrerin aus Dortmund zählt sich zu einer Generation, der ersten seit dem Kriegsende, die mit einer starken jüdischen Identität aufgewachsen ist. Nicht einmal die wiedererstarkte Judenfeindlichkeit könne ihr etwas anhaben, sagt sie. Im Gegenteil, gerade dadurch würden sich junge Juden und Jüdinnen in Deutschland noch intensiver auf ihr Jüdisch-Sein besinnen. Das schiebe das jüdische Leben noch mehr an: «Es ist wie beim Surfen. Wir haben gerade so eine Welle, deutschlandweit.»

Auf Facebook gibt es jedes Wochenende in irgendeiner Stadt ein Seminar, eine Party, einen Kongress oder eine andere jüdische Aktivität, man kann sie gar nicht alle wahrnehmen. Initiativen schießen deutschlandweit wie Pilze aus dem Boden, junge Juden gehen in die Schulen. Jeder wird aktiv, hier gründen wir einen Studentenverband, dort auch... Es gibt so viel Potential. Wir sind beflügelt, sagt sie und fügt kichernd hinzu:

Vielleicht ist das zu optimistisch, vielleicht lernen wir zu sehr, es uns in Deutschland gemütlich zu machen.

Juna Grossmann, Jahrgang 1976, lächelt wehmütig, als wir sie in einem Café in Berlin-Neukölln auf die junge Generation ansprechen. Auch sie beobachtet, dass die Jungen «deutlich krawalliger und selbstbewusster» aufträten und sich nicht versteckten. Das findet sie gut. Wird es aber so bleiben? Die bekannte Bloggerin und Buchautorin bekommt regelmäßig Hasskommentare. Der Antisemitismus, sagt sie, wird wieder lauter, aggressiver und fast normal, Menschen vergessen jeden Anstand.

Neulich habe ich bei einem Interview Dalia Grinfeld[30] beobachtet und mich selbst gesehen, vor etwa 20 Jahren. Sie ist noch sehr idealistisch. Man muss miteinander reden, erklären. Und ich dachte mir, mal gucken, wir reden irgendwann später wieder.

Aufbruch, das war schon einmal, in den neunziger Jahren. Das ist vorbei. Juna Grossmann erinnert sich, wie durch die Zuwanderung

Gemeinden wiederaufgebaut wurden und ein reges, vielfältiges jüdisches Kulturleben entstand. Damals war sie davon überzeugt, dass jüdische Einrichtungen in Deutschland in zehn, zwanzig Jahren nicht mehr bewacht werden müssten. «Heute sage ich, lieber mehr als weniger.» Rebecca Seidler gründete mit 19 in Hannover den Verein «Jung und Jüdisch», aus dem später eine bundesweite Organisation für junge jüdische Erwachsene geworden ist. Sie rief auch den ersten liberalen jüdischen Kindergarten Deutschlands ins Leben. Jetzt erst recht, dachte sie, wir, junge Juden, werden endlich in Deutschland unseren Platz finden, alles wird sich zum Guten wenden. 20 Jahre später zieht sie eine bittere Bilanz: Ihr langjähriges Engagement in der Bildungsarbeit und im interkulturellen Dialog habe nur Einzelne erreicht. Noch sind ihre beiden Söhne zu klein, langfristig denkt die Familie Seidler aber über Auswanderung nach.

Jetzt, mit eigenen Kindern, ist es eben doch dieses…eher oft das Hoffnungslose. Das Bedürfnis nach Schutz, Sicherheit und Unbeschwertheit wächst. Ich merke, wie ich meinen Kindern manchmal sage, erzählt nicht, dass ihr jüdisch seid, sagt nicht jedem, dass wir Chanukka feiern, nein, jetzt noch nicht die Kippa aufsetzen, wie ich selber meine Kinder eingrenze in ihrem völlig selbstverständlichen Judentum. Mir widerstrebt das. Das möchte ich eigentlich nicht. Vielleicht sieht es in zehn Jahren anders aus, jetzt aber ist es so.

Katarina Seidler ist wie ihre Tochter Rebecca eine energische und starke Frau. 1995 kehrte sie der Orthodoxie den Rücken und gründete mit 69 Gleichgesinnten die Neue jüdische Gemeinde Hannover, aus der später die Liberale jüdische Gemeinde wurde. Das Thema Auswanderung beschäftigt nicht nur ihre Familie, bestätigt die 66-Jährige:

Wenn ich in die jüdischen Gremien gehe, wird erst offiziell darüber gesprochen, wie schön es ist, hier eine Synagoge zu bauen, da eine Thora anzubringen. Und dann, in der Mittagspause, gibt es nur noch ein Gesprächsthema: Kaufst du irgendwo eine Wohnung, geht das, hast du schon überlegt, wohin, gehst du nach Israel oder ist es dort zu heiß? Ich habe über Kanada nachgedacht, Neuseeland soll auch gut sein, weiß ich noch gar nicht…Dann kehren wir in die Sit-

zung zurück, und da geht es dann wieder um die offizielle Politik, die man nach außen vertritt. Innerlich, in meinem Herzen, bin ich schon woanders.

Ende 2018 veröffentlichte die Agentur der Europäischen Union für Grundrechte die Ergebnisse einer Befragung von mehr als 16 000 Juden und Jüdinnen in zwölf EU-Mitgliedstaaten. Es war die weltweit größte Umfrage ihrer Art. Demnach nimmt Antisemitismus in der EU massiv zu und scheint in der Gesellschaft so tief verwurzelt zu sein, dass Belästigungen und Beleidigungen für Juden mittlerweile Alltag sind. Besonders alarmierend waren die Ergebnisse aus Deutschland, in keinem anderen EU-Staat gaben mehr Menschen an, antisemitisch belästigt zu werden. 41 Prozent hatten im zurückliegenden Jahr mindestens eine antisemitische Erfahrung gemacht, der europäische Durchschnitt lag bei 28 Prozent. Nirgendwo sonst werden Juden so oft für die Politik der israelischen Regierung verantwortlich gemacht und angefeindet wie in der Bundesrepublik. 44 Prozent der Befragten erwägen auszuwandern, auch dieser Wert lag über dem europäischen Durchschnitt. «Deutschland fällt in die Kategorie ‹sehr problematisch›, genau wie Belgien, Frankreich und Polen», kommentierte die EU-Justizkommissarin Věra Jourová.[31] Getreu dem Motto, rasch davon reden, aber nie daran denken, gab es ein paar verurteilende Statements und kritische Zeitungsartikel, wenige Tage später gerieten die alarmierenden Befunde in Vergessenheit. Hanna Bander äußert sich über die jüdische Zukunft in Deutschland pessimistisch. «Ich glaube, für die jüdischen Kinder wird es noch schwieriger. Und gefährlicher.»

«Du Jude!» Alltag in deutschen Schulen

In seinem kleinen Büro regiert Illya Babkin über ein kreatives Chaos. Mitten im Raum steht ein Rennrad, der Papierkorb quillt über, der Schreibtisch ist mit Papieren übersät. Der 19-Jährige, löchrige Jeans, schlank, vollbärtig und fröhlich grinsend, bittet um Geduld: «Einen Moment noch», ruft er aus dem Büro heraus und signalisiert, dass er noch rasch telefonieren muss. Anschließend fahren wir im Aufzug eine Etage tiefer. Wie fast jeden Sonntagnachmittag kommen in das Jugendzentrum der Israelitischen Kultusgemeinde am Münchner Sankt-Jakobs-Platz Kinder und Jugendliche, um gemeinsam ihre Freizeit zu verbringen. Das Außenthermometer zeigt 37 Grad. Die meisten Mädchen tragen kurze Röcke oder Hot Pants, die Jungs eine Kippa oder eine Baseballmütze auf dem Kopf. Fröhlich und ausgelassen sind sie, ihr Lachen und Kreischen hören wir schon im Aufzug. «Die sind gerade aus dem Sommercamp gekommen», sagt Alice Kolesnichenko. Die resolute 19-Jährige mit langen, offenen Haaren trägt ein schwarzes T-Shirt mit der Aufschrift «Koscher Nostra», liebt Fußball und war als Kind selbst fast jeden Sonntag im Jugendzentrum. Heute leitet sie es, zusammen mit Illya. Sie teilt den Jugendlichen ohne Umschweife mit, dass wir ein Buch über Antisemitismus schreiben, wer also darüber reden wolle und älter als 15 sei, solle sich melden. Zwölf Mädchen und Jungen folgen uns in einen Nebenraum.

Das Gespräch beginnt etwas zäh, die Jugendlichen schweigen verlegen. Erst, als wir ihnen versichern, ihre echten Namen nicht zu nennen, und Alice nochmals betont, dass niemand etwas sagen muss, wenn er das nicht will, schwindet ihre anfängliche Skepsis. Wie divers die heutige jüdische Community in Deutschland ist, merken wir auch in dieser kleinen Runde. Die meisten Jugendlichen haben familiäre Wurzeln in postsowjetischen Ländern, es sitzen hier aber auch Jungen und Mädchen mit deutsch-jüdischem, ungarisch-jüdischem, israelisch-jüdischem oder kanadisch-jüdischem Background. Bevor wir auf ihre Erfahrungen mit Antisemitismus im Alltag zu sprechen kommen, fragen wir sie nach ihrem Selbstverständnis. Wie erfahren sie ihre mehrheitlich nichtjüdische Umgebung? Welche Rolle spielt für sie und ihre Generation die deutsche Vergangenheit? Alice Kolesnichenko erzählt, dass sie gerade ihr Abitur in Israel gemacht hat und in Deutschland Medizin studieren will. Sie sieht sich als Europäerin, ihre jüdische Identität ist ihr aber am wichtigsten. Illya Babkin wuchs in einer jüdisch-orthodoxen Familie auf, die als sogenannte Kontingentflüchtlinge nach Deutschland kam. «Ich bin ein deutscher Jude», sagt er. «Ich bin religiös, halte Shabbat und esse koscher. Es gibt aber auch Dinge, die ich persönlich als unnötig betrachte, zum Beispiel, einer Frau nicht die Hand zu geben. Oder die ganze Zeit mit einer Kippa herumzulaufen. Sonst beeinflusst es komplett meinen Alltag.» Nicht jeder geht so offen mit seiner jüdischen Identität um. Die 17-jährige Julia[32] (Namen aller Kinder geändert) ist noch nicht lange in Deutschland, wie die gleichaltrige Sophia wurde sie in der Ukraine geboren. Es falle ihr schwer, sich zu integrieren oder jemandem zu sagen, dass sie Jüdin sei. Sie kann sich kaum vorstellen, mit einem nichtjüdischen Deutschen befreundet zu sein.

Wenn seine Eltern oder Großeltern erfahren, dass du jüdisch bist, können sie etwas im Kopf haben, was noch vor 50, 60 Jahren da war. Dieser große Antisemitismus. Das könnte negative Folgen haben. Meine Mutter empfiehlt mir, nicht zu sagen, ob in der Schule oder zu anderen Leuten, dass ich jüdisch bin. Weil es negative Folgen haben könnte.

Sophia pflichtet ihr auf Russisch bei, auch Ira behält ihre jüdische Identität lieber für sich.

Wem noch haben die Eltern geraten, nicht zu erzählen, dass Ihr jüdisch seid?

Alle Hände gehen hoch, bis auf die von Alice und Illya. Der 15-jährige Aaron zögert kurz, dann hält auch er die Hand hoch. Angesichts der steigenden Zahl an antisemitischen Gewalttaten ist die Sorge der Eltern verständlich. Die Antworten auf unsere Frage müssten doch eigentlich Empörung auslösen: 75 Jahre nach der Shoah müssen jüdische Eltern in diesem Land um die Sicherheit ihrer Kinder bangen. Alice meint, es komme darauf an, in welchem Teil Deutschlands man lebe. In München zum Beispiel könne man das jüdische Leben vergleichsweise offen ausleben. Aber auch ihre Mutter hat sie schon gewarnt, in der Bahnhofsgegend ihren Davidstern zu verstecken. Alice gibt sich kämpferisch: «Ich tue ihn dann extra heraus, weil ich lieber kämpfen will als mich zu verstecken.» Der 15-jährige Daniel, ein aufgeweckter Junge mit der Figur eines Basketballspielers, findet, dass das deutsch-jüdische Verhältnis auch in München nicht so ganz normal sei.

Wenn man durch die Stadt läuft oder in der U-Bahn sitzt und jemand ‹Jude› sagt, dreht sich jeder um. Wirklich jeder. Ich finde es krass, dass es bei den Leuten immer noch nicht angekommen ist, dass wir genau solche Leute sind wie sie. Nichtjuden, wenn sie mitbekommen, dass jemand Jude ist, sind oft sehr interessiert.

Das muss unangenehm sein.

Das nicht, nein. Aber sie fragen manchmal solche Sachen, wie, ob ich reich bin, oder ob ich Steuern zahle.

Dem allgemeinen Gelächter entnehmen wir, dass alle schon mal mit dem antisemitischen Klischee des «Geldjuden» in Berührung kamen. Illya fuhr kürzlich mit BlaBlaCar, einer Online-Mitfahrzentrale, von Wien nach München. Der serbische Autofahrer meinte auch, Illya müsse als Jude doch keine Steuern zahlen. «Dabei sieht man mir doch an, dass ich nie Kohle habe», lacht der 19-Jährige. Das Vorurteil von der angeblichen Steuerfreiheit jüdischer Bürger in Deutschland entstand vermutlich mit dem sogenannten Entschädigungsabkommen im Jahr 1952. Kanzler Konrad Adenauer hatte Israel drei Milliarden Mark zugesprochen, was übrigens CSU-Finanzminister Fritz Schäffer für überzogen und 44 Prozent der Westdeutschen für «komplett überflüssig» hielten.

Die meisten antisemitischen Übergriffe erleben die Kinder und Jugendlichen in der Schule. Nicht erst jetzt, sondern lange Jahre schon müssen sie sich das Schimpfwort «Du, Jude» gefallen lassen. Der Sohn einer Münchner Jüdin, die anonym bleiben will, hat es schon vor gut 25 Jahren an einem Gymnasium in der Stadt erlebt. «Du Scheißjude», beschimpfte ihn ein Schüler in der Pause. Sein Freund hatte der Mutter davon erzählt. Als sie ihren Sohn auf sein Schweigen ansprach, erwiderte er: «Mama, ich wollte dich nicht aufregen.» Der Junge wollte die Kränkung mit sich allein ausmachen, um die Mutter, die Auschwitz überlebt hatte, zu schonen. Diese Geschichte zeigt, unter welchen psychischen Druck die betroffenen Kinder geraten. Der Schuldirektor reagierte, wie heute noch viele reagieren: Das könne nicht sein, der Schüler stamme aus einer sehr guten Familie in Grünwald, meinte er. Nach sechs Wochen gestand der Junge den Übergriff. An dem Gymnasium wurde beim Elternabend einmal die Frage diskutiert, ob die Klasse die KZ-Gedenkstätte Dachau besuchen soll. Viele Eltern waren dagegen, das wollten sie ihren Kindern nicht zumuten. Schließlich ließen sie darüber abstimmen. Ergebnis: Kein Besuch. «Ich habe mir gedacht, über die deutsche Geschichte können wir nicht abstimmen», sagt uns die Münchnerin. «Du Jude» ist das meistverbreitete Schimpfwort unter Jugendlichen jeden Alters und jeder Schulform, wie die Frankfurter Soziologin Julia Bernstein in ihrer aktuellen Studie über Antisemitismus an Schulen in Deutschland aus der Sicht von jüdischen Betroffenen sowie Lehrkräften berichtet.[33] Die 16-jährige Realschülerin Hanna macht sich deshalb lieber unsichtbar:

Bei mir in der Klasse wird ‹Jude› sehr oft als Schimpfwort benutzt, auffallend oft von muslimischen Mitschülern. Wenn du zum Beispiel etwas falsch gemacht hast, bist du ‹Jude›. Zwei Jahre hintereinander gab es in meiner Schule ein Projekt, ein Zeitzeuge ist zu uns gekommen. Er hat viel über sich erzählt und sein Buch mitgebracht, viele von uns haben es auch gekauft und gelesen. Es ist trotzdem schwer für mich, aufzustehen und zu sagen, dass ich jüdisch bin. Weil ‹Jude› etwas Schlechtes und Negatives ist, man wird sofort diskriminiert. Das ist wirklich alltäglich. In meiner Klasse weiß das niemand. Meine beste Freundin ist auch Jüdin, sie steht aber nicht dazu, hat Angst vor Ausgrenzung.

Antisemitismus kommt aus jeder Schicht und ist auch in der gesellschaftlichen Mitte weit verbreitet, betont Julia Bernstein. Mit einer einzelnen Gruppe, etwa «den Muslimen», habe das Phänomen nichts zu tun. Daniel kennt die Formulierung «hey, du Jude» auch aus seinem jüdischen Freundeskreis. Es sei für ihn aber ein wesentlicher Unterschied, ob sie von seinen jüdischen Freunden kommt oder von nichtjüdischen Deutschen.

Sie erwarten, dass du lachst. Wenn du es nicht tust, merken sie, okay, dann doch lieber nicht. Später bringen sie es aber wieder. Sie verstehen einfach nicht, dass wir das untereinander sagen können, weil wir Juden und auch noch befreundet sind. Wenn sie es sagen, ist das etwas anderes.

Mit der als Beleidigung gemeinten Formulierung «du Jude» werden klassische antisemitische Feindbilder aktiviert, das Wort Jude steht als Synonym für Geiz, Hinterhältigkeit, Verlogenheit, Bosheit oder Opferstatus. Auch Schimpfwörter wie «du Judenschwein» oder «du Scheißjude» sind an deutschen Schulhöfen weit verbreitet. Viele Lehrkräfte bagatellisieren die Äußerungen als «typische Jugendsprache», «Provokation» oder «nicht so gemeint». Faktisch handelt es sich jedoch um eine antisemitische Kommunikation, auch dann, wenn kein jüdischer Schüler anwesend ist und die Formulierung ohne antisemitische Beleidigungsabsicht benutzt wird, wie Experten betonen. Der Spruch schafft eine feindselige Atmosphäre gegenüber Juden und Jüdinnen, wertet ihre Identität ab und stellt sie der eigenen Wir-Gruppe als andere, als fremde gegenüber. Auch israelbezogener Antisemitismus gehört zum schulischen Alltag in Deutschland. Jüdische Jugendliche werden als Vertreter des Staates Israel angesehen und angegriffen. Die 14-jährige Avital, ein temperamentvolles Mädchen, ist immer noch empört, wenn sie daran denkt, wie ihre nichtjüdische Freundin in der Mittagspause sie plötzlich beschimpfte. «Ihr Israelis» verhaltet euch aggressiv gegenüber den armen Palästinensern, sagte sie. Sogar Grundschüler leiden schon unter dem Hass. 2018 kam zu Ester Limburg-Klaus, Vorsitzende der Jüdischen Gemeinde in Erlangen, ein aufgebrachter Vater und berichtete ihr, dass sein achtjähriges Kind von einem Mitschüler als «Israel-Schwein» beschimpft wurde, weil er einen Bleistift mit einem Davidstern dabeihatte. Als es in seinem Unterricht um Israel ging, wurde es «ganz krass», erinnert sich Illya Babkin:

> *Die Leute merken nicht, dass sie antisemitisch sind. Ein Lehrer zum Beispiel, ich liebe ihn, er ist ein supergeiler Typ, kam mit Sachen wie, Israel sei eine ethnische Diktatur, weil dort zum Beispiel die Araber nicht in die Armee gehen müssen. Aber nur, weil ich Araber gegen die eigenen Brüder nicht kämpfen lasse, ist das kein Apartheidsystem, keine jüdische Diktatur! Oder er kritisierte an Israel solche banalen Sachen, die niemand an einem anderen Land kritisieren würde. Ich habe mich so geärgert.*

Für Alice Kolesnichenko steht fest: Das ist antisemitisch. Sie erinnert die Gruppe an den «drei D-Test» von Nathan Sharansky, der dabei helfen kann, eine rational begründete Kritik an politischen Akteuren in Israel von der antisemitischen am Staat Israel als solchem zu unterscheiden. Besonders verletzend sind für jüdische Jugendliche Witze über die Shoah, Hitlergrüße, Hakenkreuze und andere Nazi-Symbole. Sie kommen in jedem Schultyp vor, an Gymnasien wie an Gesamtschulen. Das Ausmaß, das sich in den Interviews zeigte, habe sie überrascht, sagte Julia Bernstein. «Da hat eine Enttabuisierung, eine Enthemmung stattgefunden.» Für die Soziologin sind das «die Echos der Nazizeit».[34] Sie offenbaren die blinden Flecken in der deutschen Geschichte, eine fortschreitende emotionale Distanz zur Shoah, die Sehnsucht nach einer unbeschadeten deutschen Identität, die Schlussstrichmentalität und entsprechende Abwehrmechanismen. Das Muster ist immer gleich, schildert der Münchner Gymnasialschüler Max: Zuerst kommt der angebliche Scherz, dann wird ein «nicht so gemeint» hinterhergeschoben:

Sie sagen, dass sie nur Witze machen, wie zum Beispiel: Was ist der Unterschied zwischen einem Juden und einer Pizza? Die schreit nicht im Ofen. Da lachen wir, Juden, dann nicht mehr, die anderen finden das lustig.

Während des Geschichtsunterrichts zeichneten zwei Mitschüler von Avital auf ein Blatt Papier Hakenkreuze auf «Judensterne», auf dem Lehrplan stand gerade der Nationalsozialismus. Avital und ihre jüdische Freundin saßen in der Schulbank direkt vor den beiden Jungen:

Sie wollten, dass wir uns das aufkleben. Ich fand das nicht mehr lustig. Das war…irgendwie krank.

Wir hörten schon vieles, aber das ist so erschreckend, dass wir für einen Moment nicht wissen, was wir sagen sollen. Was uns an den Schilderungen der Jugendlichen zusätzlich bestürzt: Die meisten besuchen ein Gymnasium, auf das traditionell viele jüdische Schüler gehen. Illya Babkin machte dort gerade sein Abitur. Er meint, dass gerade das der Grund sei:

Die Schüler in unserem Gymnasium kennen ja Juden, wir sind mindestens 50 dort. Das führte manchmal aber dazu, dass sie sich sehr frei fühlten, gewisse Sachen zu sagen. Zum Beispiel, als offizielles Abitur-

Motto ‹Abi macht frei› vorzuschlagen. Oder ‹Verbrennt die Duden›.
So ein Scheiß.

Schulen spiegeln sehr genau eine gesellschaftliche Realität wider, in der judenfeindliche Klischees und Vorurteile seit Jahrhunderten tief verankert sind. Kinder und Jugendliche äußern sich in der Regel viel unbefangener als Erwachsene. Die gute Nachricht ist: Die Einstellungen der Kinder sind nur in wenigen Fällen so verfestigt, dass man sie nicht mehr positiv beeinflussen könnte. Helfen Begegnungen etwa nicht, antijüdische Vorurteile zu überwinden? Auf dieser verständlichen Hoffnung basieren Bildungsprojekte wie «Rent a Jew» der Europäischen Janusz Korczak-Akademie oder «Meet a Jew» des Zentralrates der Juden. Junge Erwachsene gehen in die Schulen, um nichtjüdischen Schülern Einblicke in das jüdische Leben zu ermöglichen. Solche Projekte sind wichtig, selbst dann, wenn man damit nur Einzelne erreicht, denn für die Mehrheit ist das deutsche Judentum gesichtslos. Begegnungen allein können jedoch nicht gegen die jahrhundertelange Krankheit immunisieren, sonst müsste zum Beispiel das von vielen hier besuchte Münchner Gymnasium oder die Berliner John F. Kennedy-Schule geradezu Vorbilder für ein tolerantes Miteinander sein. Die Berliner Eliteschule wird auch von vergleichsweise vielen jüdischen Jugendlichen besucht und arbeitet seit Jahren mit der Berliner Jüdischen Gemeinde zusammen. 2018 wurde bekannt, dass dort ein Neuntklässler monatelang antisemitischen Anfeindungen ausgesetzt war, ohne dass es groß aufzufallen schien. Unter anderem pustete ihm ein Mitschüler den Dampf seiner elektronischen Zigarette ins Gesicht, das sollte ihn an seine vergasten Vorfahren erinnern. Der Fall endete wie so oft: Das Opfer ging, der Täter blieb. Antisemitische Vorfälle ereignen sich auch an Schulen, die zu dem bundesweiten Netzwerk «Schulen ohne Rassismus – Schulen mit Courage» gehören. Die Mitgliedsschulen verpflichten sich unter anderem dazu, sich gegen jede Form der Diskriminierung einzusetzen. 2019 flog ein antisemitischer Klassenchat an einem Gymnasium im oberbayerischen Grafing auf. Die Schüler tauschten Sprüche über Gaskammern und den Text eines SA-Kampfliedes, das zum Mord an Juden aufrief. Diese «Schule gegen Rassismus» stand kurz davor, nach dem bekannten Shoah-Überlebenden Max Mannheimer benannt zu werden. 32mal hatte der 2016 verstorbene Zeitzeuge die Schule besucht und mit Jugendlichen über seine Verfolgung durch die Nazis gesprochen. Immerhin waren es einige Schüler, die den Vorfall der Klassenleitung meldeten, der Schuldirektor schaltete die Staatsanwaltschaft ein. Oft werden aber ausgerechnet jene, die Zivilcourage zeigen, alleingelassen oder sogar angefeindet. Davon könnte auch die Dresdner Gymnasialschülerin Emilia S. erzählen, die es irgendwann satt hatte, ständig antisemitische «Scherze» im Klassenchat zu lesen, Hitlergrüße zu sehen und blöde Nazisprüche zu hören – wie «Heilung» statt «Gesundheit» beim Niesen oder «88», wenn der Handyakku auf 88 Prozent geladen war, ein Neonazicode für «Heil Hitler». Sie protestierte, und als das nicht half, zeigte sie den Mitschüler, der die üblen Bilder gepostet hatte, an. Deutschlandweit berichteten Medien im Jahr 2017 über den mutigen Einsatz der damals 15-jährigen Schülerin. Emilia S. erhielt einen Preis für Zivilcourage. Was danach geschah, stand nicht mehr in der Presse: Emilia wurde von Schülern und Lehrern so stark angefeindet, dass sie schließlich die Schule wechselte, erfuhren wir aus dem Dresdner ZDF-Studio, das mit dem Fall vertraut war. Seitdem meiden Emilia und ihre Familie jeden Kontakt mit der Öffentlichkeit. Am Ignaz-Taschner-Gymnasium in Dachau verschickten Schüler einer 9. und 10. Klasse monatelang an ihre Klassenkameraden per WhatsApp Bilder mit judenfeindlicher und rassistischer Hetze. Auch das Dachauer Gymnasium ist eine «Schule ohne Rassismus», die KZ-Gedenkstätte liegt gleich um die Ecke. 2019 hörten drei Schüler aus dem mittelhessischen Grünberg im Bus antisemitische Lieder und sangen mit. Sie waren auf der Rückfahrt von einem Besuch der KZ-Gedenkstätte Buchenwald, die Schule ist mehrfach für ihre Arbeit in der Extremismus-Prävention ausgezeichnet worden. Und das sind nur ein paar wenige Beispiele.

Die Identität jüdischer Jugendlicher befinde sich «in einer Art Belagerungszustand», sagte uns Konstantin Seidler bei unserem Treffen in der Liberalen Jüdischen Gemeinde in Hannover. Es gebe kaum einen Jugendlichen, der sich bewusst als jüdisch bezeichnen würde und nicht schon eine Reihe von antisemitischen Erlebnissen gehabt hätte. Zwar würden viele die Frage danach erst einmal verneinen und auf ihre nichtjüdischen Freunde hinweisen, berichtete uns der Sozialwissenschaftler. Wenn er aber genauer nachfragt, erzählen sie von Vorfällen, die aus wissenschaftlicher Perspektive eindeutig antisemitisch sind. Darunter sind auch klassische «Vergasungswitze»:

> *Manchmal lachen sie sogar mit, was in dem Moment eine Form von Assimilation ist. Denn wenn ein Jude über andere Juden lacht, wenn man in seiner Anwesenheit sogar antisemitische Witze reißen kann, bleibt er ein angenehmer Gesprächspartner: Er greift diese Form der deutschen Identität nicht an, stellt sie nicht infrage. Das verschafft dem nichtjüdischen Publikum eine Erleichterung.*

Die öffentlichen Debatten über Anfeindungen an deutschen Schulen, ob sie nun rassistisch oder antisemitisch motiviert sind, drehen sich meistens um die Übergriffe von Schülern. Dabei wäre es genauso wichtig, auch das Verhalten der Lehrer und Erzieher in den Blick zu nehmen. Die ehemalige Antidiskriminierungsbeauftragte für Berliner Schulen, Soraya Gomis, veröffentlichte 2018 brisante Zahlen, aus denen hervorgeht, dass die meisten Fälle an öffentlichen Schulen in Berlin nicht etwa von Schülern ausgingen, sondern von Pädagogen und Erziehern.[35] Zugleich fehlt es an der Bereitschaft, dagegen vorzugehen. Gegen Diskriminierung an öffentlichen Schulen gibt es bislang kein Gesetz, das Allgemeine Gleichbehandlungsgesetz schützt nur Arbeitnehmer. Für Schulen gilt lediglich die allgemeine Forderung, dass nicht diskriminiert werden soll, juristische Konsequenzen lassen sich daraus nicht ableiten. Man darf jedoch nicht pauschalisieren. Wir kennen viele Lehrerinnen und Lehrer, die sich gegen Rechtsextremismus, Antisemitismus und Rassismus engagieren, gemeinsame Projekte mit jüdischen Gemeinden vor Ort initiieren, Pädagogen, die judenfeindliche oder rassistische Vorfälle an ihren Schulen sehr ernst nehmen und sofort eingreifen. Andere wiederum spielen antisemitische Äußerungen und Handlungen herunter, weil sie sich nie ausreichend mit dem Nationalsozialismus und der Shoah beschäftigt haben, den Antisemitismus in seinen aktuellen Erscheinungsformen gar nicht erkennen oder schlichtweg überfordert sind. Oder sie haben selbst Ressentiments gegenüber Juden, ob bewusst oder nicht, das spielt für Betroffene keine Rolle. Wir fragen Avital, wie ihr Lehrer auf den Vorfall mit dem Hakenkreuz und dem «Judenstern» reagierte. Sie zuckt mit den Schultern. Es sei ihm «relativ egal» gewesen, sagt sie, die Jungs hätten schon früher solche Sachen gemacht, ohne dass etwas geschah. Mehrere Jugendliche nicken zustimmend, so oder ähnlich erleben sie es auch. Man könne sich zwar beschweren, meint Max, viel bringen würde es aber nicht: «Dann sprechen sie dich kurz vor der Klasse an, so etwa zehn Minuten dauert das. Mehr passiert nicht.» Der 26-jährige Maxim Kolbasner hätte sich ebenfalls eine andere Reaktion gewünscht, als ihm ein Schüler in der Oberstufe seines Dortmunder Gymnasiums sagte, seine Eltern müssten als Juden sehr schnell laufen können, weil sie doch ständig verfolgt worden seien. Seine Lehrerin meinte nur, dass der Junge das nicht so gemeint habe, die beiden sollten sich die Hände reichen. Noch schlimmer erging es Diana Broner. Als sie sich bei ihrem Lehrer beschwerte, dass ein Mitschüler ihr einen «Schornstein-Witz» erzählt habe, sagte der Pädagoge vor der ganzen Klasse zu ihr, sie solle ihm nicht mit dieser «ewigen Opferrolle» kommen. Das sei für sie wie ein Schlag ins Gesicht gewesen. Lehrkräfte sollen die Kinder zu mündigen, aufgeklärten Demokraten erziehen – dass sie darin selbst oft Nachhilfe nötig hätten, merkte Diana auch während ihres Germanistik-Studiums:

Wir hatten einen entspannten Partyabend mit Spielen und ein bisschen Alkohol. Da sagte einer immer wieder: ‹Ach, du Judenschwein, hast du mich wieder erwischt›. Mir ist die Luft weggeblieben. Es waren Leute, mit denen ich seit Jahren studiere, künftige Deutschlehrer, und niemand sagte etwas! Dann wusste ich nicht, muss ich jetzt als Jüdin etwas sagen. Ich gab dann vor müde zu sein und bin nach Hause. Das war für mich der Bruch mit der Fachschaft.

Die Sozialpädagogin Barbara Schäuble legte 2012 eine Studie zum Thema «Differenzkonstruktionen und Alltagsantisemitismus» vor. Dabei verwendete sie Material aus 20 Gruppendiskussionen mit Jugendlichen unterschiedlichen Bildungsstandes und unterschiedlicher Herkunft in mehreren deutschen Schulen und Jugendzentren. Das überraschende Ergebnis: Den Aussagen der Probanden zufolge beziehen sie ihr antisemitisches «Wissen» – wie «Juden sind mächtig», «reich», «intelligent», «geschäftstüchtig» oder «geizig» – vor allem aus dem Geschichts-, Religions- und Ethikunterricht. Die 16-jährige Münchner Gymnasialschülerin Scharon konnte ihren Augen kaum trauen, als sie das kopierte Blatt sah, das ihr ein Mitschüler aus dem evangelischen Religionsunterricht mitgebracht hatte. Darauf standen Witze über Juden, die «noch gehen», soll die Lehrerin, die gerade das Thema Judentum behandelte, gesagt haben:

Ich habe es mir durchgelesen, da gab es vielleicht zwei, drei, die okay waren, aber der Rest…Da war zum Beispiel auch etwas über ‹die Duschen› dabei. Das geht eigentlich nicht, das ist echt nicht witzig. Ich habe mich aber gefreut, dass mir dieser Schüler das Blatt gezeigt hat, dafür war ich ihm dankbar.

Wir wissen nicht, was die Religionslehrerin an Sharons Schule mit der Aktion erreichen wollte, böse Absicht wollen wir ihr nicht unterstellen. Fakt aber ist: Sie reproduzierte damit judenfeindliche Ressentiments. Umso mehr zeigt sich, wie wichtig es ist, dass Lehrkräfte besser ausgebildet werden, damit sie in der Lage sind, Antisemitismus zu erkennen und ihre eigenen Vorurteile zu hinterfragen. Dieser Vorfall ist nicht der einzige Grund, warum Sharon auf ein anderes Gymnasium wechseln wird. Sie stört auch, dass die Shoah an ihrer Schule nicht wirklich behandelt wurde. Auch nicht im Geschichtsunterricht:

Wir hatten zwei Jahre so gut wie keinen Geschichtsunterricht. Ich bin dann zu unserem Lehrer gegangen und fragte ihn, ob man vielleicht einen Shoah-Überlebenden einladen könnte, andere Schulen machen das ja auch. Meine Mutter ist bei der Gemeinde und könnte das organisieren, er müsste gar nichts tun. Er sagte, dass wir lieber Sudetendeutsche besuchen sollen. Wir hätten aber doch beides machen können! Das Projekt mit den Sudetendeutschen fand auch statt, und als ich ihn dann nochmal fragte, ob wir einen Überlebenden einladen, meinte er nur, dass wir dafür jetzt keine Zeit mehr haben.

Von ähnlichen Erfahrungen berichteten uns auch andere. Zum

Beispiel die Geschichtslehrerin des Dortmunder Rabbiners Baruch Babaev, als der Nationalsozialismus auf dem Lehrplan stand. «Wir sprechen jedes Jahr über den Holocaust, dann können wir diesmal gleich zur Gründung der Bundesrepublik übergehen.» Das war 1997 auf einem Gymnasium in Leipzig. Ihre Klasse sei im Geschichtsunterricht nie bis zur Shoah gekommen, erzählte uns die 35-jährige Schriftstellerin Olga Grjasnowa, die in Hessen aufgewachsen ist. «Nur einmal wurde das Thema im Religionsunterricht behandelt. Es hieß, die katholische Kirche habe alles versucht, um die Shoah zu verhindern. Guter Witz.» Manche Lehrkräfte behaupten, ihre Schüler sind des Themas überdrüssig. Es wurde schon genug darüber unterrichtet und gesprochen, sagen sie und verwechseln dabei das große mediale Interesse an dem Thema mit tatsächlichem Wissen. Doch diese Haltung hat vielmehr mit der Abwehrreaktion und dem Desinteresse der Lehrkräfte zu tun als mit der Einstellung der Jugendlichen. Die Mehrheit der Schülerinnen und Schüler, das kann man in der außerschulischen Bildungsarbeit seit Jahren beobachten, ist an dem Thema Shoah grundsätzlich interessiert. Die sogenannte Übersättigung hat – unter anderem – vielmehr mit der Art der Vermittlung zu tun, die entweder zu theoretisch ist, über bloße Zahlen und Fakten nicht hinauskommt oder auf kalkulierte Betroffenheit setzt und an der Lebenswelt der Jugendlichen vorbeigeht. Vor einigen Jahren verbat ein Geschichtslehrer an der Gedenkstätte Dachau einem Schüler, auf die Toilette zu gehen, weil «Häftlinge auch nicht austreten durften». Soll so etwa Empathie geweckt werden, ohne die eine kognitive Verarbeitung gar nicht möglich ist? Außerdem: Jugendliche haben ein feines Gespür für falsche Töne.

Wie die meisten Betroffenen sprach Scharon über ihre Erfahrungen nur mit ihren Eltern, bat sie aber gleichzeitig, nicht in ihre Schule zu gehen, weil es dann noch schlimmer für sie werden und die Lehrer einen noch weniger mögen würden. Auch Ester Limburg-Klaus unternahm vor zehn Jahren nichts, als sie von ihrer Tochter erfuhr, dass der Lehrer im Ethikunterricht sie aufgefordert hatte, den Hitlergruß zu zeigen. Dass sie Jüdin ist, wusste er, warum er das wollte, versteht die Mutter bis heute nicht.

Ich habe mit meiner Tochter darüber diskutiert und so argumentiert, dass die Menschen oft nicht wissen, wie sie mit jüdischen Menschen umgehen sollten. Wenn man uns begegnet, dann entweder überschwänglich freundlich oder abweisend. Ein normales Verhältnis gibt es selten. Das merkt man auch bei den Lehrern.

Viele nichtjüdische Jugendliche zeigen Empathie mit den Shoah-Opfern, im Alltag erzählen sie aber antisemitische Witze. Wie geht das zusammen? Ein Abiturient und Kreisschulsprecher aus dem hessischen Seeheim-Jugenheim erklärte das scheinbare Paradox einer Reporterin der Online-Lokalzeitung *Echo* so: «Meine Generation verlässt das KZ Dachau mit Tränen in den Augen. In der Erinnerung verstehen wir es. Aber die Parallelen zu heute verstehen viele nicht. Dass Schimpfworte ein Anfang sind.»[36] Antisemitismus beginnt nicht mit Gewalttaten, sondern viel früher, mit Vorurteilen, Beleidigungen, Witzen und Ausgrenzung. Mit den Geschichtskenntnissen sieht es jedoch auch nicht so rosig aus, wie der hessische Abiturient glaubt und allgemein angenommen wird. Erschreckend viele Gymnasialschüler, wie wir aus Erfahrung wissen, haben sehr lückenhafte Kenntnisse über die Shoah, halten Auschwitz-Birkenau für ein Lager für Behinderte, Kranke oder Alte, können mit dem Namen Babij Jar, dem Schauplatz des größten Einzelmassakers an Juden im Zweiten Weltkrieg, nichts anfangen, den Namen Adolf Eichmann hörte vielleicht ein Schüler von zehn. Sogar Jugendliche, die kurz vor dem Abitur stehen, sprechen im Zusammenhang mit den Nürnberger Rassengesetzen mit großer Selbstverständlichkeit von «Deutschen» und «Juden», ihren Lehrern fällt die Differenzkonstruktion oft selbst nicht auf. Sie verstehen nicht das Ausmaß der NS-Verbrechen und ihre Nachwirkung in die Gegenwart, betrachten die Nazi-Vergangenheit als Historie, als etwas, was mit ihrem Alltag nichts zu tun hat und längst vorbei ist. «In der Schule wird man damit konfrontiert, wie Antisemitismus damals funktioniert hat, und da kommt natürlich der schöne, demokratische Mythos, dass es das jetzt nicht mehr geben würde. Oder nur von den bösen Randfiguren komme», sagt der Kulturwissenschaftler Christian Weißgerber. Der Aussteiger aus der Neonazi-Szene ging auf ein

Gymnasium in Thüringen, war Klassensprecher und macht heute Präventionsarbeit an Schulen. «In Deutschland lernt man nicht tief genug über die Shoah», urteilt der Berliner Lehrer Ido Porat.

Ich habe eine Riesenkritik am deutschen Schulsystem. Als ich noch bei der Stiftung Topografie des Terrors Führungen machte, hatte ich Berliner Schüler dabei, die den Leistungskurs Geschichte belegten. Sie beschäftigten sich zwei Jahre mit dem Widerstand, der Weimarer Republik und mit der Nachkriegszeit. Holocaust war kein Thema. Es gibt in Deutschland kein Verständnis dafür, man lernt nicht, was das bedeutet. Es gibt keine Erklärung, wie es dazu gekommen ist, dass es hier schon früher ein jüdisches Leben gab, kommt auch nicht vor.

Auch die Jura-Studentin Anna, die wir in Köln trafen, sieht in der schulischen Aufklärung große Defizite: «In Deutschland meinen die meisten zu wissen, was in der Shoah geschehen ist, aber was sie wirklich bedeutet, verstehen sie nicht.» Das Problem beginnt mit der Ausbildung der Lehrer. Nicht einmal bei Studienfächern wie Geschichte, Politikwissenschaften oder Germanistik gehört das Thema Shoah zum Pflichtstoff, stellte 2018 eine Studie der Freien Universität Berlin im Auftrag der Jewish Claims Conference fest. Innerhalb von vier untersuchten Semestern bot jede fünfte deutsche Hochschule entweder nur eine oder gar keine Lehrveranstaltung zu den Jahren 1933 bis 1945 an, in gerade mal einem Drittel der Angebote wurde die Realgeschichte der Shoah thematisiert. In der Hochschullandschaft, kommentierte ein Wissenschaftler der Uni Gießen, sei die Shoah nur «ein Randthema».[37] Den katastrophalen Kenntnisstand bestätigt auch eine CNN-Umfrage von 2018, wonach 40 Prozent der befragten jungen Deutschen in der Altersklasse von 18 bis 34 nur «wenig» oder «gar nichts» über die Shoah wissen. Andererseits wünschten sich laut einer Studie der Bertelsmann-Stiftung 2014 acht von zehn Deutschen, die Geschichte der Judenverfolgung endlich hinter sich lassen, am stärksten war der Wunsch bei der jüngeren Generation ausgeprägt.[38] Betrachtet man die Ergebnisse der beiden Umfragen, lassen sie sich so zusammenfassen: Man will einen Schlussstrich ziehen, auch deshalb, weil man die Bedeutung der

Shoah für die Gegenwart nicht verstanden hat. Und natürlich spielt auch in der Berufsgruppe der Lehrer der allgemeine Wunsch eine Rolle, die Nazi-Vergangenheit endlich hinter sich zu lassen – nach dem Rezept der Leipziger Geschichtslehrerin: Springen wir doch gleich zur Gründung der Bundesrepublik.

Wenn nichtjüdische Schüler begreifen lernen, dass die Geschichte der Juden in Deutschland auch deutsche Geschichte ist, werden «die Juden» nicht mehr die Anderen sein, sondern als Teil des eigenen Volkes empfunden. So hat Salomon Korn, Überlebender des Ghettos Lublin und früherer Vizepräsident des Zentralrates der Juden in Deutschland, das Bildungsziel 2004 in einem *Spiegel*-Interview beschrieben.[39] Um das zu erreichen, müsste sich die Art der Geschichtsvermittlung ändern, meint Sarah Hiron, Leiterin der mobilen Outreach-Projekte im Jüdischen Museum in Berlin. Jugendliche recherchieren dabei eine Woche lang unter Anleitung von erfahrenen Bildungsreferenten die jüdische Geschichte und Gegenwart an ihrem Wohnort, auch Lehrkräfte machen bei dem Projekt mit.

In Geschichtsbüchern wird die Geschichte der Juden in Deutschland sehr reduziert dargestellt. Sie tauchen im Unterricht meistens erst 1933 auf, als Opfer, davor noch im Mittelalter, im Zusammenhang mit der angeblichen Brunnenvergiftung, dazwischen und danach nicht mehr. Man müsste viel tiefer gehen, den Schülern vermitteln, dass Juden eine Anwesenheit-Minderheit sind, die es hier schon seit Jahrhunderten gibt. Ihnen erklären, dass deutsch und jüdisch kein Gegensatz ist.

Vom Jahr 2011 bis 2015 untersuchte eine deutsch-israelische Kommission Schulbücher beider Länder. Die Wissenschaftler bemängelten, dass in der deutschen Darstellung der Shoah nach wie vor die Täterperspektive dominiere, die Formen der jüdischen Selbstbehauptung und der jüdische Widerstand kämen nicht vor. Julius H. Schoeps war an der Studie mitbeteiligt. Ähnlich wie Sarah Hiron kritisiert er, dass jüdische Geschichte immer als Opfergeschichte begriffen wird: «Das Problem ist: Diese Schulbücher haben eine Verweildauer von circa 30 Jahren. Da hat sich nicht viel geändert.» Bis heute werden Juden im Unterricht oft als Fremde dargestellt. Auch von Lehrkräften, wenn sie jüdische Schüler entgegen ihrem Willen in die Rolle von Repräsentanten für die Shoah oder das Judentum drängen. Die Betroffenen erleben das als ungeheuer belastend, weil sie zu Recht fürchten, für die restliche Schulzeit als «Andere» oder als «Opfer» zu gelten. Marina Chernivsky berät neben ihrer Forschungs- und Bildungsarbeit auch betroffene Schüler. Sie kennt solche Situationen aus ihren Erzählungen. Das Muster sei immer gleich, sagt die Psychologin:

Erstmal ist es dieser Bodensatz, dass Juden keine richtigen Deutschen seien. Die Art und Weise der Geschichtsvermittlung ist ebenso nicht unproblematisch – viele jüdische Eltern stehen vor dem Dilemma, wie sie ihre Kinder mit diesem Thema konfrontieren und wissen nicht, wie sie die Schule darauf ansprechen sollen. Entweder werden diese Bedarfe ausgelassen oder vor allen exponiert. Es gibt oft Situationen, dass Lehrkräfte vor der Klasse fragen: Na, und wie war das bei Euch? Kinder werden damit zum Infopoint stilisiert, ohne dazu ihr Einverständnis abgegeben zu haben.

Der Sohn von Chajm Guski wurde bei der Verteilung der Referate von seinem Lehrer aufgefordert, «den Holocaust zu machen». Zu Hause erzählte er das seinen Eltern. «Warum fragt der Lehrer nicht seine Eltern? Sie kennen sich bestimmt besser aus», kommentierte Chajm Guskis Frau Alla erbost. Ihr Sohn teilte dann dem Lehrer mit, dass er dafür nicht zur Verfügung stehe. Maxim Kolbasner sollte seiner Klasse wiederum das Judentum erklären. Der 26-jährige Dortmunder schüttelt den Kopf: «Ich war weder dazu ausgebildet, Vorträge zu halten, noch hatte ich damals das nötige Wissen.»

Die Erinnerung an den Zweiten Weltkrieg ist gespalten: in die offizielle und in die private Geschichtserzählung. Einer schonungslosen Auseinandersetzung mit der nationalsozialistischen Vergangenheit stehen auch exkulpierende familiäre Narrative im Wege, die der Sozialpsychologe Harald Welzer auf die Formel «Opa war kein Nazi» brachte.[40] Für ihre repräsentative Studie «MEMO Deutschland – Multidimensionaler Erinnerungsmonitor» befragten Forscher der Universität Bielefeld 2018 in Telefoninterviews 1000 Personen. Fast jeder fünfte meinte, dass seine Vorfahren während der Nazizeit Juden und anderen Verfolgten geholfen haben, jeder vierte behauptete, dass sie im Widerstand waren – in Wirklichkeit waren es weniger als 0,1 Prozent der Deutschen. Täter in der eigenen Familie vermuten hingegen nur 17,6 Prozent der Befragten. Auch Jugendliche deuten historische Fakten gerne so, dass sie ihre Großeltern und Urgroßeltern in positivem Licht erscheinen lassen. Das Geschichtsbild, das in der Schule und in der Familie vermittelt wird, klafft weit auseinander. Im Wunsch nach einer unbeschwerten deutschen Identität meinen viele: Das geht uns doch heute nichts mehr an. Die Sprache verrät es: «Es wird hier immer nur über ‹die Nazis› geredet, sie waren schlecht, nicht aber die Deutschen. Das ist ein Problem.», sagt Ido Porat. Kaum jemand in Deutschland kann über Antisemitismus und Juden aus einer neutralen Position heraus sprechen, betont Julia Bernstein in ihrer Studie, alle sind mehr oder weniger historisch und familienbiografisch mit der Vergangenheit verstrickt. Das wird meistens verdrängt. Marina Chernivsky findet es deshalb wichtig, sich in der politisch-historischen Bildungsarbeit auch mit der Nachgeschichte des Nationalsozialismus und dem emotionalen Erbe der Nachkommen zu beschäftigen, um so den abstrakten historischen Kontext mit eigenen Perspektiven und Familiennarrativen zu verbinden, sich aber auch auf die Erzählungen und Erfahrungen «anderer» einzulassen. Das betrifft sowohl Lehrer als auch Schüler:

Wir haben jetzt inzwischen eine zeitliche Distanz und die vierte Generation von Jugendlichen, die an die Geschichte herangeführt wird, ohne Bezug zu eigenen Familiennarrativen und kritischer Reflexion gesellschaftlicher Positionen wie die jahrelange Abwehr der Aufarbeitung. Die wenigsten können die Vergangenheit verstehen, wenn sie so abstrakt und weit von ihnen ist. Gleichwohl stehen diese Themen in den Familien wie ein unsichtbarer Elefant im Raum. Eigentlich müssen wir uns fragen, wie wollen wir ihnen die Geschichte näherbringen? Was haben wir Jahrzehnte lang ausgelassen? Die Deutschen von damals waren zum Teil ihre Vorfahren – was macht es mit ihnen, wenn das nicht thematisiert wird? Aber genau das wird nicht eingeleitet. Eine kritische Auseinandersetzung mit Geschichte, die heute nachwirkt, ist bedeutend, auch wenn dies nicht alle Probleme löst.

Der Krankheitsherd

Die Kenntnis der Geschichte immunisiert nicht gegen Antisemitismus, da muss man sich mehr mit dem gegenwärtigen Antisemitismus beschäftigen.

Antisemitismusprogramme sind nur Feuerlöscher

Sarah Hiron findet den Ansatz, sich mit der Täterschaft der eigenen Vorfahren auseinanderzusetzen, wichtig, bezweifelt aber, dass es im schulischen Kontext das Mittel erster Wahl ist, um Schüler für Antisemitismus zu sensibilisieren. Dafür seien die Familiengeschichten in einer Gesellschaft, in der heute jeder Vierte einen Migrationshintergrund hat, zu unterschiedlich, auch habe man im Unterricht zu wenig Zeit, um in die Tiefe zu gehen. Auch Christian Weißgerber sieht Probleme:

Nicht, dass es eine folgenlose Geschichtenerzählung wird: In meiner Familie gab es übelste Verbrecher, aber ich bin jetzt dadurch ganz cool, ein guter, liberaler Demokrat. Wenn Leute über ihre Familiengeschichte sprechen, heißt das nicht, dass sie dann nicht antisemitisch handeln. Erstmal sollte man lernen, was es heißt, sich NICHT antisemitisch zu verhalten, was es heißt, sich nicht rassistisch zu verhalten. Was es heißt, Menschen zu unterstützen, die Rassismus oder Antisemitismus erfahren haben. Dann kann man sich von mir aus auch der Geschichte der eigenen Familie zuwenden.

Historische Bildung ist zwar notwendige Voraussetzung für die Auseinandersetzung mit der NS-Geschichte, aber nicht das Allheilmittel für die Krankheit des Judenhasses. Namhafte Antisemitismusforscher wie Wolfgang Benz forderten einen «anständigen, faktenorientierten Unterricht» und beklagten, dass in Schulen viel zu viel emotionalisiert werde. Der frühere Leiter des Zentrums für Antisemitismusforschung an der TU Berlin erklärte 2007 in einem Interview auf der Webseite der Bundeszentrale für politische Bildung: «Moral und gehobener Zeigefinger und Verurteilung, das mag es mit zweifelhaftem Erfolg im Bereich des Persönlichen geben, aber Bildung, exakt und rational nachvollziehbare Erkenntnisse, sind das

Wichtigste.» Die Gedenkstättenpädagogik orientierte sich jahrelang an diesem Grundsatz, der emotionale Zugang wurde pauschal als «Betroffenheitspädagogik» – die es auch gab – abgetan. Dabei wurde übersehen, dass die Vorstellung einer Ratio unabhängig vom Gefühl ein Irrtum ist. Laut neuesten Forschungsergebnissen der Neurowissenschaften spielen Emotionen eine große Rolle für Wahrnehmen, Denken und Handeln – ohne Gefühl kein rationales Durchdringen der Welt. Die Trennung von Verstand und Gefühl war eine jahrhundertelang gültige Grundannahme des westlichen Denkens, die noch nachwirkt. Aber worin liegt noch die Ursache dieser Scheu vor Gefühlen? Warum ist der Begriff Moral in der Auseinandersetzung mit den deutschen Verbrechen so negativ konnotiert, warum wendet sich Pädagogik stets so heftig gegen ein «Moralisieren»? Vorgeblich, um die Schüler nicht von oben herab zu belehren und dadurch abzuschrecken, vielleicht aber auch deshalb, weil die Mehrheit der Deutschen vor der moralischen Katastrophe 1945 die Augen verschlossen hatte. Auch die Täter beriefen sich beim Massenmord an den Juden auf eine Legitimation – durch eine partikulare Moral, die nur für die eigene Volksgemeinschaft galt, wie Raphael Gross in seinem Buch «Anständig geblieben» analysiert hat.[41] Hitler, Himmler, Hess – ja, klar. Peinlich aber, dass die überwiegende Mehrheit der Deutschen in Nazideutschland diese partikulare Moral verinnerlicht hatte und sie bis in die Gegenwart hineinwirkt, etwa im Schuldabwehrantisemitismus zum Ausdruck kommt. Lernen über die Shoah sollte immer auch ein moralisches Lernen sein. Das Faktenwissen allein führt nicht automatisch zu Empathie und Selbstreflexion, stellt Rebecca Seidler aus den Erfahrungen ihrer jahrelangen Bildungsarbeit fest. Die Sozialpädagogin plädiert für einen emotionalen Zugang über individuelle Geschichten:

Wenn ich hier Schulklassen habe oder Multiplikatoren, versuche ich immer, ihnen ein Gefühl zu vermitteln: Wenn ich einen staatlichen oder einen christlichen Kindergarten besuche, gehe ich einfach rein und raus. Wenn aber meine Söhne den Kindergarten besuchen, gehen sie durch drei Türen mit Sicherheitsschlössern, überwacht von Kameras. Dann kommen sie in die staatliche Schule und stellen als erstes

fest: Wo sind die Kameras und die Einlasskontrollen? Das muss ich
ihnen erst erklären, dass es die nur in jüdischen Einrichtungen gibt.
Durch solche Geschichten versuche ich, Menschen mit in meinen All-
tag hineinzunehmen, ihnen zu zeigen: Das ist meine Realität und
die Realität meiner Kinder, die auch keine Lust haben, sich schon in
frühen Jahren mit Antisemitismus zu beschäftigen. Mensch, die sind
doch viel zu klein dafür!

Wir, Nichtjuden, müssen erkennen, dass wir fast alle antisemitische Ressentiments haben, auch wenn wir es nicht wahrnehmen
und es unbequem ist. Wir alle sind durch eine Gesellschaft geprägt,
in der antijüdische und rassistische Stereotype so tief verankert sind,
dass es manchmal schwerfällt, sie überhaupt zu erkennen. Wenn wir
ernsthaft gegen Antisemitismus und Rassismus vorgehen wollen,
müssen wir bei uns selbst anfangen, unser Denken, unsere Gefühle
auf Vorurteile hin befragen, über Bilder und familiäre Einflüsse, die
uns geprägt haben, nachdenken. Welche Vorstellungen hatten wir
von «den Juden», als wir 12, 13 oder 14 Jahre alt waren? Wie sprachen
unsere Eltern, Großeltern, Tanten und Onkel über sie? Welche Äußerungen und Witze fielen über Juden, Roma und Sinti, Schwarze,
Türken, Araber, Schwule in unserer Schulzeit, bei welchen haben
wir mitgelacht oder sie sogar weitererzählt? Welche Kinder- und
Jugendbücher haben wir gelesen, welche Lieblingsserien uns angesehen, wie stellten sie Minderheiten dar? Haben wir später immer
widersprochen, wenn diffamierende Äußerungen in Gesprächen fielen? Schweigen wir auch heute noch dazu um des lieben Friedens
willen? Auch wir müssen uns diese Fragen stellen, denn auch wir
sind nicht frei von Vorurteilen, und es fällt uns manchmal schwer,
uns das einzugestehen. Wir arbeiten daran.

Was Deutschland die Aufklärung über die Nazizeit wert ist, zeigt
sich schon daran, dass diese größtenteils außerhalb der Schulen und
Universitäten stattfindet – und dafür vergleichsweise wenig Geld
ausgegeben wird. Die gedenkstättenpädagogische, die historisch-politische Arbeit wird vielerorts von Freiberuflern in prekären Arbeits-
verhältnissen geleistet. Die Corona-Krise hat dieses strukturelle Pro-

blem deutlich gezeigt. Eine dauerhafte und gesicherte Finanzierung für Bildungsprojekte gegen Antisemitismus, Rassismus und Rechtsextremismus fehlt, die meisten sind nur befristet. Auch die vielen guten, freiwilligen Fortbildungsprogramme für Lehrkräfte sind nur ein Tropfen auf den heißen Stein. Der Umgang mit Antisemitismus und Rassismus sollte überall zu einer verbindlichen Aufgabe des Staates werden, fordert der Antisemitismusbeauftragte der Bundesregierung, Felix Klein. Doch weit gefehlt. Die politisch Verantwortlichen müssten Geld in Bildungseinrichtungen und Gedenkstätten investieren, bei jungen Leuten anfangen und Konzepte entwickeln, sagt Julius H. Schoeps, Direktor des Moses Mendelssohn Zentrums für europäisch-jüdische Studien. Aber können die vielen Programme gegen Antisemitismus gegen das Virus des Judenhasses helfen? Sarah Hiron zweifelt daran.

Auch wenn es konträr zu dem ist, was ich mache: Ich bin mir gar nicht sicher, ob man Schüler dadurch gegen Antisemitismus sensibilisiert, dass man mit ihnen die ganze Zeit über Antisemitismus spricht. Wenn man etwas wirklich umreißen möchte, muss man dort beginnen, wo sie die meiste Zeit verbringen, und das ist die Schule. Das ist aber ein Riesenprojekt, das strukturell angepackt werden muss, beginnend bei der Lehrerausbildung. Da hilft nicht ein Antisemitismusprogramm hier, eins dort…das sind nur Feuerlöscher.

Plädoyer für eine demokratische Schule

2019 veröffentlichte das Landesinstitut für Schule und Medien in Berlin-Brandenburg und das American Jewish Committee die Ergebnisse einer kleinen, aber sehr aufschlussreichen Umfrage an drei Berliner Schulen. Sie offenbarten einen gefährlichen Trend: Während Grundschüler meist noch nichts oder nur wenig über Juden wussten, hatten fast zwei von drei Schülern von 13 Jahren an bereits massive Vorurteile gegen Juden verinnerlicht. Was kann man dagegen tun? Wohlmeinende fordern, dass man in Schulen künftig mehr auf die positive, lange Geschichte der Juden in Deutschland eingehen müsse, das Judentum also nicht auf seine Verfolgung und die Shoah reduzieren sollte. Dieses Wissen soll eine vorbeugende Funktion gegen judenfeindliche Stereotype haben, so die Hoffnung. Meist wird dabei auf den «erheblichen Beitrag» jüdischer Bürger zu «deutscher» Kultur, Politik und Wirtschaft hingewiesen, man hört und liest Sätze wie, dass das Judentum «dazu gehöre», ganz so, als ob Juden gerade in das Land eingewandert wären und nicht schon seit 1700 Jahren hier sind. Zweifellos ist ein erweitertes Wissen über das jüdische Leben in Deutschland vor 1933 gut und wichtig, aber das allein löst nicht die Vorurteile auf, die tiefsitzende, jahrhundertealte Konstruktion der Juden als die «Anderen». Eine Aufklärung über die Leistungen und Qualitäten verfolgter Minderheiten würde nicht viel nutzen, analysierte Theodor Adorno, die Wurzeln des Judenhasses müsse man in den Verfolgern suchen, nicht in den Opfern. Die Geschichte des Antisemitismus müsste unterrichtet werden, damit man versteht, welche psychologische Funktion antijüdische Vorurteile für die nichtjüdische Mehrheit früher hatten und immer noch haben, wie die Struktur einer antisemitischen Argumentation aussieht, damit man sie durchschauen kann, bei sich selbst und bei anderen. Um dem Judenhass vorzubeugen, müsste man, so Adorno, schon in frühester Kindheit auf die Erziehung zu einem «starken Ich» setzen, eine Erziehung, die sich Werten wie Mündigkeit, Selbstreflexion, Erziehung zu Widerspruch und Widerstand verpflichtet fühlt. Sarah Hiron ist überzeugt: Wenn man dem Judenhass vorbeugen will, muss sich die Schulkultur insgesamt grundlegend ändern.

Wenn Schüler diskriminiert werden, muss die Schule sofort eingreifen, gleich, beim ersten Satz. Egal, ob bei ‹Du Jude› oder bei ‹Du Schokolade›, oder wenn ein muslimischer oder homosexueller Jugendlicher angegriffen wird. Bei jeder Form von Diskriminierung, denn wenn man sich nur dem Antisemitismus widmet, ist das kontraproduktiv. Also, du hast «du Jude» gesagt, da greife ich ein, bei allen anderen Sachen nicht, dann schlägt es wieder in eine andere Richtung. Das nutzt gar nichts. Dafür müssen auch Lehrer sich selbst und ihr Verhalten reflektieren. Nur ein liberaler Lehrer nutzt nichts, das muss

die ganze Schule durchdringen, von oben bis nach unten muss das ge-
lebt werden.

Es ist wieder laut geworden im Gemeindezentrum am Sankt-Jakobs-Platz in München. Nach dem Gespräch sitzen alle Mitglieder
des Jugendklubs Neshama, darunter Jugendliche, mit denen wir gesprochen haben, in einem großen Saal und warten auf das Essen. Sie
kichern, schlagen mit den Händen auf den Tisch und reden durcheinander, bei Daniel und zwei weiteren Jungs geht es um die bevorstehende Makkabiade in Budapest und Israel. Avital stimmt mit ein
paar anderen Mädchen ein spanisches Lied an, das sie gerade im
Sommercamp gelernt haben. «Dort haben sie es noch gehasst, weil
sie es jeden Morgen beim Aufstehen durch die Megaphone hören
mussten», sagt Alice und grinst, während sie mit Illya Teller mit Kar-
toffeltaschen, Brot, Salat und gegrilltem Gemüse auf die Tische
stellt. Ein Junge spricht davor das Gebet, auch danach wird gebetet,
diesmal «Birkat hamazon», das Gebet nach dem Essen. Den hebräischen Text lesen die Jugendlichen von den laminierten A4-Blättern
ab, zwei Mädchen neben uns scheinen damit noch Probleme zu haben. «Ich lerne es noch», erklärt eine von ihnen und lächelt schüchtern. Alice Kolosnichenko ist es wichtig, dass ihre Schützlinge lernen, ihr Jüdischsein positiv zu besetzen. Was die Kinder uns erzählt
haben, stimmt sie traurig. Für das Verhalten der Lehrkräfte, die für
Kinder ja eine Vorbildfunktion haben, hat die Jugendgruppenleite-
rin absolut kein Verständnis. Wie könne es sein, fragt sie wütend,
dass in Deutschland Polizisten geschult werden, damit sie Antisemitismus erkennen können, die Lehrkräfte aber nicht? Sie seien ja die
Wichtigsten, sie müssten sowas ja eigentlich erkennen. Aber die
19-Jährige weiß nur zu gut, dass das Verhältnis zwischen Nichtjuden
und Juden in Deutschland trotz aller gegenteiligen Beteuerungen
aus der Politik alles andere als normal ist. Manchmal reicht schon
eine Kleinigkeit, und die schöne Fassade bricht ein. Vor ein paar Jahren beschmutzte Alices Bruder ungewollt die neue Woolrich-Jacke
eines Mitschülers, beide gingen auf ein Münchner Gymnasium. Der
Junge rastete aus und bezeichnete ihren Bruder als «Drecksjuden»,
der sich «ficken solle», schrie, «schade, dass deine Eltern damals

nicht in die Gaskammer gekommen sind». Ihr Bruder beschwerte sich bei seiner Religionslehrerin. Der Vorfall endete «nicht gut» für den Angreifer, sagt Alice mit Genugtuung. Die Lehrerin war viermal in seiner Klasse und hielt bei jeder Jahrgangsstufe einen zweistündigen Unterricht über Judenrum und die Shoah. Das sei auch nötig, meint Alice. Verständnis, Solidarität und Unterstützung erfahren Juden und Jüdinnen nicht so oft, auch wenn es viele wohlmeinende Menschen gibt. Deshalb geht der Fokus in den jüdischen Gemeinden und Einrichtungen zunehmend nach innen, im Sinne des Selbst-Empowerments. Auch Rebecca Seidler setzt den Schwerpunkt ihrer Arbeit auf die Stärkung der eigenen Community, denn dafür gibt es, wie sie sagt, einen großen Bedarf, das macht für sie inzwischen am meisten Sinn. Durch verschiedene Selbstermächtigungsprogramme und Strategien lernen junge Jüdinnen und Juden, ihre Identität als etwas Positives zu betrachten und sich vor Anfeindungen zu schützen. «Wir sind miteinander stark verbunden», fasst Alice Kolosnichenko diese Entwicklung zusammen. «Auch als Schutz vor der Welt da draußen.»

Nazivergangenheit: Der Schock ist vorbei

Stellen Sie sich eine deutsche Stadt vor, deren Gehwege übersät sind mit Stolpersteinen, nahezu vor jeder Haustür sind sie in den Boden eingelassen – so viele Juden gab es doch gar nicht vor 1933, mögen Sie jetzt denken. Aber in die Stolpersteine wären auch nicht die Namen der Deportierten und Ermordeten eingraviert, sondern die Namen der nichtjüdischen Deutschen – der Zuschauer, Helfer, Profiteure und Mörder. Es wären unzählig viele Stolpersteine, und sie würden die Stadt in der Abendsonne wie Messing glänzen lassen. Aber nicht darum ging es Hanna Banders Freundin, die sich Stolpersteine für Täter statt Opfer wünschte, damit nichtjüdische Deutsche über ihre Vergangenheit stolpern und sie nicht vergessen. Julius H. Schoeps lacht, als wir ihm davon erzählen. «Da ist was dran. Das ist aber nicht durchsetzbar.» Er erzählt uns dazu eine Geschichte. Er wird immer zu Vorträgen am 9. November eingeladen. Das geht ungefähr so: Er kommt in das kleine Städtchen XY, hält dort seinen Vortrag, der Bürgermeister bittet ihn, sich in das Goldene Buch der Stadt einzutragen und sagt schließlich: Jetzt wollen wir Ihnen, Herr Schoeps, zeigen, was wir für eine schöne Ausstellung zusammengestellt haben. Treppe runter, dann sieht er schon von weitem die ganz interessante Ausstellung. Da ist auch eine Tafel ‹Arisierung› – die Namen der Opfer werden genannt, die der Täter aber sind geschwärzt. Das ist die Wirklichkeit, das liegt, so wird behauptet, an den Vorgaben des Datenschutzes. Aber darum geht es ja: Die Nutznießer jüdischen Eigentums mitsamt ihren Nachkommen können sich hinter dem Datenschutz verstecken. Die Mehrheitsgesellschaft will es so genau nicht wissen. Hanna Banders Freundin ist inzwischen nach Israel ausgewandert. Sie hatte die Nase voll. Etwas ist schief gelaufen mit der Erinnerungskultur in Deutschland, irgendwie passt das auf den ersten Blick nicht zusammen: überall Gedenken an die Opfer der Shoah, und gleichzeitig wiederkehrende Wellen von Antisemitismus. Aber das erscheint nur als Widerspruch, in Wirklichkeit gehört es zusammen. Über Erinnerungskultur – es muss gleich Kultur sein, Erinnerung reicht nicht – ist viel geschrieben worden, über ihren Wandel, ihre Zukunft, das Unbehagen daran. Letztlich läuft es doch auf die Frage hinaus, wie geht man damit um, wenn man einer Nation angehört, die im völkischen Größenwahn ganz Europa verheert und sechs Millionen Juden auf dem Gewissen hat? Darauf hat Reinhard Schramm, Vorsitzender der Jüdischen Landesgemeinde Thüringen in Erfurt, eine einfache Antwort: «Der Schock ist vorbei.» Die Israelin Aya Zarfati staunte nicht wenig, als sie im August 2010 nach Berlin kam. «Was habe ich gesehen, als ich hierherkam? Unfassbar viele Denkmäler. Man kann keine zwei Schritte gehen, ohne einem Stolperstein zu begegnen. Aber das ist nur Fassade, und genau die nimmt man, um zu sagen, wir haben uns auseinandergesetzt, und jetzt ist Schluss.» «Es ist fast ein bisschen Stolz darin, nicht? Ich empfinde das so», sagt Sarah Hiron. «Das Erinnern geht nicht tief genug, und zu sagen, die anderen sollen von Deutschland lernen, ist überheblich.» Sarah Hiron

Der Krankheitsherd

stammt aus Frankreich, und wenn sie das sagt, dann hört sie häufig sofort die Frage, wie denn die Franzosen so mit ihrer Vergangenheit umgehen würden, ob sie den Kolonialismus und den Algerienkrieg «aufgearbeitet» hätten? Der Wunsch nach Erlösung. Man habe ja nicht anders gekonnt, man habe sich doch in der NS-Zeit arrangieren müssen. «Das wird nivelliert. Und die Erinnerungskultur verdeckt das.» Dazu fällt uns Bundeskanzler Gerhard Schröder ein, der das Holocaust-Mahnmal in Berlin als einen Ort beschrieb, zu dem man gerne hingehe. Für Ido Porat ist die Erinnerungskultur in Deutschland leer, wie er sagt:

Statt der vielen Denkmäler für tote Juden sollte man zeigen, was in diesem Land los war, wie sah das Schulsystem aus, wie sind die Nationalsozialisten an die Macht gekommen, also nicht nur über die toten Juden sprechen, sondern auch über diejenigen, die sie umgebracht haben.
Die Gedenkfeiern sind aber doch wichtig?
Jede Zeremonie geht doch so: Es war schlimm, aber in Zukunft wird in Deutschland so etwas nicht mehr passieren. Man baut riesige Denkmäler, das ist schön und wichtig. Aber was ist mit der Gesellschaft, die die Verbrechen zugelassen hat? Wo sind die Deutschen, die das gemacht haben?

Ja, wo sind sie, die Väter, Großväter und Urgroßväter? Diejenigen unter ihnen, die in die Verbrechen verstrickt waren. Als die Wehrmachtsausstellung 1997 mit dem Mythos von der «sauberen Wehrmacht» aufräumte, wehrte der *Bayernkurier*, das Parteiorgan der CSU, das als einen «moralischen Vernichtungsfeldzug gegen das deutsche Volk» ab. Der Kommentator stellte die Ausstellung in eine Linie mit den «Strafmaßnahmen gegen Deutschland»; dazu zählte er auch die Nürnberger Prozesse.[42] Es waren nicht Deutsche, es waren Nazis, die sich der Verbrechen schuldig gemacht hatten, Fremde eigentlich, durch die der Name Deutschlands auch noch beschmutzt worden ist – so die «Lebenslüge der Deutschen», wie das der Journalist Herbert Riehl-Heyse 1998 nannte. Das schlug sich in der Sprache nieder: Die Täter waren «Nationalsozialisten», die die Verbrechen «im Namen des deutschen Volkes» verübt hatten. Als wären sie, wie der israelische Schriftsteller Amos Oz einmal schrieb, plötzlich aufgetaucht wie Außerirdische, während dieses deutsche Volk einen angenehmen Urlaub an der französischen Riviera verbrachte und keinerlei Ahnung davon hatte. «Die zweite Schuld oder Von der Last Deutscher zu sein» nannte Ralph Giordano das Schweigen über die Integration tausender Nazis in die demokratische Gesellschaft, die Leugnung der Beteiligung so vieler an den Verbrechen. Es schwiegen die Generationen, die für das «Dritte Reich» mit verantwortlich waren, und auch die Hitlerjugend-Jahrgänge. Sie waren besonders vom völkischen Antisemitismus geprägt. Im Stadtmuseum von Münster besuchen wir eine kleine, beeindruckende Wanderausstellung des NS-Dokumentationszentrums Köln über die Hitlerjugend, die 8,7 Millionen Mitglieder zählte, 98 Prozent der damaligen deutschen Jugendlichen. Sie lasen und diskutierten die ausgestellten bunten, heute altmodisch anmutenden Broschüren mit ihren Hetztiraden gegen Juden, haben den Judenhass in sich aufgesogen. Sie sangen Hetzlieder vor brennenden Synagogen, beschmierten die Schaufenster jüdischer Geschäfte, marschierten im Gleichschritt und wollten «Macht», wie einer von ihnen, Günther Roos, im Begleitkatalog schrieb.[43] Manche stellten sich dieser Vergangenheit, die meisten aber sprachen darüber nach 1945 nicht, auch nicht in den Familien. Andere wiederum schwelgen noch heute in Erinnerungen an diese «schönste Zeit in ihrem Leben». Bundeskanzler Helmut Kohl, Jahrgang 1930, entsorgte schon 1984 das Kapitel mit der Formulierung von der «Gnade der späten Geburt», ausgerechnet in seiner Rede in der israelischen Knesset. «Um den Kreis der Verantwortlichen klein zu halten, läuft die deutsche Geschichts- und Erinnerungspolitik seit nunmehr sieben Jahrzehnten darauf hinaus, den Massencharakter des Nationalsozialismus zu leugnen», kritisiert der Historiker Götz Aly.[44]

Die Israelin Aya Zarfati lächelt heute über ihre naiven Vorstellungen von Deutschland. 1997 hatte die damals 16-Jährige ihre erste Begegnung mit dem Land, bei einem Schüleraustausch in der Eifel. Sie war begeistert. Alles war grün, nicht gelb und braun wie in Israel. Das Land war groß, und die Sprache gefiel ihr. Für sie war es nicht die Sprache der Nazis, sondern die ihrer Großmutter, einer österreichischen Shoah-Überlebenden. Mit den Jahren hatte sie jedoch andere Begegnungen, die auf das schöne Bild der Erinnerungskultur einen Schatten werfen. Sie begleitete eine Besuchergruppe der CSU durch die Gedenkstätte Haus der Wannseekonferenz. Eine Teilnehmerin konnte nicht mehr an sich halten: «Warum immer diese Schuld, ich bin doch ein Kriegskind, ich hatte damit nichts zu tun!» Eine andere Begegnung: «Die Juden waren doch so reich», erklärte eine Besucherin, die mit einer Gruppe aus dem Wahlkreis einer Abgeordneten der Linken kam. Das hätten ihr ihre Eltern erzählt, sagte sie auf Nachfrage von Aya Zarfati. Oder der Schüler, der auf ihre Frage, was er denn von einem Besuch im Jüdischen Museum erwarte, antwortete: «Schuldgefühle». Eine sehr nette Dame, kurz vor der Rente, wollte mit einer Schulklasse einen Ausflug nach Berlin machen und das Haus der Wannsee-Konferenz besuchen – weil sie gerne etwas «Jüdisches» sehen würde. Aya Zarfati lacht bitter auf. Wie kann man den Ort, an dem die «Endlösung» beraten wurde, als etwas «Jüdisches» sehen! Sie sieht einen Bruch in der Erinnerung:

Zunächst waren es immer, oder fast immer, lokale Initiativen von engagierten Bürgern und Bürgerinnen, die für Mahnmale und KZ-Gedenkstätten kämpften, irgendwann hat dann der Staat das übernommen.

Ende der sechziger Jahre, nach den Auschwitz-Prozessen, brach die Studentenbewegung das Schweigen auf, um dann gleich selbst wieder den Blick vom Vernichtungsantisemitismus ihrer Vorfahren abzuwenden; erst 1979 rückte die US-Fernsehserie Holocaust mit Einschaltquoten von fast 40 Prozent das Menschheitsverbrechen ins Bewusstsein einer breiteren Öffentlichkeit. Damals entstand, was heute als Erinnerungskultur bezeichnet wird. Kurze Zeit nach der Ausstrahlung kippte der Bundestag mit einer knappen Mehrheit die

Verjährungsfrist für die Massenmorde in der Zeit des Nationalsozi-alismus. Die zivilgesellschaftlichen Gruppen, die häufig mit Überle-benden gegen das Vergessen standen, wurden bis in die neunziger Jahre hinein von der Politik abgewehrt. Erst im Jahr 1993 besuchte ein bayerischer Ministerpräsident die Gedenkfeier in der KZ-Ge-denkstätte Dachau, die von Überlebenden erkämpft worden war, Jahrzehnte nachdem ein Landrat seiner Partei das Krematorium ab-reißen lassen wollte, ein Dachauer Kommunalpolitiker seiner Partei im Bierzelt über den Bau eines Internationalen Jugendgästehauses abstimmen ließ und die bierselige Menge zum Kampf «bis auf den letzten Blutstropfen» aufwiegelte.

Inzwischen hat ein Umdenken eingesetzt. Die Verstaatlichung des Gedenkens und Erinnerns, das heute im Ausland als vorbildlich gilt, hatte einen besonderen Grund: «Ja, wir gelten als Weltmeister der Erinnerung, und das ist ein Problem. Tatsächlich kann man erst ab 1995 von einer seriösen KZ-Forschung sprechen. Und die Täter-forschung hat noch mal eine Verspätung von fünf bis zehn Jahren. Der Paradigmenwechsel der Gedenkstätten hin zu modernen zeit-historischen Museen ist ein Produkt der deutschen Einheit. Das Misstrauen gegenüber der Normalisierung Deutschlands war nur zu beseitigen, wenn es auf Dauer eine kritische Erinnerungskultur gibt, das hat Helmut Kohl als erster erkannt. Nur so konnte Deutschland zurückfinden in den Kreis der Nationen. Es war ja auch erfolgreich. Und jetzt stellt sich der Erinnerungsstolz ein», fasst der Historiker Günter Morsch, Leiter der KZ-Gedenkstätte Sachsenhausen von 1993 bis 2018, die Entwicklung in einem Interview im *Spiegel* vom 7. Mai 2018 zusammen. Der Vorhang hob sich zum bisher letzten Akt des deutschen Erinnerungsdramas. Wissenschaftler, Publizisten, Initiativen, einzelne Politiker, früher oft belächelt, häufiger noch an-gefeindet, stellen sich dem Versuch entgegen, das Geschichtsbild des vereinigten Deutschlands neu zu verhandeln. «Lieber mehr denken als gedenken», lief als geflügeltes Wort um. Es ist kein weiter Schritt von dem gleichsetzenden Gerede über «die beiden Diktaturen» zu der Aussage von Rechtspopulisten, die die Shoah als «Vogelschiss» wegkehren wollen. Auf den Bühnen der Gedenkveranstaltungen stehen heute Abgeordnete, Staatssekretäre, Minister und bekunden in steifer Haltung, doch auch selbstzufrieden, ihre Betroffenheit. Und hinter der «Erinnerungsfassade», wie Aya Zarfati das nennt, flammt immer wieder der Antisemitismus auf. Die Rede des Bundespräsidenten Richard von Weizsäcker am 8. Mai 1985 – nach dem empörenden Besuch von Bundeskanzler Kohl und dem US-Präsidenten Ronald Reagan von SS-Gräbern in Bitburg – wird als Wendepunkt in der deutschen Erinnerungspolitik angesehen. Weizsäcker sprach vom 8. Mai 1945 als einem «Tag der Befreiung» und schloss die ganze Nation darin ein. Befreiung war es aber für die Länder unter dem Joch Nazideutschlands und die noch lebenden Naziverfolgten. Für die Mehrheit der Deutschen war es der Tag der Niederlage, das Ende ihres antisemitischen und Völker versklavenden Vernichtungskrieges. Vergessen verlängert das Exil, das Geheimnis der Erlösung heißt Erinnerung, sagte Richard von Weizsäcker. Den Satz, der in der israelischen Gedenkstätte Yad Vashem verewigt ist, entlieh er sich ausgerechnet von dem jüdischen Gelehrten Baal Shem Tov. Die Aussage gefiel, zwar nicht allen, aber den helleren Köpfen der politischen Elite schon. Nicht die Leugnung ist der Weg, sondern das Erinnern führt zur Erlösung von der Last der Geschichte.

Heute ist überall Gedenken, Trauerarbeit, Erinnerungsarbeit – und das, wenn auch meistens etwas knauserig, staatlich finanziert. Nur einen Schönheitsfehler hat die Sache. Jüdisches Erinnern wurde schon seit langem für eine Symbolpolitik vereinnahmt, der es eigentlich um die nationale Identität geht. «Es scheint, dass die Deutschen uns Auschwitz nie verzeihen werden. Das ist ihre Krankheit, und sie verlangen verzweifelt nach Heilung. Aber sie wollen sie leicht und schmerzlos. Sie lehnen es ab, sich unters Messer zu legen, das heißt: sich der Vergangenheit und ihrem Anteil daran zu stellen.» So sah es die deutsch-jüdische Publizistin Hilde Walter, die 1933 vor den Nazis nach Frankreich geflüchtet und 1952 nach Berlin zurückgekehrt war.[45] In einer regelrechten «Gedenk-Epidemie», so der Soziologe Y. Michal Bodemann, wurde das Erinnern zum Vergessen. Er hat den Begriff des «Gedächtnistheaters» geprägt, «für das Juden gebraucht (werden) – die toten und die lebendigen Körper von Juden». In seiner Analyse schreibt Bodemann: «Sie werden zu Akteuren im jährlichen Bußritual, zu Zeugen gegenüber der internationalen Öffentlichkeit, und sie werden schließlich gebraucht, damit Deutsche in jüdische Schuhe schlüpfen und sich mit ihrer Schuld befassen können.»[46] In dieser Erinnerungskultur finden sich unsere Gesprächspartner nicht wieder, können sie auch nicht, weil sie gar nicht gemeint sind, steht doch über allem «die Wiedergutwerdung der Deutschen», wie der Publizist und Historiker Eike Geisel das ironisch formulierte. «Das Trauern haben die Nichtjuden übernommen. Aber in einer ritualisierten Form», sagt Julius H. Schoeps. Trauern wir, Nichtjuden, dann eher um uns selbst als um die jüdischen Opfer? «Ja», sagt er.

Nicht wenige unserer Interviewpartner sprechen in diesem Zusammenhang von Kranzabwurfzeremonien, ritualisierter Erinnerung, die dann im Alltag schnell wieder verblasst. Das wirkliche Gedenken findet in den jüdischen Gemeinden statt. Die Trauer um die ermordeten Familienmitglieder, Vorfahren können Nichtjuden nicht einmal annähernd fassen. Welches nichtjüdische Kind würde etwa seine Mutter danach fragen, was denn ein Großvater sei, von dem ein anderes Kind im Kindergarten erzählt habe? Es ist doch – aus nichtjüdischer Sicht – schon fast gut gewesen. Jetzt, da man doch wieder wer sein möchte. Jetzt kommt der Antisemitismus zum Vorschein, und dann sollen die Migrantinnen und Migranten schuld daran sein, so empfinden es viele unserer Gesprächspartner. «Sagen wir mal so: Es ist eine innere Abwehr. Man will den Schlussstrich ziehen. Einzelne Politiker machen eine gute Arbeit, gar keine Frage», meint Julius H. Schoeps. Viel ist geschehen, Institute sind gegründet, Studiengänge eingerichtet worden. «Aber wie wir alle wissen, der Aufklärung sind Grenzen gesetzt.» Die politisch Verantwortlichen müssten sehr viel mehr Geld als bisher in Bildungseinrichtungen und Gedenkstätten investieren. Es ist notwendig, bei jungen Menschen mit der Aufklärungsarbeit anzufangen und pädagogische Konzepte zu entwickeln, sagt Julius H. Schoeps.

Doch: Wie Umfragen belegen, ist die Sehnsucht nach dem Schlussstrich weit verbreitet, und gleichzeitig trägt die AfD ihre Forderung nach einer 180-Grad-Wende des nationalen Geschichtsbildes in die Parlamente hinein. Das hält nicht nur Julius H. Schoeps für eine gefährliche Entwicklung. Deshalb will der Shoah-Überlebende Abba Naor, Vizepräsident des Comité International de Dachau, die offizielle Gedenkpolitik, die gegen den Geschichtsrevisionismus der Rechten steht, unterstützen, auch wenn er sich gelegentlich über seine Rolle lustig macht: «Sie brauchen wieder einen jüdischen Statisten.» Marina Chernivsky betrachtet, wie sie sagt, die deutsche Erinnerungskultur zwiespältig.

Der Konsens ist brüchig geworden; die Formen sind weiterhin routiniert. Da müssen auch Juden aus der ihnen zugewiesenen Rolle raus – sie dürfen mitbestimmen, wie in dieser Gesellschaft erinnert und gedacht wird. Es darf nicht zu einer leeren Hülse verkommen, das Putzen der Stolpersteine in unmittelbarer Gleichzeitigkeit mit antisemitischen Vorfällen im eigenen Umfeld. Das Sprechen über Antisemitismus der Gegenwart muss andere Formen annehmen – ein kritischer Blick auf gesellschaftliche Strukturen, die Antisemitismus aufrechterhalten, darf die Perspektiven von Jüdinnen und Juden und die Effekte von Antisemitismus nicht länger auslassen. Es wäre wünschenswert, ein zeitgemäßes Erinnern zu entwickeln, welches Juden nicht als Opfer, sondern als politische Subjekte denkt und einbezieht.

Geht es aber ums Geld, dann fällt im Gedächtnistheater der Vorhang, blättert die schöne Erinnerungsfassade ab. Julius H. Schoeps beschäftigt sich seit Jahren mit der Restitution geraubten jüdischen Eigentums. In der FAZ erschien 2007 der Artikel eines bekannten Auktionshausinhabers in Berlin. Überschrift: «Sie sagen Holocaust und meinen Geld.» Der Satz schockierte sogar Julius H. Schoeps, der nun wirklich keinerlei Illusionen über das deutsch-jüdische Verhältnis hegt. Ende der neunziger Jahre recherchierte er über die Bankvermögen deportierter oder geflüchteter deutscher Juden. Es gab eine halbe Million Juden in Deutschland, 100 000 von ihnen, über den Daumen gepeilt, hatten ein Bankkonto, auf jedem, sagen wir mal, 10 000 Reichsmark. «Rechnen Sie das mal hoch, es geht um Milliarden.» Die offizielle Version: Die Konten wurden in der Nazizeit von den jeweiligen Oberfinanzpräsidenten eingezogen, das Geld ging an den Staat. «Stimmt aber nicht. Bis in die siebziger, achtziger Jahre ist nachgewiesen worden, dass viele herrenlose Konten existierten.» Julius H. Schoeps sprach mit befreundeten Redakteuren eines Nachrichtenmagazins. Wunderbar, sagten sie, gute Geschichte. Was passierte dann? «Nach einigen Tagen bekam ich einen Anruf des zuständigen Redakteurs, der mir sagte, sie könnten das nicht machen. Sie wissen ja, wir schreiben entlang der Anzeigen. Dann haben wir ein Problem, die Banken und ihre Anzeigen …» Der Historiker lacht und erzählt noch ein anderes Beispiel. Ein Doktorand in seinem Institut wollte über die «Arisierung» in Düsseldorf arbeiten. Er schrieb darüber in der *Rheinischen Post*. Am nächsten Tag erhielt er bereits anonyme Drohanrufe. Die Doktorarbeit ist nicht zu einem Ende gebracht worden.

Da ging es ums Eingemachte?

Ja, klar. Da rührt man sofort an den Kern der Dinge.

Viele würden diese Weigerung aber nicht als Ausdruck von Antisemitismus sehen.

Was ist das sonst? Es muss doch langsam ein Schlussstrich her hinter das, was zwischen 1933 und 1945 geschah.

Was müsste Kulturstaatsministerin Monika Grütters machen?

Ein Restitutionsgesetz! Aber die Politiker wehren sich dagegen mit Händen und Füßen. Da spielt auch noch das föderale Prinzip rein, jedes Bundesland hat seine eigenen Interessen. Es gab sogar schon einen Referentenentwurf im Bundesjustizministerium, der aber nie in den Bundestag kam. Wie geraunt wird, fürchtete man, dass unkalkulierbare Kosten auf die Bundesrepublik zukommen würden.

Ich finde es ausgesprochen peinlich, wie das vereinte Deutschland mit Restitutionsfragen umgeht. Die Bundesrepublik tut sich nach wie vor schwer, Raubkunst zu restituieren, obgleich das Land Mitunterzeichner der Washingtoner Erklärung von 1998 war. Leider hat diese Erklärung nur den Charakter eines moralischen Appells, so dass man sich hinter fadenscheinigen Begründungen zurückziehen kann, wenn es darum geht, ein Bild oder einen anderen Kunstgegenstand an Erben einst Verfolgter herauszugeben.

Wie müsste man damit umgehen?
*In Österreich wird Raubkunst, falls keine Erben mehr da sind, zur
Versteigerung gegeben und der Erlös dann an eine jüdische Institu-
tion weitergeleitet. Das ist eine korrekte Verfahrensweise.*

Aber das sieht man in Deutschland nicht so. Auch in Maries nicht-
jüdischem, akademischem Freundeskreis ist die Sprache einmal auf
die Rückgabe von geraubtem Eigentum gekommen, und da lernte
sie einige ihrer Freunde so richtig kennen. «Ah, jetzt versuchen sie
noch, Geld daraus zu machen», sagt eine bei einem Glas Wein, weil
die Erben ein rückerstattetes Gemälde – in der Presse wurde darüber
berichtet – ins Ausland verkauft hatten. Derlei Kommentare zeigen,
wie unter der Oberfläche antisemitische Vorurteile wabern, gerade
bei Menschen, die Auschwitz natürlich furchtbar finden und selbst
nie körperliche Gewalt gegen Juden anwenden würden. Für die
rechtmäßigen Erben sind solche zynischen Bemerkungen der Nachkommen der Täter tief verletzend. Eine deutsche Spezialität ist der
sogenannte gutgläubige Erwerb, in den USA bleibt gestohlenes Geld
oder geraubtes Sacheigentum gestohlen. Hierzulande haben sich
Museen oder Privatpersonen nach 30 Jahren das Eigentum ersessen,
wie es im Juristenjargon heißt, auch wenn es erwiesenermaßen ge-
raubt worden ist.

«Es ist nicht weniger als die größte Lebenslüge der Bundesrepublik: der Glaube an eine tatsächliche Aufarbeitung der Vergangenheit», schreibt der Antisemitismusforscher Samuel Salzborn.[47] In einem Essay zeichnet der Wissenschaftler die Entwicklungslinien im
Umgang mit den deutschen Verbrechen nach – und kommt unter
anderem zu dem Ergebnis, dass zwar eine «kleine linksliberale Elite
in Öffentlichkeit und Politik» eine selbstreflexive Annäherung gesucht hat; das – wie auch die intensive geschichtswissenschaftliche
Forschung zum Nationalsozialismus – darf aber nicht darüber hin-
wegtäuschen, dass «es so gut wie keinen Widerhall in der deutschen
Gesellschaft gibt – und wenn, dann lediglich…in Form von Erinnerungsabwehr …» Doch auch die historische Forschung war oft genug von unreflektierten Motiven der Schuldabwehr geleitet, wie das

im Falle der Goldhagen-Debatte («Hitlers willige Vollstrecker») sichtbar wurde. Oder im Historikerstreit 1986, als Ernst Nolte, verkürzt gesagt, den Massenmord an den Juden als eine Folge der stalinistischen Verbrechen erklärte, als eine «überschießende Reaktion» auf den Klassenmord durch die Bolschewisten. Im Grunde, sagt Julius H. Schoeps, ist das alles einfach zu erklären: Es ging und geht um den Schlussstrich. Es muss endlich ein Ende haben, mit den Selbstbeschuldigungen.

Denn irgendwie muss sie weg, die Erinnerung an die Leichenberge. Hätte es auch anders laufen können? Dann hätten die Kinder der Täter und die Generationen der Enkel sich ihren Gefühlserbschaften, wie Sigmund Freund das nannte, stellen müssen. Das geschah aber nicht. In den Familien wurde zumeist geschwiegen. Erzählt wurde, wenn überhaupt, vom Krieg und sich selbst als Opfer. Nur wenige schafften es, das Schweigegebot aufzubrechen und sich gegen Eltern oder Großeltern zu stellen. Auch als Dow Aviv 1978 als 23-Jähriger von Israel nach Deutschland kam, stieß er auf Schweigen, wenn er über die Vergangenheit reden wollte.

Wenn ich meine Kommilitonen fragte, die etwas jünger waren als ich, dann traten die erst einmal einen Schritt zurück, und irgendwie kam es nie zu einem Gespräch. Ich habe dann keine Frage mehr nach der Familie gestellt, man konnte über das Thema nicht reden, und noch heute gibt es welche, die so reagieren.

Das Schweigen verbirgt Monströses. Die Familiennarrative, die sich um die Abwehr der Schuld drehen, klaffen mit der staatlich verordneten Erinnerung auseinander. Die Enkel der Tätergeneration sehen die Schuld auf einer überpersönlichen Ebene, können sie aber nicht mit ihren Famlien verbinden. Die Angst, die Wut, die berauschenden Gefühle des nationalen Größenwahns der «Volksgemeinschaft» sperrten Täter, Mitläufer und Zuschauer in eine Krypta ein. In diesem Schatten wuchsen Kinder und Kinderkinder heran, ihr Selbstbild, ihre Wahrnehmung der Welt stehen unter dem Einfluss des unbewusst tradierten völkisch-rassistischen Denkens und Empfindens. Das wird besonders deutlich bei rechtsextremen Jugendlichen der dritten Generation, die im antisemitischen Feindbild gegen die vorgeblich konstruierte Schuld der Deutschen wüten. Wie jene Neonazis in Berlin, die auf ihre Transparente den Spruch geschrieben haben: «Wir bereuen nichts.»

Aus der Krypta bricht die Vergangenheit hervor, wird, genau besehen, zur Gegenwart. Für die Überlebenden der Shoah und ihre Nachkommen ist sie es ohnehin geblieben.

Deshalb brennt Ruben Gerczikow für ein Ziel: «Es darf kein judenfreies Europa geben!» Das wiederholt er im Gespräch mehrmals, das Nazi-Wort «judenfrei» verwendet er bewusst – dieses Ziel, so sagt er, motiviert ihn. Wir sprechen ihn nochmal auf den Begriff «neuer Antisemitismus» an, den er ablehnt.

All das, was heute so deklariert wird, ist genau derselbe Antisemitismus, den ich schon in meiner Schulzeit in Frankfurt erfahren habe. Und es ist der Antisemitismus, den mein Vater in der Nachkriegszeit erlebt hat. Es sind vielleicht neue Phänomene, aber dahinter wirken immer noch dieselben Stereotypen und Aussagen. Zuerst müsste man verstehen, was Antisemitismus ist, das wissen viele nicht. Er kann sich auch gegen nichtjüdische Menschen und Organisationen richten. Es gibt die eindeutige IHRA-Definition, die aber rechtlich bindend sein müsste. Lehrkräfte, Juristen und Juristinnen müssen Antisemitismus erkennen können. Damit nicht wieder ein Übergriff wie der Brandanschlag auf die Synagoge in Wuppertal als ‹Israelkritik› gesehen wird. Das ist das Abstruseste, was ich je gehört habe, und sendet falsche Signale an die Bevölkerung.

Das Vertrauen schwindet zusehends. Das liegt nicht nur an solchen skandalösen Gerichtsurteilen, an den Beschwichtigungsformeln der Politik, denen keine Taten folgen, an der Ablehnung, die Juden heute noch erfahren. Juna Grossmann enttäuscht noch etwas anderes:

Mir macht es wirklich Sorgen, weshalb ich zum Teil auch resigniere, wenn ich sehe, dass die Leute Angst haben zu widersprechen, wenn sie etwas Antisemitisches sehen oder hören. Meistens finden ja solche Gespräche im Familienkreis statt, und die Leute widersprechen nicht. Wenn sie aber jetzt schon Angst haben, dagegen aufzustehen, einen

Tweet zu retweeten, weil sie dann in die Schusslinie der Rechten ge-
raten könnten, dann denke ich mir: Verdammt, das ist nur Twitter,
die stehen nicht bei Dir vor der Tür! Wenn sich alle fürchten, dann
frage ich mich, wo soll das hinführen?

In Deutschland trauen sich heute drei Viertel der Juden nicht, ihre Religionszugehörigkeit offen zu zeigen. In Frankreich machen viele Juden aus Angst Alija, wie man auf Hebräisch die Rückkehr in die historische Heimat nennt. Auch für einige unserer Gesprächspartner ist die Auswanderung eine Option. Ruben Gerczikow hat Verständnis für Familien, die um ihre Kinder fürchten. Er meint aber, dass Juden Alija aufgrund ihrer Liebe zu Israel oder aus religiösen Motiven machen sollten, aber doch niemals aus Angst. Aber die Zahl derer, die in Deutschland und Europa keine Zukunft mehr sehen, wächst. Viele seiner Freunde sind bereits nach Israel gegangen, auch deshalb, weil sie sich dort nicht ständig erklären müssen, erzählt uns Ruben:

Auch als Staatsbürger dieses Landes gehört man nicht zur ‹normalen
Gesellschaft›. Das ist kräfteraubend. Egal, was man tut, ob man in
einem Verein, einer Hilfsorganisation oder in der Politik tätig ist,
man ist ein Außenseiter oder eine Außenseiterin. In Amerika schaut
dich niemand komisch an, wenn du mit Kippa oder Davidstern her-
umläufst. Diese Normalität haben wir in Europa nicht. Ich trage
meine Davidkette oft auch über dem T-Shirt, und man schaut mich
irritiert an, wirft mir negative oder fragende Blicke zu.

Seine Erfahrungen mit Antisemitismus machen ihn, wie Ruben sagt, stärker. Er will nicht gehen – Deutsch ist seine Muttersprache, dieses Land sein Zuhause. Der Vizepräsident der Europäischen Jüdischen Studierendenunion und der Jüdischen Studierendenunion Deutschlands setzt seine Hoffnung auf den Dialog. Mit der ersten Jüdischen Campuswoche deutschlandweit, die seine Studentengruppe veranstaltete, wollte er Nichtjuden einen Zugang zum lebendigen Judentum ermöglichen. Ruben wünscht sich eine Bildungspolitik, die Vorurteile abarbeitet, die «Rückeroberung der Sprache», dass das Wort «Jude» nicht als Schimpfwort auf Schulhöfen gerufen wird. Deshalb will er sich auf die junge Generation konzentrieren.

Der Krankheitsherd

«Ich glaube nicht, dass ein Kind als Antisemit oder Antisemitin auf die Welt kommt. Das kommt durch die Erziehung.» Ein Kommilitone fragte ihn einmal, ob er freitags in die Moschee gehe. Das ist kein Grund für Spott. Es fehlt an Wissen.

Judentum ist nicht nur Trauer, sondern auch Lust am Leben. Barmherzigkeit. Freude. Egal, wie religiös man ist, dass man Freitagabends nicht alleine ist, egal, wo ich in der Welt bin, dass ich diese Verbindung habe. Das will ich meinen nichtjüdischen Freundinnen und Freunden weitergeben, deshalb lade ich sie zum Shabbat und zu jüdischen Feiertagen ein.

Du bist also optimistisch?

Ruben schmunzelt:

Ja...ähm...deshalb habe ich gerade geschmunzelt. Ich arbeite daran, dass es nie ein judenfreies Europa geben wird. Diese Vision hatte schon einmal jemand, und ich möchte nicht, dass sie noch wahr wird. Es könnte mal ein Zeitpunkt erreicht sein, der Antisemitismus so schlimm sein...Aber ich bin ein Optimist, also sage ich, ich lasse es nicht so weit kommen.

In Wien, wo er früher studierte, gibt es im Unterschied zu Deutschland ein vitales jüdisches Leben, erzählt er uns. In den meisten Gegenden der Stadt kann man mit einer Kippa oder mit jüdischen Symbolen auf die Straße gehen, während in einigen deutschen Großstädten das gefährlich werden kann. In Wien konzentriert sich das jüdische Leben des Landes, die Stadt hat auch eine ganz andere Infrastruktur. Davon erzählte uns auch Idos Frau, Birgit Maurer, die aus Wien stammt. Nach der Zuwanderung aus der ehemaligen Sowjetunion leben heute in Österreich 8000 bis 15000 Juden, die allermeisten in der Hauptstadt. Etwa drei Prozent der Bewohner des zweiten Wiener Gemeindebezirks sind jüdischen Glaubens. Das stärkt das jüdische Selbstbewusstsein. Jüdische Männer und Frauen, ultraorthodoxe, konservativ moderne und modern orthodoxe, gehören zum Straßenbild. An den Türen sind Mesusot befestigt, die vielen Davidsterne fallen fast nicht mehr auf. Nun ist es nicht so, dass es in Wien keinen Antisemitismus mehr gäbe. «Es sind eher Hunde, die laut bellen, aber nicht beißen», sagte Birgit Maurer. Das geht viel mehr über die Sprache, am Stammtisch, bei vielen FPÖ-Politikern, in den Burschenschaften ist rechtsextremes und antisemitisches Gedankengut tief verankert. Die Empörung darüber hält sich in Grenzen, und wie in Deutschland werden Übergriffe als Einzelfälle abgetan. Österreich hat sich nach Kriegsende als erstes Opfer des Hitlerregimes dargestellt. Dieser Mythos prägte jahrzehntelang die Erinnerungskultur. Jetzt aber bröckelt er.

Rubens Erzählungen wecken unser Interesse. Wir gehen noch gemeinsam zur Metrostation, dann verschwindet er in der Menge.

Ein Abstecher nach Wien:
«Eigentlich haben wir wenig erreicht»

Am Ende der schmalen Gasse stehen zwei Polizisten, ein Wachmann kontrolliert unseren Rucksack. In einem Vorzimmer warten wir auf Oskar Deutsch. Der 56-Jährige ist der Präsident der Israelitischen Kultusgemeinde Wien. Ein kleiner Junge mit Tzitzit und Kippa spielt mit dem Kopierer. Er und seine Eltern lebten im bayerischen Weiden und sind gerade nach Wien umgezogen. Für strenggläubige Juden ist es hier unvergleichlich besser. In der Leopoldstadt finden sich acht aschkenasische und drei sephardische Synagogen und Bethäuser, sieben jüdische Bildungseinrichtungen, vier, fünf Jugendklubs, koschere Supermärkte und Restaurants. Oskar Deutsch kommt und beugt sich, hochgewachsen wie er ist, tief zu dem Jungen herab. Er gibt ihm einen Stundenplan für die Schule. Der Kleine strahlt über das ganze Gesicht.

Im Grunde kämpfen die österreichischen Juden mit den gleichen Problemen wie die deutschen. Eine Studie im Auftrag des Parlaments ergab im Jahr 2019 zehn Prozent manifeste und 30 Prozent latente antisemitische Einstellungen in der Bevölkerung. Aber diese Arithmetik bereitet Oskar Deutsch Kopfzerbrechen. «Können Sie mir den Unterschied zwischen Antisemitismus und latentem Antisemitismus erklären?» Da ist keiner. «Eben», sagt er. Allerdings hält er die Umfrageergebnisse für zu hoch gegriffen – das wären insgesamt

40 Prozent einer Gesamtbevölkerung von neun Millionen Menschen. «Das ist Wahnsinn.» Die Studie erfasst auch Aussagen über antisemitische Einstellungen muslimischer Österreicher. Auch diese Ergebnisse erscheinen dem jungen IKG-Vorstandsmitglied Erich Nuler, der an dem Gespräch teilnimmt, eher zweifelhaft. «Das Problem ist, dass man immer auf den anderen schaut. Der ist der Schlimmste.» Die vielen Geflüchteten kamen vor zwei, drei Jahren. Der Antisemitismus ist aber schon davor angestiegen. «Ich wehre mich dagegen», sagt Oskar Deutsch, «es immer nur einer Gruppe zuzuschieben.» Vor allem hat Österreich die rechtspopulistische FPÖ, den großen Bruder und das Vorbild der deutschen AfD. Die Partei war nach ihrer Gründung ein Sammelbecken ehemaliger Nazis, antisemitische und rechtsextreme Denkstrukturen wirken dort bis heute fort. In Erinnerung bleibt der skandalöse Auftritt ihres damaligen Obmanns Heinz-Christian Strache, der 2010 die Gedenkstätte Yad Vashem besuchte und dabei – als quasi augenzwinkerndes Signal für sein völkisch-antisemitisches Wahlvolk – eine Burschenschafts-Kappe trug. 2018, ein Jahr nach dem Zustandekommen der türkis-blauen Regierungskoalition aus ÖVP und FPÖ mit Strache als Vizekanzler, hatte *Der Standard* Bilanz gezogen: Von 50 sogenannten Einzelfällen rassistischer, antisemitischer und neonazistischer Umtriebe in den Parteien waren 46 der FPÖ zuzuordnen, zwei der SPÖ und jeweils einer der ÖVP und den Grünen. Auch wenn die FPÖ inzwischen über die «Ibiza-Affäre» gestolpert und aus der Regierung ausgeschieden ist, erreichen die Freiheitlichen trotz starker Einbußen in Umfragen zweistellige Werte.

Auch wenn sich die politische Lage in Österreich zwischenzeitlich gebessert hat, die Entwicklung bereitet Oskar Deutsch Sorgen. Da ist nichts mehr mit dem «Wehret den Anfängen», wie das in Deutschland Politiker noch herunterbeten. Das merkt er auch an den Hass-E-Mails. Früher waren sie anonym, heute unterschreiben die Absender mit Namen und Adresse. Oskar Deutsch liest sie nicht mehr. Manchmal wird ihm davon erzählt, das reicht, um ihn zu deprimieren. Die Wiener Gemeinde gibt 23 Prozent ihres Budgets für die Sicherheit aus, Geld, das zum Beispiel für die Jugendarbeit fehlt.

Wir kämpfen seit Jahrzehnten gegen Antisemitismus, nicht nur ich, sondern auch meine Vorgänger. Eigentlich haben wir nicht viel erreicht. Aber der Kampf dagegen ist nicht primär Aufgabe der IKG, da komme ich in die Nähe der Haltung von Ignatz Bubis, der gesagt hat, er wolle nicht, dass sein Grab in Deutschland angegriffen wird. Was die jüdische Gemeinde gegen Antisemitismus macht, ist, jüdisches Leben selbstbewusst zu leben, es zu zeigen und zu erklären. Das tun wir.

Als Präsident ist es seine Aufgabe, wie er sagt, Optimismus zu verbreiten. Dazu braucht er aber Verbündete. «Wien ist das Versuchslabor der Apokalypse», hatte Erich Nuler noch Karl Kraus zitiert.

Es ist bitter kalt. Den Heldenplatz, wo Wien am kältesten ist, lassen wir aus. Es ist auch keine Zeit dafür. Wir sind mit Benjamin Hess, dem Vizepräsidenten der Jüdischen Österreichischen HochschülerInnen, in der Jüdischen Buchhandlung am Rabensteig verabredet. Der Jurastudent trägt einen eleganten, dunkelblauen Anzug mit einem seidenen Einstecktuch, achtet auf gegenderte Sprache – Benjamin Hess ist ein eloquenter, charmanter junger Mann mit geschliffenen Manieren. Und er kennt die Abgründe österreichischer Befindlichkeit, die sich von den deutschen gar nicht so sehr unterscheiden. Antisemitismus, sagt er, ist allgegenwärtig. Da wundert sich ein Kommilitone, dass Benjamin Hess von sich sagt, er sei ein Jude. «Du kannst nicht ein Jude sein, Du schaust nicht so aus.» Die Nachbarn, «sie sind etwas antisemitisch angehaucht», haben im Streit seine Eltern aufgefordert, auf die Fidschis zu verschwinden. «Die Leute wissen nicht, wie sie damit umgehen sollen», sagt Benjamin Hess, der aus einer alteingesessenen Wiener Familie stammt. In einer Antidiskriminierungs-Vorlesung zum Arbeitsrecht nannte die Dozentin als Beispiel einen Arbeitgeber, der nur Bewerber mit kurzen Nasen einstellt, also Juden diskriminiere, weil die doch lange Nasen hätten. Sie war davon überzeugt, dass alle Juden lange Nasen haben. Auf seinen Protest hin entschuldigte sich die Frau schließlich, und der Professor referierte bei der nächsten Vorlesung eine Stunde lang darüber, dass das nicht in Ordnung gewesen sei. Am Sonntag vor unserem Treffen hatte Benjamins Familie einen seltsamen Besucher. Um die Mittagsstunde läutete es an der Haustür, ein fremder Mann wollte sich den Garten ansehen. Er lebe heute in Neuseeland, sagte er und habe als Kind hier zwischen 1943 und 1950 «in dem Haus seines Onkels» gelebt und im Garten gespielt. Dann hätten sie plötzlich ausziehen müssen. Das Haus gehörte davor der Familie Hess, bis es dann 1938 «arisiert» wurde. Doch das irritierte den nicht angemeldeten Besucher nicht. Er schien sogar wütend zu sein. «Es holt einen die ganze Zeit über immer wieder ein.» Benjamins Mutter weigert sich, auch nur einen Koffer wegzuwerfen. Man weiß nicht, sagt sie, wann man – wieder – flüchten muss.

Richtig Sorgen bereiten Benjamin Hess die antisemitischen Umtriebe in der FPÖ, auch schon mal in der ÖVP und an der Universität, vor allem im juristischen Fachbereich. Der «Ring freiheitlicher Studenten», Ableger der FPÖ, besteht fast ausschließlich aus Burschenschaftlern, bei denen noch heute der Arier-Paragraph der Nazis gilt, auch wenn er sich hinter dem scheinbar harmlosen Begriff des «Abstammungsprinzips» versteckt. Aus ihren Reihen kommen konstant antisemitische Aussagen. Auch in der AG, der Studentenorganisation der ÖVP, gab es einen Chat mit widerlichen Judenwitzen und Spott über behinderte Menschen. «Es ist nicht eine Sache von zwei, drei Leuten. Das hat systemischen Charakter», sagt Benjamin Hess. Diese Studenten werden einmal Rechtsanwälte und Staatsanwälte sein – und wie werden sie dann in Fällen antisemitischer Übergriffe agieren? Im Oktober 2018 veranstaltete seine Studentengruppe einen Ball an der juristischen Fakultät. Der österreichische Pegida-Sprecher kritisierte auf Facebook, wie sie sich als Juden anmaßen könnten, einen Wiener Ball zu organisieren. Damit brachte er zum Ausdruck, dass Juden nie Wiener und Wienerinnen sein können. Es wird, sagt Benjamin Hess, immer rauer, aber nachgeben will er nicht. Schon als Kleinkind schaute er mit seinem Vater Fernsehnachrichten. Er konnte noch nicht richtig sprechen, sagte Affentäter statt Attentäter, das Wort Neonazi sprach er aber fehlerfrei aus. «Das ist wirklich traurig. Aber das waren, unter anderem, meine ersten Worte.»

Auf das Eckhaus, Nummer 7, in der Rasumofskygasse, in dem das Café Zartl untergebracht ist, drückt an diesem Tag ein barometrisches Minimum, das über Nacht vom Atlantik her aufgezogen ist und, dicke Luftschichten vor sich herschiebend, bei einer Windgeschwindigkeit von 24,4 Kilometer pro Stunde eine merkliche Abkühlung auf sechs Grad Celsius gebracht hat. Der Luftdruck misst, wie wir anderntags einer Zeitung entnehmen, 1023,4 hPa. Viel zu kalt für Mai. Deshalb, und weil der angekündigte Regen jeden Moment aus der grauen Wolkendecke über dem 3. Wiener Gemeindebezirk herabzustürzen droht, verlangsamen wir auf dem Weg zum Café Zartl vor dem vierstöckigen Haus Nummer 20 in der Rasumofskygasse kaum unseren Schritt. Eine Tafel an der Fassade erinnert daran, dass der Schriftsteller Robert Musil von 1921 bis 1938 in diesem Haus gewohnt hat, in den ehemaligen Stallungen des Palais des russischen Gesandten am Wiener Hof. Zwischen den Weltkriegen war das Zartl ein Treffpunkt von Literaten. Robert Musil zählte zu den Stammgästen, bis er und seine jüdische Frau 1938 in die Schweiz flüchten mussten. Wir sind verabredet mit den Schriftstellern Robert Schindel und Doron Rabinovici. 2018 hat Doron Rabinovici die Dramacollage «Alles kann passieren!» auf die Bühne des Burgtheaters gebracht.[48] Das Polittheater brachte einen Zusammenschnitt von Redeauszügen und Statements rechtspopulistischer Regierungspolitiker in Europa. Diese Versuchsanordnung für den Weltuntergang lehrt die Zuhörer das Grauen, weil sie die Sprache der demokratiefeindlichen Politik offenlegt. Doron Rabinovicis Mutter Schoschana überlebte das Ghetto im litauischen Wilna, Konzentrationslager und Todesmarsch, sein Vater flüchtete 1944 aus Rumänien nach Palästina, er selbst wurde 1962 in Tel Aviv geboren. Drei Jahre später wanderte die Familie nach Wien aus. Rabinovici und der jüdisch-österreichische Schriftsteller Robert Schindel sind gute Freunde, das merken wir schon an der herzlichen Umarmung, mit der sie sich begrüßen. Beide zählen zu den bedeutendsten intellektuellen Stimmen Europas. Nach der aktuellen Judenfeindschaft gefragt, sagt Doron Rabinovici:

Natürlich sind wir alle geprägt durch den Antisemitismus, den es in unserer Gesellschaft seit Jahrhunderten gibt. Er ist da, aber er sieht heute anders aus als in den zwanziger Jahren, tritt in verschiedenen Gruppen auf: natürlich bei den Rechten, so wie er war, aber in anderer Form, auch unter den Linken und in der Mitte der Gesellschaft. Und auch bei einer Gruppe, die überhaupt kein Interesse hatte an Antisemitismus, vor, sagen wir, 150 Jahren, nämlich unter Muslimen.

Für den Schriftsteller und Historiker ist es wichtig, dass es nicht der Antisemitismus des jeweils anderen ist. Es handle sich um eine starke Kraft, die es noch immer gibt, und die uns alle beschäftigen muss, Juden wie Nichtjuden. Im Unterschied zu der Zeit vor 1945 ist der Antisemitismus aber kein Parteiprogramm und keine Staatspolitik.

Aber wir können uns nicht zurücklehnen, weil wir über das Thema diskutieren, nachdem etwas passiert ist. Und wir wissen, dass zehn oder 15 Prozent Antisemiten genügen können, wenn der Rest, also 85 Prozent, zuschaut.

Nichts davon ist, wie Generalstaatsanwalt Fritz Bauer sagte, Vergangenheit. Alles ist Gegenwart und kann wieder Zukunft werden.

Wir fragen Robert Schindel, wie er jemandem, der die Judenfeindschaft nicht als Gefahr sieht oder nur als marginales Problem betrachtet, erklärt, dass Antisemitismus die gesamte Gesellschaft bedroht?

Antijudaismus, Antisemitismus ist quasi die Urmutter aller gesellschaftlichen Vorurteile. In einer Gesellschaft, in der Judenhass möglich ist, ist auch Hass auf andere Minderheiten wie die der Muslime möglich. Auf andere Menschen überhaupt.

Doron Rabinovici ergänzt:

Antisemitismus ist eine Leidenschaft gegen den Anderen. Nun leben wir aber in einer globalisierten Welt, in der jeder von uns auch ein anderer ist, nicht mehr der Ursprüngliche. Antisemitismus ist im Grunde der Hass auf die offene Gesellschaft. Wir stehen vor einer Tyrannei, die in Mehrheitswahlen abgesichert wird. Im Schatten der modernen Demokratie agiert der Rechtspopulismus, grassiert der Antisemitismus als Symptom dafür, dass die liberale Demokratie eine Krise durchläuft.

Das lässt sich gut an den Freiheitlichen in Österreich beobachten. Ihr früherer Parteiführer gab die Parole aus, die Partei sei gegen Antisemitismus. Darauf reagierte das Parteivolk plötzlich mit früher mehr oder weniger erfolgreich versteckten antisemitischen Reflexen. Die FPÖ geißelt Antisemitismus auf muslimischer Seite, meint aber eigentlich die Muslime und will sich auf diesem Weg mit Juden verbünden. Aber weder Doron Rabinovici noch Robert Schindel haben Lust, wie sie sagen, sich von Rassisten verteidigen zu lassen, die ihren Judenhass aus taktischen Gründen verbergen. Sie verbünden sich mit allen Opfern rassistischer Angriffe, haben aber keine Toleranz für deren mögliche Vorurteile, genauso wenig wie für die der Mehrheitsgesellschaft.

Ich reagiere auf Rassismus immer wie ein Jude, sagt Doron Rabinovici. *Das heißt nicht, dass alle Juden so sind. Aber ich reagiere nirgendwo so hart, als wenn Menschen wegen ihrer Herkunft unterdrückt werden, weil mich das an antisemitische Angriffe erinnert.*

Auch Robert Schindel ist es nicht egal, wenn Muslime diskriminiert und angegriffen werden. Er kennt die ganze Bandbreite der Vorurteile. Durch sein Aussehen, sagt er, kann er auch für einen Araber gehalten werden.

Die Schüsse gehen noch an einem vorbei. Aber den Brandgeruch des Schusses riecht man, und du weißt genau, der Hass der Schützen betrifft dich selbst.

Sein Vater wurde am 28. März 1945 im Konzentrationslager Dachau ermordet, seine Mutter überlebte Auschwitz und Ravensbrück. Robert Schindel kam 1944 in Oberösterreich zur Welt, kurz darauf zog seine Mutter mit ihm nach Wien. Von der Mehrheitsgesellschaft wurden sie nie als Wiener akzeptiert. Er hat schon vor Jahren die Illusion aufgegeben, dass er von der «Gesichtskultur» her ein vollkommen integrierter Österreicher werden könne – sagt einer, der zu den bedeutendsten Schriftstellern des Landes gehört. «Ich bin einfach der Andere.»

Wie würden die beiden die aktuellen Formen des Antisemitismus beschreiben? Doron Rabinovici sagt:

Na ja, nach 1945 ist der alte Antisemitismus obsolet, er hat einen Gas-geruch, wurde tabuisiert. Die Idee, die 2000 Jahre lang vorherrschte, dass die Juden das Tätervolk sind, ist durch Auschwitz widerlegt. Alle, die sie gehasst haben, sind jetzt plötzlich die Täter gewesen. Damit entstand das Gefühl, dass man den Juden nicht verzeihen kann, was man ihnen angetan hatte.

Robert Schindel setzt gleich fort:

Das hatte eine Beschämung zur Folge, nach einer historischen Sekunde wurden die alten Vorurteile vor allem in Deutschland, aber auch in Österreich, in Polen, Frankreich und anderen Ländern unter neuer Flagge wiederbelebt. Die Ur-Lava in der Bevölkerung rann nun auf der anderen Seite des Vulkans herab – als Antizionismus, der gesellschaftlich nicht verpönt ist.

Was ist in der Erinnerungskultur falsch gelaufen, Herr Schindel?

Die Frage ist falsch gestellt. Die sogenannte Erinnerungskultur ist ein hygienischer Prozess. Eine Gesellschaft, die die Shoah von den Eltern, Großeltern her auf den Schultern hat, muss das machen. Sie muss sich irgendwann mal waschen. Im Sinne des Erinnerns ist es natürlich ein Gebot.

Wie sehen Sie die Erinnerungskultur, Herr Rabinovici?

Wie man es macht, es kann nicht genügen. Es ist nicht möglich, sechs Millionen von den einen und eine Million von den anderen umgebracht zu haben, und danach macht man was, und alles ist super.

«Wir möchten einfach nur unsere Ruhe haben»

Zurück in Deutschland laufen wir Gefahr, die Gastfreundschaft der Familie Seidler in Hannover überzustrapazieren. Wieder läuten wir an der Tür der Liberalen Gemeinde, um noch einmal mit Rebecca Seidler, ihrer Mutter Katarina und ihrem Mann Konstantin zu sprechen. Die drei nehmen kein Blatt vor den Mund, die Entwicklung in Deutschland beobachten sie mit großer Sorge. Katarina Seidler erzählt uns, dass ihre Mutter sie schon früher vor der Gefahr warnte:

Meine Mutter hat es mir gesagt. Noch auf dem Sterbebett hat sie ge-
sagt: Versprich mir, dass ihr Deutschland verlasst. Es kommt alles
wieder. Ist alles dummes Zeug, was ihr macht.

Haben Sie überhaupt noch Lust auf Diskussionen mit Nichtjuden?

Ich nicht. Ich spreche jetzt nur für mich. Deshalb mache ich keine
Führungen mehr, gehe nicht gerne auf Partys oder sonstige Veranstal-
tungen, weil ich die in der Regel in kürzester Zeit schmeiße. Da
kommt eine Äußerung, und da ich für die Diplomatie nicht geschaf-
fen bin, sage ich etwas, und der Abend ist gelaufen.

Also, das deutsch-jüdische Verhältnis ...

... ist schon immer schwierig gewesen. Ich lasse mich von meinen
Kindern noch überzeugen, dass da noch Hoffnung ist, Möglichkeiten
bestehen. Ich selbst aber schaue mir Herrn Galinski an, Herrn Bubis
und Herrn Spiegel, die am Anfang mit so einer Euphorie in ihre Po-
sitionen gingen und zum Schluss hier nicht einmal mehr begraben
werden wollten. Deren Lebensweg kann ich zunehmend verstehen,
das sehe ich auch bei anderen. Trotzdem hoffe ich, dass es irgendwie
gut wird.

Ihr Schwiegersohn Konstantin verweist darauf, dass es in Deutschland heute ein vitales jüdisches Leben gebe, wie nie zuvor seit 1945.
Die Kinder könnten trotz allem ein jüdisches Leben führen, was für
die Generation seiner Schwiegermutter nicht selbstverständlich gewesen sei. Über das deutsch-jüdische Verhältnis sagt der Sozialwissenschaftler:

Ich persönlich lehne den deutschen Nationalismus ab und wäre für
jede weitere europäische Integration dankbar. Aber ich beharre dar-
auf, auch Deutscher zu sein, alleine um einen Kontrapunkt zu set-
zen, wenn welche sagen, ich gehöre nicht dazu. Denn ich gehöre zu
dieser Gesellschaft, bin ein aktiver, fester Bestandteil, hilfsbereit,
zahle meine Steuern und liebe die deutsche Sprache. Im Zweifel emp-
finde ich mich als jüdisch. Von außen werde ich auch so definiert.

Auf dem Fußballfeld, sagt Konstatin Seidler, da zeige sich doch,
dass wir gar nicht völlig unterschiedlich sind. Der potentielle
AfD-Wähler leide doch genau wie er auf dem Platz, beide hätten keinen Bock darauf, sich warm zu laufen. Er schmunzelt, weiß er doch,

dass es so einfach leider nicht ist. Und wie sieht seine Frau Rebecca die Zukunft der Juden in Deutschland?

Mein Ziel ist es, die Kinder durch die Schulzeit zu bringen, dass wir vielleicht gemeinsam hinaus in die Welt gehen können. Wenn das gelingt, dann bin ich schon sehr froh. Alles andere wird man sehen. In nichtjüdischen Kreisen, in denen man mich nicht als Jüdin erkennt, werde ich als Deutsche angesehen. Aber wenn dann mal eine Erwähnung fällt, dass wir nicht Weihnachten, sondern Chanukka feiern… dann merke ich sofort, wie die anderen diese Unterscheidung machen, wie sie mich sozusagen als jemanden von außen anblicken. Dann fühle ich mich nicht mehr dazugehörig. Hier aber, in der jüdischen Community, schlägt mein Herz.

Am Schluss fragen wir die drei, was sie sich von der nichtjüdischen Mehrheitsgesellschaft wünschen würden.

Ich wäre unglaublich dankbar, wenn die Deutschen tatsächlich aus der Geschichte lernten. Es sollte sie, uns alle beschämen, dass wir Kränze niederlegen, heute noch, 75 Jahre nach der Tat, weil sie so unfassbar grausam war. Und das zu begreifen, dass das eben die Geschichte Deutschlands ist, auch als Leitkultur zu verstehen, genauso wie Wagner, aber viel wichtiger als Wagner. Diese Vergangenheit müsste angenommen werden. Mitteleuropa, auch Teile Osteuropas, haben eine besondere Verantwortung, denn aus dieser Mitte heraus wurden zwei Weltkriege entfesselt, binnen 30 Jahren 120 bis 130 Millionen abgeschlachtet, davon die Juden industriell ermordet. Diese schlichte Wahrheit muss doch einmal verstanden und als Teil der familiären Identität begriffen werden. Das betrifft auch jüdische Familien, die mittlerweile durch Ehen mit Nichtjuden auch Vorfahren haben, die auf der anderen Seite der Geschichte standen.

Katarina Seidler lächelt ihren Schwiegersohn an:

Das ist sehr schön gesagt, nur, das wünsche ich mir inzwischen nicht mehr. Ich wünsche mir einfach Normalität. Wenn zum Beispiel jemand sagt, Katarina Seidler, du bist ein völlig unsympathisches Wesen, mit dir will ich nichts zu tun haben, damit kann ich leben. Wenn mir jedoch jemand sagt, du bist ein jüdisches unsympathisches Wesen, damit kann ich nicht leben. Und die meisten definieren mich doch über mein Judentum. Ehrlich gesagt, ich möchte einfach meine Ruhe haben.

Alle drei lachen. Rebecca Seidler spricht vielen unserer Gesprächspartner aus der Seele:

Das wollte ich auch sagen. Ich will einfach in Ruhe gelassen werden. Ich will mich nicht ständig rechtfertigen müssen, für mich, für mein Volk und für Israel.

Anmerkungen

1. Das Kröpelin-Syndrom:
Über das Schweigen und die Gewalt von rechts

1 «Staatsversagen. Wie Engagierte gegen Rechtsextremismus im Stich gelassen werden. Ein Report aus Westdeutschland», Amadeu Antonio Stiftung, Berlin

2 «Bedrohung von Kommunalpolitikern wird zum Flächenproblem», Der Tagesspiegel, 8.1.2020

3 «Rechts und Gesetz», Süddeutsche Zeitung, 3.1.2020

4 Jüdische Allgemeine, 24.10.2019, Christine Schmitt

5 https://de.statista.com/infografik/18013/antisemitische-gewalttaten-in-deutschland/

6 https://www.spiegel.de/geschichte/hakenkreuz-antisemitismus-in-der-nachkriegszeit-a-1006236.html

7 https://www.br.de/nachrichten/netzwelt/deplatforming-wo-rechtsextreme-neue-anhaenger-rekrutieren,SAHV84e

8 Name geändert

9 https://www.nw.de/lokal/kreis_herford/herford/22356273_Mitglieder-der-juedischen-Gemeinde-Herford-Detmold-bedrueckt-der-Antisemitismus.html

10 Das Gerichtsurteil stand bis zur Drucklegung des Buches nicht fest

11 Christoph Sieber, Facebook-Eintrag von 4.10.2019

12 https://www.ruhrnachrichten.de/dortmund/gedenken-in-dorstfeld-juden-stern-sollte-nazi-propaganda-verhindern-1345520.html

13 https://www.bild.de/news/inland/bundesamt-verfassungsschutz/verfassungsschutz-haelt-akten-ueber-mordfall-zurueck-51675064.bild.html

14 https://www.erlangen.de/Portaldata/1/Resources/080_stadtverwaltung/dokumente/sonstiges/WdB2011Veroeffentlichung_Redebeitraege_Internet.pdf

15 https://www.spiegel.de/politik/deutschland/erfurt-brandanschlag-auf-synagoge-a-73880.html

16 https://www.spiegel.de/spiegel/print/d-15985957.html

17 Tagesschau.de «Starke Verbreitung antisemitischer Hetze», 10.8.2020

18 https://de.statista.com/infografik/19648/rechtsextreme-in-deutschland/

19 https://www.tagesschau.de/inland/afd-fluegel-verfassungsschutz-105.html

20 https://www.juedische-allgemeine.de/politik/antisemitismus-in-berlin-und-ostdeutschland-am-staerksten/

21 https://www.openpetition.de/petition/online/keine-steuergelder-fuer-ge-schichtsrevisionismus

22 Jüdische Allgemeine, «Jüdische Verbände entsetzt über Entscheidung», 31.7.2019

23 https://www.tagesspiegel.de/politik/was-hilft-gegen-antisemitismus-der-kampf-gegen-judenhass-sollte-staatsziel-werden/26189232.html

24 Jean-Paul Sartre: «Überlegungen zur Judenfrage». Rowohlt Taschenbuch Verlag, 1994

25 https://www.welt.de/politik/deutschland/article136958755/Wer-Zionisten-den-Tod-wuenscht-ist-Volksverhetzer.html

26 Bundesverband der Recherche- und Informationsstellen Antisemitismus e. V. Berlin

2. Ein politisches Minenfeld:
Antisemitismus unter Muslimen

1 https://www.tagesspiegel.de/berlin/muslime-und-antisemitismus-in-berlin-am-al-quds-tag-ist-hetze-gegen-juden-normal/13819166.html

2 https://www.spiegel.de/spiegel/wie-verbreitet-der-hass-auf-juden-unter-migranten-ist-a-1183580.html

3 https://cdn.netzpolitik.org/wp-upload/2020/05/Antisemitismus-Beauftragte-Berlin_Bericht-2020.pdf

4 https://www.tagesspiegel.de/berlin/berlin-schoeneberg-juedischer-junge-verlaesst-schule-nach-antisemitischem-vorfall/19600038.html

5 https://www.berliner-zeitung.de/mensch-metropole/religioeses-mobbing-zweitklaesslerin-von-mitschueler-mit-dem-tode-bedroht-li.10668

6 https://www.zeit.de/2019/46/juedisches-gymnasium-berlin-antisemitis-mus-sicherheit

7 https://www.uni-muenster.de/imperia/md/content/religion_und_politik/aktuelles/2016/06_2016/studie_integration_und_religion_aus_sicht_t_rkeist_mmiger.pdf

8 https://www.morgenpost.de/politik/article215755735/Islamexpertin-Kad-dor-warnt-vor-Antisemitismus-bei-Migranten.html

9 https://uni-bielefeld.de/ikg/daten/JuPe_Bericht_April2017.pdf

10 https://www.tagesspiegel.de/politik/antisemitismus-in-deutschland-wie-kann-ein-anschlag-auf-eine-synagoge-nicht-judenfeindlich-sein/19572812.html2

11 Berndt Georg Thamm: Terroranschläge in Paris gegen Juden und «Kreuz-fahrer» – Der Antisemitische Djihad als Holy World War. Berlin, 2015, JFDA. e. V. Studie

12 Ebd.

13 https://www.welt.de/politik/ausland/article106148818/Ein-Teil-der-musli-mischen-Gemeinschaft-ist-krank.html

14 https://jfda.de/blog/2018/06/14/auswertung-al-quds-marsch-2018/

15 https://jfda.de/blog/2019/06/01/vereint-gegen-israel-antisemitischer-al-quds-marsch-in-berlin/
16 https://www.juedische-allgemeine.de/politik/zentralrat-der-juden-fordert-verbot-der-hisbollah/
17 https://www.die-tagespost.de/politik/aktuell/Gastkommentar-Al-Quds-Tag-verbieten;art315,206432
18 Yehuda Bauer: Der islamische Antisemitismus: Eine aktuelle Bedrohung. LIT Verlag Berlin, 2018
19 http://www.bmi.bund.de/SharedDocs/downloads/DE/publikationen/themen/heimat-integration/expertenkreis-antisemitismus/expertenbericht-antisemitismus-in-deutschland.pdf?__blob=publicationFile&v=7
20 file:///C:/Users/eva_g/Downloads/Abschlussdokumentation_Extreme_Out.pdf
21 https://www.deutschlandfunkkultur.de/nazi-propaganda-auf-arabisch.1079.de.html?dram:article_id=176254
22 Yehuda Bauer: Wir Juden. Ein widerspenstiges Volk. LIT Verlag Berlin, 2015

3. «Sie verstehen nicht, was das Land für uns bedeutet»: Wie israelbezogener Antisemitismus Juden in Deutschland belastet

1 http://spitzmag.de/issues/spitz_19/7012
2 *Thomas Haury, Antisemitismus von links. Facetten der Judenfeindschaft.* Hg. Bundeskoordination *Schule ohne Rassismus – Schule mit Courage. Aktion Courage e.V., Berlin, 2019*
3 https://www.zeit.de/1965/50/judenfreunde-judenfeinde
4 Thomas Haury: Zur Logik des bundesdeutschen Antizionismus, in: Léon Poliakov: Vom Antizionismus zum Antisemitismus. Freiburg, 1992
5 https://www.bpb.de/geschichte/deutsche-geschichte/68er-bewegung/51815/neue-linke?p=all
6 Jeffrey Herf: Unerklärte Kriege gegen Israel. Die DDR und die westdeutsche radikale Linke 1967 bis 1989. Göttingen, 2019, S. 116
7 ebd. S. 116
8 ebd. S. 117
9 Zit. nach: Timo Stein: Zwischen Antisemitismus und Israelkritik. Antizionismus in der deutschen Linken. Wiesbaden, 2011, S. 50
10 Thomas Haury: Zur Logik des bundesdeutschen Antizionismus, a.a.O., S. 153
11 Moishe Postone: Deutschland und die Linke und der Holocaust. Politische Interventionen. Freiburg, 2005
12 https://taz.de/!527391/
13 [13] https://taz.de/!1731499/ «Mit erhobenem Haupt bestehen». Hans-Christian Ströbele erklärt Henryk M. Broder, was er in Israel will. In: TAZ, 20.1.1991

14 http://www.ilka.org/presse/pms/pms63demo.html
15 https://www.juedische-allgemeine.de/politik/wenn-antisemitismus-normal-wird/
16 Andreas Zick, Beate Küpper, Wilhelm Berghan: Verlorene Mitte – Feindselige Zustände. Rechtsextreme Einstellungen in Deutschland 2018/19. Hg. für die Friedrich-Ebert-Stiftung von Franziska Schröter. Bonn, 2019
17 https://www.ruhrbarone.de/fuer-solches-ohrenbetaeubende-schweigen-empfinde-ich-tiefe-scham/84303
18 https://www.tagesspiegel.de/politik/bekaempfung-des-antisemitismus-zentralrat-mahnt-linke/1364546.html
19 Dieter Graumann: Befreiung aus dem Kerker des Israel-Hasses, in: Süddeutsche Zeitung, 20.6.2011
20 Jeffrey Hart: Unerklärte Kriege gegen Israel. Die DDR und die westdeutsche radikale Linke 1967–1989. Göttingen, 2019
21 http://bds-kampagne.de/category/eurovision-2019/
22 https://fmueller-rosentritt.abgeordnete.fdpbt.de/meldung/appell-bundesregierung-bds-ist-form-des-heutigen-antisemitismus
23 Zit. nach: Deborah Lipstadt: Der neue Antisemitismus, S. 195. München, 2018
24 Henryk Broder: Der ewige Antisemit. Berlin, 2005
25 Shulamit Volkov: Antisemitismus als kultureller Code. München, 2000
26 http://www.uri-avnery.de/index.php?mact=News,cntnt01,print,0&cntnt01articleid=368&cntnt01showtemplate=false&cntnt01returnid=33
27 https://www.israelnetz.com/gesellschaft-kultur/gesellschaft/2014/07/25/medien-aktivieren-anti-israelische-einstellungen/
28 «Die Medien kritisieren kaum ein Land so oft wie Israel», in: ZEIT Online, 4.8.2014
29 https://www.diss-duisburg.de/2008/04/die-zweite-intifada-in-deutschen-printmedien/
30 https://www.fu-berlin.de/campusleben/campus/2018/180216-vortrag-dachs/index.html
31 Zit. nach: Wilhelm Heitmeyer (Hg.): Deutsche Zustände. Folge 3. Frankfurt a. M., 2004
32 https://www.welt.de/politik/article193977845/Deutsche-sehen-Meinungsfreiheit-in-der-Oeffentlichkeit-eingeschraenkt.html
33 https://www.welt.de/print/die_welt/kultur/article13601179/Die-Fixierung-der-Linken-auf-Israel-ist-seltsam.html
34 https://taz.de/Kolumne-Besser/!5036191/
35 https://www.focus.de/politik/experten/wolffsohn/zwischen-kritik-und-antisemitismus-warum-hassen-so-viele-deutsche-israel_id_3983132.html
36 Deutschland und Israel heute. Verbindende Vergangenheit, trennende Gegenwart? Bertelsmann Stiftung, 2015
37 Jan Riebe: Wie unterscheide ich Kritik von israelbezogenem Antisemitismus? In: «Man wird ja wohl Israel noch kritisieren dürfen …»? Eine päda-

gogische Handreichung zum Umgang mit israelbezogenem Antisemitismus. Amadeu Antonio Stiftung, Berlin, 2017

4. Der Krankheitsherd: Erkundungen in der gesellschaftlichen Mitte

1 Osmar White: Die Straße des Siegers. München, 2005
2 Kurzbericht aus dem GMF-Survey, 2005/1, Antisemitismus in Deutschland. Andreas Zick & Beate Küpper, Bergische Universität Wuppertal, Institut für Interdisziplinäre Konflikt- und Gewaltforschung Universität Bielefeld.
3 https://www.deutschlandfunkkultur.de/dubiose-freunde.1079.de.html-?dram:article_id=224816
4 «Marina Chernivsky konzipiert Bildungsprojekte für Erwachsene», Jüdische Allgemeine, 29.8.2011
5 Alphons Silbermann: Sind wir Antisemiten? Köln, 1982
6 Julius H. Schoeps «Antisemitismus ohne Juden», in: Die Zeit, 29.1.1982
7 Bundeskriminalamt (BRK), Statistik über politisch motivierte Kriminalität für das Jahr 2018
8 «In Deutschland verbreiten sich antisemitische Corona-Verschwörungstheorien», Welt, 7.5.2020
9 «Sie sind überall». Eine repräsentative Umfrage zu Verschwörungstheorien. Jochen Roose, Konrad-Adenauer-Stiftung e. V., 2020, Berlin
10 Studie des Jüdischen Weltkongresses, Süddeutsche Zeitung vom 23.10.2019
11 «In die Mitte der Gesellschaft», Jüdische Allgemeine, 31.3.2017
12 Monika Schwarz-Friesel: «Die Floskelkultur», in: Jüdische Allgemeine, 29.11.2018
13 «Lasst uns endlich in Ruhe», Jungle World, 9.10.2002
14 Studie der Identity Foundation, Düsseldorf
15 Klaus Mann: Auf verlorenem Posten. Aufsätze, Reden, Kritiken 1942–1949. Hamburg, 1994
16 Susanne Kerckhoff: Berliner Briefe. Berlin, 2020
17 Nach Christian Bommarius: 1949. Das lange deutsche Jahr. München, 2018
18 Werner Bergmann: Antisemitismus (nach 1945), publiziert am 26.3.2018 in: Historisches Lexikon Bayerns
19 Ruth Klüger: Katastrophen. Über deutsche Literatur. München, 2. Auflage 2006
20 «Schon wieder Schlussstrich?», Jüdische Allgemeine, 6.3.2019
21 Literaturkritik.de, rezensionsforum. Ausgabe Nr. 1, Februar 1999, Debatte Walser-Bubis
22 Deborah Lipstadt: Der neue Antisemitismus. München, 2018
23 Micha Brumlik: «Kritisches Erinnern», in: Jüdische Allgemeine, 26.10.2015
24 «Denkmalsturz: Symbolpolitik oder Notwendigkeit», NDR, 23.7.2020

25 «Fahrer der Bereitschaft des Kanzleramts als ‹Judensau› bezeichnet» Welt, 19.1.2020

26 Georges Arthur Goldschmidt: Als Freud das Meer sah. Frankfurt a. M., 2005

27 «Ein antisemitisches Traktat im Evangelischen Kirchenboten», mena-watch, 20.9.2019

28 Jacob S. Eder: Holocaust-Angst. Die Bundesrepublik, die USA und die Erinnerung an den Judenmord seit den siebziger Jahren. Göttingen, 2020

29 Der europäische Antisemitismusbeauftragte des American Jewish Commitee (AJC), Stephan J. Kramer, beklagt die mangelnde politische Umsetzung der Handlungsempfehlungen der Expertenkommission des Innenministeriums. «Seit 2011 liegt uns der Bericht der Expertenkommission vor. Doch statt einer ernsthaften politischen Auseinandersetzung… verstaubt die Arbeit der Experten in den Schubladen. Der Kampf gegen Antisemitismus darf sich nicht nur in Solidaritätsbekundungen und Mahnungen bei Gedenkreden erschöpfen, sondern muss endlich aktives politisches Handeln nach sich ziehen.»

30 Frühere Präsidentin der Jüdischen Studierendenunion Deutschland

31 «Antisemitismus in Europa nimmt massiv zu», Süddeutsche Zeitung, 10.12.2018

32 Die Namen aller beteiligten Mädchen und Jungen an dem Gespräch im Jugendklub sind von uns geändert worden

33 Julia Bernstein: Antisemitismus an Schulen in Deutschland. Befunde-Analysen-Handlungsoptionen. Basel, 2020

34 «Wenn ‹Jude› zum Schimpfwort wird», Jüdische Allgemeine, 24.5.2020

35 «Vielleicht bin ich Optimistin», taz, 27.12.2018

36 «Auch im Kreis gibt es Auschwitz-Witze und rassistische Beschimpfungen», Echo, 20.6.2018

37 «Gravierende Lücken in der Lehre zum Holocaust», Der Tagesspiegel, 13.2.2018

38 https://www.bertelsmann-stiftung.de/fileadmin/files/BSt/Publikationen/GrauePublikationen/Studie_LW_Deutschland_und_Israel_heute_2015

39 https://www.spiegel.de/spiegel/print/d-30220063.html

40 Harald Welzer: Opa war kein Nazi. Nationalsozialismus und Holocaust im Familiengedächtnis. Frankfurt a. M., 2002

41 Raphael Gross: Anständig geblieben. Nationalsozialistische Moral. Frankfurt am Main, 2010

42 «CSU: Dieses Bild bedroht Deutschland», taz archiv, 20.2.1997

43 «Macht will ich haben!» Die Erziehung des Hitler-Jungen Günther Roos zum Nationalsozialisten, von Martin Rüther, NS-Dokumentationszentrum Köln, 2017

44 Götz Aly: Volk ohne Mitte. Frankfurt am Main, 2015

45 Leo Katcher: Post Mortem. The Jews in Germany – now. London, 1968

Anmerkungen

46 Y. Michal Bodemann: Gedächtnistheater: Die jüdische Gemeinschaft und ihre deutsche Erfindung. Hamburg, 1996

47 Samuel Salzborn: Kollektive Unschuld. Die Abwehr der Shoah im deutschen Erinnern. Berlin, Leipzig, 2020

48 Doron Rabinovici, Florian Klenk: Alles kann passieren! Ein Polittheater. Wien, 2018

Literaturhinweise

Abdel-Samad, Hamed. Integration. Ein Protokoll des Scheiterns. München, 2018

Adorno, Theodor W. Erziehung zur Mündigkeit. Frankfurt am Main, 2017

-Ders. Aspekte des neuen Rechtsradikalismus. Berlin, 2019

Aly, Götz. Macht Geist Wahn. Kontinuitäten deutschen Denkens. Frankfurt am Main, 2005

Ambros, Peter. Das wortreiche deutsche Schweigen. Hamburg, 2013

Améry, Jean. Jenseits von Schuld und Sühne. Bewältigungsversuche eines Überwältigenden. Stuttgart, 2004

Arendt, Hannah. Nach Auschwitz. Essays & Kommentare 1. Berlin, 1989

-Dies. Besuch in Deutschland. Berlin, 1993

Aydemir, Fatma und Yaghoobifarah, Hengameh. Eure Heimat ist unser Albtraum. Berlin, 2019

Bauer, Yehuda. Der islamische Antisemitismus. Eine aktuelle Bedrohung. Berlin, 2018

Bensoussan, Georges. Die Juden der arabischen Welt. Die verbotene Frage. Berlin, Leipzig, 2019

Benz, Wolfgang. Jahrbuch für Antisemitismusforschung 7. Frankfurt am Main, 1992

Bernstein, Julia. Antisemitismus an Schulen in Deutschland. Befunde, Analysen, Handlungsoptionen. Weinheim, Basel, 2020

Bernstein, Julia. «Mach mal keine Judenaktion»: Antisemitismus an Schulen wirksam begegnen. Frankfurt, 2018

Bodemann, Y. Michal und Brumlik, Micha. Juden in Deutschland – Deutschland in den Juden. Göttingen, 2010

Bodemann, Y. Michal. Gedächtnistheater. Die jüdische Gemeinschaft und ihre deutsche Erfindung. Hamburg, 1996

Bonmarius, Christian. 1949. Das lange deutsche Jahr. München, 2018

Boyle, Kay. Der rauchende Berg. Geschichten aus Nachkriegsdeutschland. Frankfurt am Main, 1994

Brenner, Michael. Der antisemitische Code. Von linken und rechten Antisemiten, guten Juden und bösen Israelis. Hamburg, 2013

-Ders. Geschichte der Juden in Deutschland von 1945 bis zur Gegenwart. München, 2012

Broder, Henryk M. Der ewige Antisemit. Über Sinn und Funktion eines beständigen Gefühls. München, 2018

Brunner, Markus und Lohl, Jan, Pohl, Rolf, Winter, Sebastian. Volksgemein-schaft, Täterschaft und Antisemitismus. Beiträge zur psychoanalytischen Sozialpsychologie des Nationalsozialismus und seiner Nachwirkungen. Gießen, 2011

Brumlik, Micha, u. a. Jalta. Positionen zur jüdischen Gegenwart. Allianzen, Ausgabe Nr. 3, Berlin, 2018.

Brumlik, Micha. Antisemitismus. 100 Seiten. Ditzingen, 2020

Busek, Erhard und Wilflinger, Gerhard. Aufbruch nach Mitteleuropa. Rekonstruktion eines versunkenen Kontinents. Wien, 1986

Chernivsky, Marina und Scheuring, Jana unter Trägerschaft der Zentralwohlfahrtsstelle der Juden in Deutschland e. V. (Hg.). Gefühlserbschaften im Umbruch. Perspektiven, Kontroversen, Gegenwartsfragen. Zentralwohlfahrtsstelle der Juden in Deutschland. Frankfurt am Main, 2016

Czollek, Max. Desintegriert Euch! München, 2018

D. Kauers, Anthony. Unmögliche Heimat. Eine deutsch-jüdische Geschichte der Bundesrepublik. München, 2007

Deutsch, Oskar. Die Zukunft Europas und das Judentum. Impulse zu einem gesellschaftlichen Diskurs. Wien, 2017

Embacher, Helga, Edtmaier, Bernadette, Preitschopf, Alexandra. Antisemitismus in Europa. Fallbeispiele eines globalen Phänomens im 21. Jahrhundert. Wien, 2019

Finkelgruen, Peter. Haus Deutschland oder Die Geschichte eines ungesühnten Mordes. Hamburg, 1994

Frei, Norbert u. a. Zur Rechten Zeit. Wider die Rückkehr des Nationalismus. Berlin, 2019

Fritz Bauer Institut, Jugendbegegnungsstätte Anne Frank. Neue Judenfeindschaft? Frankfurt am Main, 2006

Fuchs, Christian, Middelhoff, Paul. Das Netzwerk der Neuen Rechten. Reinbek bei Hamburg, 2019

Funk, Mirna. Winternähe. Frankfurt am Main, 2017

Giordano, Ralph. Die zweite Schuld oder Von der Last Deutscher zu sein. München, 1990

Glaser, Hermann. Kleine deutsche Kulturgeschichte von 1945 bis heute. Frankfurt am Main, 2007

Goldhagen, Daniel Jonah. Die katholische Kirche und der Holocaust. Eine Untersuchung über Schuld und Sühne. Berlin, 2002

Goldschmidt, Georges-Arthur. Als Freud das Meer sah. Frankfurt am Main, 2005

Gross, Raphael. Anständig geblieben. Nationalsozialistische Moral. Frankfurt am Main, 2012

Grossmann, Juna. Schonzeit vorbei. Über das Leben mit dem alltäglichen Antisemitismus. München, 2018

Guez, Olivier. Heimkehr der Unerwünschten. Eine Geschichte der Juden in Deutschland nach 1945. München, 2011.

Herf, Jeffrey. Unerklärte Kriege gegen Israel. Die DDR und die westdeutsche radikale Linke 1967–1989. Göttingen, 2019

Haury, Thomas. Antisemitismus von links. Facetten einer Judenfeindschaft. Bundeskoordination Schule ohne Rassismus – Schule mit Courage. Berlin, 2019

Heer, Hannes. Vom Verschwinden der Täter. Der Vernichtungskrieg fand statt, aber keiner war dabei. Berlin, 2004.

Heitmeyer, Wilhelm. Autoritäre Versuchungen. Berlin, 2018

-Ders. Deutsche Zustände, Folge 10. Berlin, 2012

Horvilleur, Delphine. Überlegungen zur Frage des Antisemitismus. Berlin, 2020

Kanius, Yoram. Der letzte Berliner. München, 2002

Killgus, Hans-Peter, Meier, Marcus, Werner, Sebastian. Bildungsarbeit gegen Antisemitismus. Grundlagen, Methoden & Übungen. Frankfurt a. Main, 2020

Kerckhoff, Susanne. Berliner Briefe. Berlin, 2020

Klemperer, Victor. LTI. Notizbuch eines Philologen. Stuttgart, 2007

Klüger, Ruth. Katastrophen. Über deutsche Literatur. München, 2006

Kohler, Georg und Meyer, Martin. Die Folgen von 1989. München, Wien, 1994

Kosova, Vera. Was Juden zur AfD treibt. Bad Schussenried, 2019.

Langer, Armin. Ein Jude in Neukölln. Mein Weg zum Miteinander der Religionen. Berlin, 2016

Lipstadt, Deborah. Der neue Antisemitismus. München, 2018

«Man wird ja wohl Israel noch kritisieren dürfen …?» Eine pädagogische Handreichung zum Umgang mit israelbezogenem Antisemitismus, Amadeu Antonio Stiftung. Berlin, 2018

Mann, Klaus. Auf verlorenem Posten. Aufsätze, Reden, Kritiken 1942–1949. Hamburg, 1994

Meisner, Matthias, Kleffner, Heike (Hg.). Extreme Sicherheit. Rechtsradikale in Polizei, Verfassungsschutz, Bundeswehr und Justiz. Freiburg im Breisgau, 2019

Mendel, Meron und Messerschmidt, Astrid. Fragiler Konsens. Antisemitismuskritische Bildung in der Migrationsgesellschaft. Frankfurt am Main, 2017

Miller, Arthur. Der Auschwitzprozess und die deutsche Seele. (1964), in: Widerhall der Zeit. Essays. Frankfurt am Main, 2003

-Ders. Das Unbehagen an den Deutschen: Nach dem Mauerfall (1990), in: Widerhall der Zeit. Essays. Frankfurt am Main, 2003

Mounk, Yascha. Echt, Du bist Jude? Fremd im eigenen Land. Zürich, Berlin, 2015

Münchner Beiträge zur Jüdischen Geschichte und Kultur, Jg. 13/Heft 1, 2019, Abteilung für Jüdische Geschichte und Kultur an der LMU, München

Nirenberg, David. Anti-Judaismus. Eine andere Geschichte des westlichen Denkens. München, 2015

Oz, Amos. Israel und Deutschland. Vierzig Jahre nach Aufnahme diplomatischer Beziehungen. Frankfurt am Main, 2005

Padover, Saul K. Lügendetektor. Vernehmungen im besiegten Deutschland 1944/45. Frankfurt am Main, 1999

Poliakov, Léon. Vom Antizionismus zum Antisemitismus. Freiburg, 1992

Postone, Moishe. Deutschland, die Linke und der Holocaust. Freiburg, 2005

Pöttker, Horst. Abgewehrte Vergangenheit. Beiträge zur deutschen Erinnerung an den Nationalsozialismus. Köln, 2005

Präkels, Manja. Als ich mit Hitler Schnapskirschen aß. München, 2019

Quent, Matthias. Deutschland Rechtsaußen. Wie die Rechten nach der Macht greifen und wie wir sie stoppen können. München, 2019

Rabinovici, Doron und Speck, Ulrich. Neuer Antisemitismus? Eine globale Debatte. Frankfurt am Main, 2014.

Rabinovici, Doron, Sznaider, Natan und Heilbronn, Christian. Neuer Antisemitismus? Fortsetzung einer globalen Debatte. Berlin, 2019

Reich-Ranicki, Marcel. Über Ruhestörer. Juden in der deutschen Literatur. München, 1993

Reiter, Margit. Die Generation danach. Der Nationalsozialismus im Familiengedächtnis. Innsbruck, 2006

Sartre, Jean-Paul. Überlegungen zur Judenfrage. Hamburg, 1994

Shalicar, Arye Sharuz. Der neu-deutsche Antisemit. Gehören Juden heute zu Deutschland? Berlin, 2018

Schlant, Ernestine. Die Sprache des Schweigens. Die deutsche Literatur und der Holocaust. München, 2001

Sow, Noah. Deutschlandschwarzweiss. Neuauflage. Norderstedt, 2018

Salzborn, Samuel. Kollektive Unschuld. Die Abwehr der Shoah im deutschen Erinnern. Berlin, Leipzig, 2020

-Ders. Schule und Antisemitismus. Politische Bestandsaufnahme und pädagogische Handlungsmöglichkeiten. Weinheim, Basel, 2020

Schneider, Richard C. Alltag im Ausnahmezustand. Mein Blick auf Israel. München, 2018

Schwarz-Friesel, Monika und Reinharz, Jehuda. Die Sprache der Judenfeindschaft im 21. Jahrhundert. Berlin, 2013

Schwarz-Friesel, Monika. Antisemitismus 2.0 – Alter Hass in neuer Form, in: Antisemitismus in Geschichte und Gegenwart, Laupheimer Gespräche. Heidelberg, 2018

Shapira, Esther und Hafner, Georg M. Israel ist an allem schuld. Warum der Judenstaat so gehasst wird. Köln, 2015

Silbermann, Alphons und Schoeps Julius H. Antisemitismus nach dem Holocaust. Bestandsaufnahme und Erscheinungsformen in deutschsprachigen Ländern. Köln, 1986.

Silbermann, Alphons. Sind wir Antisemiten? Ausmaß und Wirkung eines sozialen Vorurteils in der Bundesrepublik Deutschland. Köln, 1982

Literaturhinweise

Spiegel, Paul. Was ist koscher? Jüdischer Glaube – jüdisches Leben. Berlin, 2005

Steinke, Ronen. Terror gegen Juden. Wie antisemitische Gewalt erstarkt und der Staat versagt. Eine Anklage. Berlin, 2020

Stein, Timo. Zwischen Antisemitismus und Israelkritik: Antizionismus in der deutschen Linken. Wiesbaden, 2011

Stern, Frank. Im Anfang war Auschwitz. Antisemitismus und Philosemitismus im deutschen Nachkrieg. Gerlingen, 1991

Thamm, Berndt Georg. Terroranschläge in Paris gegen Juden und «Kreuzfahrer» – Der Antisemitische Djihad als Holy World War, JFDA. e. V. Studie. Berlin, 2015

Volkov, Shulamit. Antisemitismus als kultureller Code. München, 2000

Vukadinovič, Vojin, Saša. Freiheit ist keine Metapher. Antisemitismus, Migration, Rassismus, Religionskritik. Berlin, 2018

Weiß, Volker. Die autoritäre Revolte. Die Neue Rechte und der Untergang des Abendlandes. Stuttgart, 2017

Weißgerber, Christian E. Mein Vaterland! Warum ich ein Neonazi war. Zürich, 2019

White, Omar. Die Straße des Siegers. München, 2006

Widerspruchstoleranz. Ein Methodenhandbuch zu antisemitismuskritischer Bildungsarbeit. KiGA Berlin, 2017

Yücel, Deniz. Wir sind ja nicht zum Spaß hier. Reportagen, Satiren und andere Gebrauchstexte. Hamburg, 2018

Zick, Andreas, Küpper, Beate, Krause, Daniela. Gespaltene Mitte – Feindselige Zustände. Rechtsextreme Einstellungen in Deutschland. Bonn, 2016

-Ders., Hövermann, Andreas, Jensen, Silke, Bernstein, Julia. Jüdische Perspektiven auf Antisemitismus in Deutschland. Ein Studienbericht für den Expertenrat Antisemitismus, Universität Bielefeld, IKG. Bielefeld, 2017

Abbildungsnachweis